雏凤清声

清华附中优秀作文选（初中卷）

邱晓云 主编

杨玲 周若卉 胡静 副主编

清华大学出版社

北京

图书在版编目 (CIP) 数据

雏凤清声：清华附中优秀作文选：初中卷 / 邱晓云主编 . —北京：清华大学出版社，2021.5（2025.6 重印）

ISBN 978-7-302-57800-0

Ⅰ . ①雏…　Ⅱ . ①邱…　Ⅲ . ①作文—初中—选集　Ⅳ . ① H194.5

中国版本图书馆 CIP 数据核字 (2021) 第 055415 号

责任编辑：纪海虹
封面设计：傅瑞学
版式设计：方加青
责任校对：王凤芝
责任印制：沈　露

出版发行：清华大学出版社
　　　　网　　　址：https://www.tup.com.cn，https://www.wqxuetang.com
　　　　地　　　址：北京清华大学学研大厦 A 座　　邮　　编：100084
　　　　社 总 机：010-62770175　　　　邮　　购：010-62786544
　　　　投稿与读者服务：010-62776969，c-service@tup.tsinghua.edu.cn
　　　　质 量 反 馈：010-62772015，zhiliang@tup.tsinghua.edu.cn
印 装 者：三河市东方印刷有限公司
经　　销：全国新华书店
开　　本：160mm×230mm　　印　　张：16.25　　字　　数：241 千字
版　　次：2021 年 7 月第 1 版　　印　　次：2025 年 6 月第 20 次印刷
定　　价：59.80 元

产品编号：086601-01

编委会

主　编：邱晓云

副主编：杨　玲　周若卉　胡　静

编　委：（按姓氏笔画排序）

王丽丽　王丽君　向东佳　刘　慧　那　妮　杨　玲

邱晓云　宋美娜　陈冬梅　陈丽芬　张　伟　张　彪

张　锦　迟　旭　周小玲　周若卉　胡月明　胡　静

赵　岩　赵　燕　徐　利　郭林丽　高国丽　龚　卉

封面"雏凤清声"书写：邓芮萱

（清华附中初 1403 班，高 1713 班学生）

目录

考场作文　50

自由随笔　149

分类写作

天地人，你我他。

人生立身于世，天地之逆旅以厚德载我，四时之气候以美景召我，触景生情，情景交融，遂有自然类写作。清风明月，丽日云朵，江河湖海，花草虫鱼，又或是校园一隅，园林一处，城市一座，无一不可入我笔下，是为自然而写作。

你我他每个个体，一而十，十而百，百而千，千而万，社会由此积聚而成。少年身量甫长，心智渐全，必开始观察与思考社会之方方面面，从关注城市之根到走向光明的勇气，从观照社会之变化发展到思考公民精神，无一不体现出我校学生家国天下的情怀，是为社会而写作。

我，我是谁？我从哪里来？我要到哪里去？叩问古今，追想时间，探究生命，思索人生，应该是少年们自我意识萌发与觉醒都会经历的过程。无数文学佳作正从此处生发与成长为参天大树。这里，既有"真没想到"的峰回路转，也有"闲日悟积累"的静坐冥思，还有"看懂，所以长大"的成长顿悟，无一不蕴含少年的生命哲思，是为人生而写作。

古人讲"文以载道"，文章要言之有物，要有思想，有灵魂。中学生的生活平时不过"教室、食堂、寝室"三点一线，能做到"文以载道"实属不易。然我校之少年，"自强不息，厚德载物"，饱受百年人文情怀的涵润滋养和历史的荡涤陶冶，加之被园丁悉心浇灌与培育，从当年的史铁生、张承志到现如今获第74届雨果奖最佳短中篇小说奖的郝景芳，创作人才辈出，而清华附中这一方土地也在生生不息地孕育着写作传统与激情……

惩　罚

初 1014 班　李楚阳

"知道哪里能挖到锁阳吗？""不知道。"

"知道哪里卖锁阳吗？""不知道。"

"知道锁阳吗？""不知道。"

锁阳？锁阳城？太遥远了。遥远到只有戈壁知道答案。

当我站在锁阳城故址时，眼前是昏黄的沙，昏黄的石，还有昏黄的城池。骆驼刺无力地生长着，拱卫着已歪倒颓然的古城和古寺。从沙中拾起几块陶片，它历经千年的棱角依旧锋利，我用它划开千年的迷雾，讲一个关于惩罚的沉痛的故事。

曾几何时，祁连山的雪水还甚为丰满，滋润着一个个绿洲。莫高窟的壁画绘着千佛，也绘着来往朝拜的男女老少。画中有唐代的高官、北魏的富豪，他们在洞壁上留下自己和家人的模样。华丽的帽缨、五彩的衣着，依然属于那穿越千年的礼拜。几片土屑剥落，是岁月在抗议吧。岁月里，鸾铃阵阵，商旅络绎不绝，工匠们叮叮当当刻着属于他们的繁华。

再说锁阳，这种产于河西戈壁的药材也应是名贵的吧！它们的根牢牢锁住了荒漠，守卫着绿洲上的繁荣。尚怀敬畏心的人们默默感激自然的恩泽，不过多地打扰它们，尽管那是唾手可得的财富。这座挺立在戈壁绿洲中的城市被这些敬畏者们命名为"锁阳城"。

我看着陶片上的纹路，是无比亮丽的装饰啊！价值千金的财宝使人们的贪念愈发不受管束。岁月流逝，人心不古。当一株株锁阳被毫无节制地挖出卖掉，长生天愤怒了。本应与风沙战斗的锁阳却躺在高官们温适的家中，我想锁阳定会如辛弃疾般"可怜白发生"吧，它们无助而悲愤地看着人类即将遭遇惩罚而浑然不知。

沙尘暴来了，流沙埋没了一切荣华富贵。"日星隐耀，山岳潜形，商旅不行"，绿洲变沙洲，丝路也被隐没了光辉。吃着锁阳汤的高官们茫然不知，最多问一句："怎么今年难民这么多？卖锁阳的去哪里了？"卖锁阳的人们在沙暴的狂啸声中背井离乡。

我站在锁阳城下，仰望着古人们曾经回望的佛塔圆顶。若不是沙的颜色，我会误以为有一位摇着经筒的喇嘛正从门洞中向外张望，张望我们这群千年后的来客。

而一切不再似从前，被遗弃的城在风中呜咽。

惩罚是沉痛的，重回这片戈壁的人们在忏悔。再也没有挖锁阳的人，再也没有胆敢招致长生天愤怒的子民。走过锁阳城，任谁都会噤声。

祁连山的雪水又日益多了起来，我看到天边一片绿色。今年的锁阳，你是否在生根发芽？

教师评语：本文作者通过文题，为我们展现了一个人与自然的历史故事。故事的背景是戈壁滩，通过对土地沙化原因的叙述，让读者感受到人与自然和谐相处的重要性。全文立意高远，切入角度新颖，从人因缺少对自然的敬畏、因过于贪婪，而受到自然的惩罚，立意与故事完美地融合在一起。曹丕说"文以气为主"，有了高远的立意，这篇文章也就文气纵横了，这是这篇文章得以取胜的第一要件。

（指导教师：张　彪）

找回清风明月

初 1108 班　张谦益

那个夏天，我很迷恋在窗口看夕阳。天台是封死的，我便时常在顶层电梯间窗口向西北望。太阳接近西山，落下前弥散漫天光辉。在一个窗口，我总以为自己看着的是一半的天空，却是全部的晚照。

李义山说看夕阳需要意不适，但关于夕阳，我却有很多欣然的心情和美好的记忆。绵绵半周的雨渐渐地停息，在傍晚升腾浓重的雾气，阳光渗进水汽的微粒，将半空染作金黄，教堂的塔尖投下棕色的背影，昭示着永恒。大风过境的傍晚，云层时卷时收，一角露出青空，一角射下金光，色彩混杂而交织，美丽极了。

有一天回家在楼下听到一声尖利的鸣叫，我抬头望向我常伸出头的窗口，一只鹰缓缓盘旋，我扔下车跑回家抓起相机冲向顶层，推开窗户，它正站在对面的楼上吃一只鸟雀。它那么从容不迫，我却早已屏住了呼吸。看着它翅膀下皮黄色的少年印迹，我出了神，手指搭在快门上动弹不得。直到它再次振翅高飞，我才发觉黄昏已经过去，月色正渐渐变亮，夕阳最后将血红色撒向土地，而后褪去，只剩清风拂面，衣服不断鼓起又落下。

秋意渐浓，我却是十足"向晚意不适"了。日落角落改变，那个窗口遮住了夕阳的暖色。傍晚，窗口只剩灰蓝色的昏暗。我偶尔会在回家路中的天桥上，再看看血红与深蓝彼此厮磨，远山的边缘如何将天空截半，可我再也找不到昔日的感动。电线与身旁行人搅得我心烦意乱，我这才渐渐意识到我不是迷恋狂烈深沉的天空，我似乎只是迷恋清风明月的心情，一个人独对黄昏的自怜落寞。

这个冬天雪下得很少，冷气团再次被驱散。午后我的房间忽然被金黄色笼罩，我趴在窗边，夕阳正慢慢地滑进远山。我下意识地冲出房间，推开房门，回到了顶层，向西北方向望去，仍是无言的灰蓝，本该落寞的我忽然释然。天空上，正回到城市夜栖的乌鸦群浩浩荡荡，穿过楼群与公路，飞过我的头顶。黑压压的乌鸦群下方，又传来了喧哗。在川流不息的城市上空，我忽然可以与人分享全部的晚照。

月光已经洒向地面，鸟群鼓起的风已经有海洋的味道。我看着一半的云层，觉得自己拥有了整个天空。

教师评语：如今回过头来再看谦益的文章，似乎感到冥冥中有天意：这个曾经喜爱扛着"长枪短炮"四处拍鸟的少年，如今读了北师大的生命科学学院。他如今依然会观鸟、拍鸟，只是更专业了。"知人论世"，文中对生命和生活的情意绵绵便更鲜活了。谦益的文章被打印成电子版，总让人微微遗憾，如果这对生命的体悟用他隽秀的字体书写出来，会更有一份"般配"的温度。

（指导教师：刘　慧）

金 色 花

初1405班　刘辰旸

偶尔看见人家阳台上花草缤纷，煞是艳美，激起我养花的兴致。我便弄了一些花草：海棠，月季，文竹……开始还能记得浇水、松土，但到底很难始终坚持。我这才意识到，养花并非什么闲情逸致，它完全是勤快人的事情。

只有仙人掌活了下来。

无论阴晴雨雪，也无论那盆泥土如何枯涸龟裂，它总是绿而挺拔，每一根毛刺都伸出渴求的喙，贪婪地食着阳光和空气。

可这并未给我带来欢欣。它既不美，也不雅。我只是不无遗憾地想，为什么美总是那么娇弱，而不美的却总是那么倔强？对于它的存在，我不再关心。

许久后的黄昏，我倚着阳台远望，无意间瞥见了这盆仙人掌。它竟横竖添了许多新节，刀戟凛凛叉开，待细看时，我却忍不住大笑起来。

不是么，且不说它的大小掌节是怎样歪歪斜斜、怪模怪样，只看那绿色的掌面皱皱巴巴，细纹密布，像一张老人的脸。我越看越觉得它丑……我真不知道，它还会怎样疯长下去。我的养花历史就此告一段落，自然没能养出一朵花来。

谁想夏天一到，竟发生了奇迹。久雨后的清晨，走到阳台，淡青色的光亮和泉水般的空气扑面而来。我看到仙人掌上面有一团很耀眼的东西，是霞光？是雨水折射的阳光吗？我定睛一看，是花？是的，是一朵花，并且是一朵异常美丽的花。金黄色，十二片绸缎般富有光泽的花瓣，敏感地轻颤着的流苏般柔软的花须，细密地布满着雪乳般细腻的花粉。它凝然静立，闪烁着宫殿般辉煌灿烂的光芒……

可以想象，这仙人掌，它曾经有过柔软的叶、窈窕的枝，但因为环境的严峻而选择坚强。在沙漠吞噬了无数娇美的花卉之后，我们还能欣赏仙人掌这神奇的金色花。它并非一朵仅仅令人赏心悦目的花，它不甘泯灭的美，令人们肃然起敬。

美，一旦与顽强结合，就是不可摧毁的。

教师评语：作者在本文中托物言志的手法运用非常自然。文字如行云流水，写生活中养花小事，不疾不徐，娓娓道来，不急于评论。而正是前文对阳台上仙人掌生长状态做了足够的铺垫，最后一句的议论"美，一旦与顽强结合，就是不可摧毁的"才显得格外有力度。

（指导教师：张　锦）

秋天的故事

初 1408 班　赵沁馨

秋似沉疴，唯美，易逝，寂静。秋日，太多惆怅令人无法释怀，我似断肠人，在天涯。

告别了故乡，行走在喧嚣的城市里，却觉得比生活在宁静的家乡更为孤独。我的思绪飘回了一年前的那座凉亭里。

银珂的家里有个院子，院子里种着成排的果树以及飘香的桂花。银珂请我去帮忙摘水果。偌大的庭院竟只有我们两个。清晨的微风抚摸着我们，我的心里不知是舒畅还是苦涩。我明白眼前这个不谙世事的男孩将与我在这里做最后的道别。我们都不说话，只顾抬头摘下丰收的果实。太阳已完全升了起来，我们坐进凉亭里小憩。

银珂的钢琴就摆在凉亭里，质朴而唯美。秋叶落在凉亭顶上，有着几分诗意。江南的秋是柔和的，银珂的琴声和嗓音也是柔和的。他弹着钢琴，吟唱着《城府》："你走之后，一个夏季熬成一个秋，我的书上你的正楷眉清目秀……"唱罢，我的耳边响起了他的声音："如果明年我转学，我们也会这样分开，对吗？"我心知肚明，却说："怎么会呢？"他似是不明白这些，继续说："我想一直和你在一起上中学，上大学，上同一所学校。"我惨淡地一笑："然后呢？"他说"我不想离开你。"我把头仰向蓝天，不让泪水流出来："对不起，你必须接受事实，青春不是用来等待的。"

他的回答却出乎我意料："你是不明白我什么意思吗？我不想离开这里，我会想念你的。"我心里一怔，仿佛他弹钢琴的修长手指一下重重地叩击了我的心门。

我们轮流弹琴，从下午直到傍晚。临别时，我为他弹唱了一首《不煽情》："待在一起的时候我们喜欢假设，如果分开又怎么过呢？后来在时间冲淡下我终于懂得，没有谁是离不开谁的。"

从此以后，我便再没和他见过面，我在那天夜晚才想起，我把发带留在了他的钢琴上。

收到他的信，已是今年秋天了。我换了三次手机号，离开了故乡，他竟找到了我的地址。

拆开信封，里面只有用蓝笔写的一句工整的颜体：你必须接受事实，青春不是用来等待的。我的那根淡紫色的发带被粘在了信纸的右下角，随风轻轻地飘动着。

我没有回信。秋天，不仅要留些回忆更要留些幻想。

教师评语：青春时代是一个有梦想有奋斗有思想的时代，本文讲述的故事非常常见，但是文章表述的对人与人之间的情感的深刻的感悟最令人回味。"你必须接受事实，青春不是用来等待的。""没有谁是离不开谁的。"年轻人的冷静令人羡慕，如果他们能够都有这样的人生认识，那么这个世界会不会少了许多烦恼？

（指导教师：赵　燕）

附 中 的 花

初 1415 班　国一嘉

春日百花开满园，倒也是个个艳！——看来，确有几分意趣，窥得些许世间百态，且听我缓缓道来。

（一）碧　桃

团花似锦争上头，无人甘愿衬花红。

少香少型少意趣，待到秋来秃枝头。

碧桃是校园中开得最艳的一种花，妖粉艳红的花朵颤颤地挤上枝头，开得极密极盛，将那枝干掩得一分缝隙也没有，却无奈不可独当一面，没一朵可以艳压群芳，似那古时贵人的珠翠满头，叮叮当当，繁繁琐琐。

然则叶子极少，内部空虚，每朵花的颜色造型也都似一个模子刻出来的，也无半分香气。让人乍见团花似锦，细看却是全无美感。等过不多时，那艳艳的花也尽数谢去，光秃秃的枝干这才畏手缩脚地开始长出绿叶来，这绿叶也毫无美感可言。

若是由我来评碧桃，必将其评为不喜之首。花红有谢时，花盛须有衬，花多有布局，怎可只一味争那上风上水之处，到头来却无人顾全大局，将好好一棵花树弄得熙攘不堪？愚蠢愚蠢！

（二）丁　香

细细四瓣少人看，合抱一球偏惹眼。

何必费心争做艳，自有幽香拂面来。

是什么这么香？原来是丁香开了，或紫或白的小花交相呼应在花树上，十分有趣。初看虽不起眼，但细察却是错落有致。一个个花球分布在树上，被绿叶环绕，清新淡雅。那香更是好闻，细细的，若有若无的，淡淡的，总令人忍不住凑到花周围一探究竟。

丁香是聪明的，也识时务得很。明白自己花不大，故而凑做花球；明白自己花不艳，故而以香诱人。这样算来，倒是比碧桃好一些。

　　然则这取巧的手段总归是小家碧玉的做法，聪明，却不够强大，缺了一份从容和大气。

（三）玉　兰

　　妖桃艳樱庭前红，却不比玉兰婷婷。

　　素花似玉叶似碧，正是不艳压群艳。

　　玉兰，她是天上仙，冰清玉洁。

　　玉白的花朵绽开在碧叶上，盏盏似凌波水中仙，亭亭玉立。不是那种傲雪寒梅的傲气、月下牡丹的孤芳，她的气质是平易近人但不泯于大众的，温婉大方但不委曲求全的，是明明近在咫尺却远在天边的高高在上，明明随处可见却又是春天里不可多得的。花瓣开得恰到好处，正是拢一份含蓄、盛一分张扬的姿态。花大小虽不尽相同，但也必不是那大的才更美，朵朵都有各自的情态，各自为政却相互扶持，于是成就了一树的素雅婷婷，美得不可亵渎。

　　即使是花谢之后，玉兰也有自己的美丽：碧绿的叶簇拥在树上，与对面的银杏垂柳一同迎接深秋的到来。细看每一片叶，大小恰到好处，疏朗温润，叶色如玉，玉兰将她的美丽保留到了最后一分钟。

　　玉兰是一种气度，一种任尔自来的自信：人来自好，人去无憾，花开自美，花谢亦亭。她拥有那份大气，更拥有可以大气的资本。

　　那才是大家闺秀应有的气度，万物皆于我心而万事皆是浮萍，她便是她，她也只做她。

　　那是玉兰。

（四）女　人　花

　　世间女子皆似花，花虽靓丽时却短。

　　莫学碧桃偏争艳，若非玉兰必做丁。

　　玉兰虽好，却非人人做得，非是那十分的天时地利人和，成不了玉兰。若是硬学玉兰，便是自讨苦吃，弄巧成拙，最后落得一个碧桃的下场。

　　丁香虽看起来不似玉兰风光，但也十分不错，另辟蹊径，或许别有一番风光。

花似人，人似花。

教师评语： 这篇文章写了碧桃、丁香、玉兰三种花，每种花都各具特征。作者逐一道来，层层烘托，表达自己对玉兰的喜爱欣赏之情。作者的文字少含蓄而多张扬，在对花的描写中渗透着鲜明的个人喜好。本文写景喻人，写花更是写人，以花语警示世间女子，不要学碧桃只会争奇斗艳、抢尽风头，要像玉兰一样自信大气、坦然自守。

（指导教师：宋美娜）

拙 政

初 1708 班　于彦之

才到苏州，便急忙安顿好，去了心心念念的拙政园。

游人不多，大约是怕那将阴未阴的天。于是我仿佛在朦朦胧胧、如云如雾的漫天烟雨中，触到了姑苏。

园外看来，墙砖是一色的水磨石，灰灰的，不落富丽俗套。窗户也用灰瓦，却摆出了些花样，透出园内风光的只言片语，让人心中便又多了几分憧憬。

方进园，便是一带翠嶂，白石崚嶒，藤萝掩映，苔藓成斑。不由想起古书中一句"若非此山，园里景致尽收眼底，又有何趣？"

这园子依的是一缕水脉，绕堤柳，映岸荷，借了水三千翠色。我只随着水走，走过郁着苍劲木色的折栏板桥，又走进一道月亮门，进了个小院。院中满植翠竹，极高，极直。透过竹林看那门那窗，仿佛也凝了几分沉静的碧。

"莫摇清碎影，好梦昼初长。"

处处雕琢，又不显雕琢。

一条苔痕点点的羊肠小道，连起几个相通的院落。相似的粉墙黛瓦边，却是各不相同的风景。这园中是芭蕉，盛夏时节，花是不见的，但叶的形态极好，肥肥大大的，在蒙蒙细雨中苍翠欲滴。只是我想筑园者想呈现的绝不仅是"冷烛无烟绿蜡干"和"绿玉春犹卷"的一片碧影，更有新叶老叶映在雪白粉墙上的浓淡墨色。

于是，又惦着晴日里的园子了。

这微雨的仲夏时节，丝毫不觉有暑气。就这样漫步走过几个不同的院落，在湖边柳荫下稍歇，闭眼，微风拂过万物的感觉更是明晰。想来这风也许拂过小亭中书生长发，听他吟一句"一点浩然气，千里快哉风"；这风也许拂过绡罗绣帘，楼上小姐正拈起柳枝"摇漾春如线"；那风也许拭去过第一位主人一把浊泪，看他笔走龙蛇书下"拙政"二字。

拙者之为政，政可拙，心必正。四五百年了，园子里的花花草草比我们这些后来人看得都要清楚。

绕牡丹亭，穿荼蘼架，木香院旁见一邻水敞亭，不似别处的宽绰，小巧而精致。内有一匾额，题着极雅的名——"与谁同坐轩"。

与谁同坐？与清风，与明月，只不与这尘世相争。

我在轩中坐下，临窗听水，斟一盏茶，只觉天地清气，不过眼前风景。

好一拙政！

教师评语：这篇文章运用了移步换景的手法，将拙政的景色娓娓道来，翠嶂白石、荷塘翠柳、粉墙黛瓦如一幅幅清丽的画卷铺展开来，颇有《红楼梦》"大观园试才题对额 荣国府归省庆元宵"的文风。诗词佳句信手拈来，这些与该同学热爱古典文学、平日里深厚的积淀不无关系。

（指导教师：迟　旭）

九月校园里的树

初 1711 班　李嘉宁

【9月6日】

"下午好，詹尼！"我跟我新交的朋友詹尼打了个招呼，但詹尼只是站在那里高昂着头，不说话——当然，她是从来都不说话的。

见到詹尼其实很容易，她就是我们教学楼旁最大的那棵白杨，她总是以这样日夜不变的姿态，看着我们从她脚下路过。

詹尼很漂亮。她的裙子上布满了星星点点的水纹，就像风吹过平静的池塘那样，一层一层荡漾开来——有波纹，有皱纹，也有螺旋纹，以及许许多多叫不上来名字的花纹。越往上看，这些花纹越浅、越密集，再往上就是她硕大得如同一团云一样的绿色头发，如果在地面上看，其实更像一柄伞。詹尼的脸是我见过的最有趣的脸：两只半开半闭的眼睛，仿佛示意着它的主人正在度过她平生最悠闲的时光；一个歪歪扭扭的鼻子，上面布满了皱皱巴巴、层层叠叠的纹理，鼻孔硕大；还有一张嘴角微微上扬的嘴，有点兔唇，又让人怀疑她是否在微笑。

詹尼永远都伫立在我们教学楼前方，你可以去微抚她、轻拍她，抑或在她的裙子上贴满花花绿绿的关于各个部门招新的海报，她都不会在乎。

【9月7日】

中午我没有去看詹尼，只是瞧了瞧她裙子角上的海报。我觉得有点对不起她，毕竟她也是一个生命呀！但詹尼还是站在原地，一动也不动，让我联想到了一位戴着高帽子正在打禅的老僧。

詹尼永远都是老样子。只是在那里默默地度过属于自己的春夏秋冬，永不与外界交流，我相信她如果能说话，也一定不善言辞。她像一头牛一样，不说话，只是默默地做着自己的一份事，对于一切都是充耳不闻的态度，让人感到厌烦，但同时又觉得尊敬。她让我想到了《植树的牧羊人》这篇文章，不为什么，或许只是站在我们教学楼前让她觉得幸福，她便这样做了，这一站就是几十年。詹尼是永远静默着的，当然，她是一棵树呀！可如果是让我就这样站在这儿，哪怕只是站个十天八天，我也受不了。她就像佛教中所谓的"宗师"，功力已炉火纯青，已经到达了"不惊、不怖、不恼、不畏"的境界了。

詹尼就是这样，你很容易找到她，也很难发现她。如果你是真心诚意来找她的话，不用找了，她永远就待在我们的教学楼门口，每时每刻静候你的到来。

【9月8日】

詹尼已经快成一个小小的"圆秃"了——顶部的嫩叶有些稀疏。这是理所应当的，落叶季已经来了，她也不可能再长更多叶子了。

詹尼让我觉得有些愧疚，我不觉得是我在认领她，倒像是她在认领我，她像我最好朋友的性格一样，交际能力薄弱，不太合群，让人很容易忽视她的存在。

我从不会考虑选一棵顺眼的或是一棵看起来比较"可爱"的树，开始想到哪棵，便从始至终就是哪棵。挑树如交友：你东奔西扯交一堆"朋友"，但每一个都不是用真情实感对待的，遇到困难了，谁也不愿意帮助你，这又有什么意义？人总能看出来别人对他的感情是否真挚，树当然也能呀！詹尼当然非我挑选出来的树了——挑，不公平，也会是一种遗憾。这就是詹尼带给我的，给予我的。

我交了詹尼这个"朋友"，终我一生也一定会记住詹尼这个"朋友"。人一样，树也一样，只有你认真对待她，她才会高兴，也才会认真对待你。

教师评语：本文以日记体的形式讲述自己和九月校园里的一棵树的故事，在"我"的娓娓道来中，这棵被称作"詹尼"的树就像一个朋友，虽然不言不语，却一天天向"我"展示她的美丽、友好、包容、豁达与变化，启发"我"明白生命的真谛和朋友的意义。这是一场心灵成长的记录，观察和思考自然融合，真切动人。

（指导教师：陈冬梅）

老城一隅，江湖一梦

初 1807 班　田海蓝

"桃李春风一杯酒，江湖夜雨十年灯。"江湖？在金庸笔下，江湖是人的江湖，恩怨的江湖。我一直记着，却不曾想，在这腊月的重庆，换了看法。

钓鱼城，傲然矗立在栈道上，千百年来，独自一城望着冷雨落入三江交汇处，转瞬间没了踪影。江面一叶小舟，在雾气中若隐若现。旷野之下古树静默，千百年来，守着这巍巍险关。我手扶着冰冷的古城墙，看着斑驳的石砖上铺着厚厚的一层青苔，浸着这冷雨。旁边悬垂下来几枝干枯的爬山虎藤，带着水珠，抚过我的脸颊，又在苍老的城墙前睡去。护国门，那早已被枯藤覆盖的关隘，一身傲骨，巍然耸立。枯藤老树，独向残阳，在黄昏的墙面上留下一抹最深刻的红。我仿佛看到当年南宋守军的热血，看到那年、那日、那人，以"不可杀城中一人"为条件，向元蒙的铁骑无奈投降；我仿佛看到全城守军拔刀自刎，一腔碧血染红了钓鱼城，也染红了天地。饮过将士的热血，踏过蒙军的荒骨，钓鱼城，虽几经沧桑，浩气犹存。

踩着沉重的步伐离去，望潇潇暮雨洒江天，我们急需一种从味蕾到胃的温暖。街边的老火锅店，迎面而来的辣味似一头咆哮着的雄狮，刺激着我的鼻子。灶台四方摆着老板凳，落座后我便急急开动。每一道食材，都有着自己的故事，在泛着红光的辣汤里，慢慢讲述着属于它们的江湖故事。有的仿佛刚刚结束一场混战，饮过烈酒，口齿有些不清，断断续续；有的好像相伴的侠侣，断了相思，失了牵绊，嘴里说着曾经的誓言，情意绵绵；有的恰似那初出茅庐的仗剑少年，气宇轩昂，结交肝胆兄弟，生死与共；有的却如那修行隐士看破红尘，告别喧嚣人间，藏身山林，再不相见。而那辣油里蒸腾而上的热气，仿佛又化作一身侠义的剑客，陷入冷空气掌下，浴血奋斗，最终使出凌波微步，转眼便消失不见。

酒足饭饱，我在山城的坡坡坎坎里起起落落。远远望去，街边老叔背着一筐枝条在吆喝。在重庆，江湖人冬日绽放的孤独，在湿意中化为晶莹剔透的蜡梅。错落有致的枝条上，三三两两的蜡梅，簇成一团，向着相反方向开着，孤傲中带着一丝冷寂。清冷的花香沾染了寒气，在我鼻尖绽放朵朵芳华，若有若无，或浓或淡，仿佛吟唱起一段轻柔婉转的四川清音。阴沉的天空开始落下点小雪，蜡梅的沁人芳香，在这剔透的飞雪中，挥洒得淋漓尽致，仿佛是那点睛的一笔。薄如蝉翼的明黄花瓣，仿佛绣在了以这雪、这天、这地为画卷的蜀锦之上，栩栩如生，花香袭人。

冬天的风很冷，我快步朝交通茶馆走去：麻将的搓牌声，调侃的欢笑声，透着几分豪迈与洒脱。迎面而来的，是一阵阵暖暖的茶香。跑堂的茶博士背手冲着一壶茶，细长的壶嘴里倒下的，是山城岁月，也是江湖豪情。许久未见的老朋友，热了两壶老鹰茶，把茶香撒入带酒江月。年轻时离开重庆这江湖，在外为生计苦苦奔波，或成功，抑或失败，却从未忘掉这回家的旧路。吵吵闹闹的声音里，有了些许年代感，如同入口的涩茶，微苦，却回甜，令人久久无法忘怀。

都说，有人，就有了江湖。而我认为，有了重庆，便有了江湖。

教师评语：作者笔下的江湖，是冬日的山城岁月。钓鱼城巍巍险关，浩气犹存；老火锅热情豪爽，侠骨柔肠；蜡梅花开，暗香浮动；交通茶馆，茶香绵延。作者选取了冬日重庆最具有代表性的四幅场景，以极其细腻、生动的文笔为读者描绘出一幅山城冬景图。"有了重庆，便有了江湖"，全文构思新颖，选材精炼，视角独特，文笔优美，感情真挚。

（指导教师：郭林丽）

北京的秋天

初 1912 班　何秉原

"天堂是什么样子我不晓得，但从我的生活经验去判断，北平之秋便是天堂。"

——老舍

在文人笔墨之下，北京之秋乃是天堂。的确如此，四季之中春天过潮，夏日甚热，冬天太干，似乎只有秋天是理想的。静静地，悄悄地，秋天悄无声息地来到了北京。

故宫，想必是第一个感受到它的。清早，当第一缕阳光散在宫里，一派艳丽的场景便呈现出来。天空像是被洗过一般，又蓝又净；城墙好似被火焰烧红了一般，又红又赤；银杏树恰似被镶嵌上了金子，又黄又亮。一叶飘零,一树橙黄,一鸟飞过,一宫芬芳。北京的早晨多么明丽!

若是想欣赏红叶,香山便是胜地。中午,露水渐渐逝去,雾也散了。那漫山遍野的花草树木足以让人瞠目结舌。柿树、松树、柏树、枫树,黄的金黄、绿的碧绿,蓝的湛蓝、红的火红。放眼望去好一片五彩斑斓的热烈景象。

黄昏时刻,太阳还未全落。在落日余晖下,八达岭长城巍然屹立,一块块砖是千年来的记忆,一座座烽火台是古时民族兴盛的象征。城墙啊,巨龙啊,在秋天显得更加沧桑。夕阳西下,长城静谧而深沉。

秋天的夜来得格外早,千门万户都进入了梦乡。可是此时的校园,却是另一派景象:教学楼里灯火通明,夜深人不眠。精彩的演讲声隐约传来——听!那些教授正不辞辛劳地讲课。学校的另一端,图书馆里——看!这些学生正努力地自习。秋天,他们好似在一场比赛中争先恐后准备将来的考试。这场比赛是何等激烈!

北京的秋天,秋天的北京,是多么使人爱恋啊!

教师评语:故宫、香山、长城、校园……在秋天这个美好的时节里,都呈现出了自己特有的色彩:有的艳丽缤纷,有的静谧深沉,有的激烈奋进。这就是北京秋天特有的色彩,让人如此爱恋!文章画面感很强,作者擅用长短句、擅用各种修辞。

(指导教师:王丽丽)

白杨和银杏

初 1802 班　吴晓雨

校园里,两种树数量最多——白杨和银杏。一个被写进歌词,一个被装进画框;一个给人力量,一个给人美感;一个撑起半边天,一个撑起另一半。

"你求实、进取、生动、活泼,就像那日夜守卫你的白杨",这是校歌中一段我最难忘的词,因为它最难理解。入学时我所知道的校园文化,第一个就是白杨是清华的名树，而且是与"守卫""坚强"绑定在一起的。为什么呢？没有人告诉我，可我已找到答案，就在一朝一夕间。

当你踏进校园大门时，白杨并不会成为视觉的重点；若不甚在意，更根本不会注意到它们。深入校园，才会看见那一排排高大的身影立在教学楼通向操场的路边，裹着粗犷的白色外衣，站定，仿佛不为一切所动。它们太高太高，只有昂起头，才能看到那些翠绿的大掌，在风中打着拍子，葱茏、繁茂；阳光放弃与它们争抢，懒懒地卧在那些大掌里，没有什么能比它们的生命更热烈。有时叶子会因为盛放了太多的阳光而掉下来，把阳光撒了一地。上去捡起那只大掌，叶柄十分有韧性，叶片光滑却不娇嫩，很厚，很硬，很绿，没有什么能比它的姿态更稳重。它们仿佛有着灵魂，有着铁骨。十二月的一个漆黑夜晚，冬风又一次发动进攻。杨树是秋天的最后一道防线。第二天我们赶到时，只剩下满地枯黄碎裂的杨树叶，堆积如山，悲情壮烈，它们坚定而英勇地战至最后一刻。

杨树也有温情的一面。夏天午休时偶然抬头，看见杨树的枝叶在夏风中欢快地抖动着，神采飞扬，翠绿占据了整个窗户。它们往窗里望着，也在期待着某个热烈的生命。那一瞬，我仿佛置身于某个童话。

这就是杨树，仿佛某个相识十几年的老友，就这样以坚挺的身姿，深沉地凝视守卫着每一个人。

相比白杨，银杏的美不言而喻。它身材更娇小些，叶子更柔美些，像个活泼伶俐的小姑娘，天天欢快地跳着舞。最打动我的还不是它外貌的美丽，而是它始终能带给生活惊喜，心里装着乐观和无穷无尽的宝藏，无论环境如何，都能绽放精彩。

春夏时，它和所有树一样换上朝气蓬勃的绿衣，和谐却不单调。秋天，其他树落叶、休息、退场，它则拿出一身金黄的舞裙，不理霜冻，抛弃喧哗，笑着换上。每一片叶子都是一把金扇，每一片叶子都是一只金蝴蝶，缀满枝头，深远幽香，绚烂清亮。静美，哪怕是寂寥也寂寥出一份醉人。深秋，人们看见一只只黄蝶从枝头飞旋而落。有人把它装进口袋，有人把它夹入书中，有人把它吟成一首诗，有人为它驻足流连。越是惊叹和赞美，它就越肃穆和温柔。

每一片叶子都带着一个故事。十一月，本以为银杏的故事已经到此结束了，可这个自然的精灵，再一次给我惊喜。我从四楼走下来，匆匆的脚步因无意间的一瞥顿住。窗框中一片轻粉，一嘟噜一嘟噜桃红小灯招摇高挂，恍若春意欢闹。灰蒙蒙的天色也因此明朗了许多。一时间震惊和疑惑冲上心头。现在已经是春天了吗？

这是梨花吗？不，梨花没有它活泼的颜色。这是桃花吗？不，桃花没有它滚圆的可爱。我连忙跑到楼下，窗框中惊艳的那一抹春色，原来是银杏树的一簇簇小果子。果子上半部分泛着浅绛，下半部分是淡黄色的。

清华附中的自然景致由这两种树构成。杨树默默奉献，坚韧不拔，让人安心；银杏活泼可爱，积极向上，给人快乐。两种树相互补足，相互衬托，和谐美好，以自己的方式给校园带来无限的风光意趣。

教师评语：托物言志是本文的一大特色。白杨和银杏，在作者的眼中，代表了校园里两种不同的美——挺拔和秀丽；在作者的心中，更代表了母校两种美好的精神气质——坚定和乐观。文章善用拟人、比喻等修辞手法描摹树的美，同时还巧用比较手法凸显树的特质。两种不同的树，表达的是对母校的同一种爱。

（指导教师：那　妮）

人生类

婚　礼

初 1105 班　邢鑫洁

婚礼？在你心目中婚礼是什么样子的？洁白的纱裙，幸福的新人，西装革履的司仪，圣洁的殿堂……现在的婚礼大多如此，看多了就失去了兴趣。倒不如看一场传统婚礼，体会其中的乐趣。

周五如往常一样放学回家，一进小区就觉察到了不寻常的气息：火红的"囍"字，随风舞动的灯笼，还有那停在刚搭好的棚前的轿子，打喜幡庆祝的师傅们……我向身边玩耍的孩子们询问，他们显得兴奋不已，滔滔不绝地讲述着：明天要在小区中举行一场婚礼，有所不同的是客人是小区里的居民，无论认识与否，你都可以参与进来，到棚子里喝点喜酒，为新人送上祝福……他们的话使我感到新奇，也迫不及待想要一探究竟。

第二天一大早，我们就被乐队的奏乐声催到了楼下。小区中人声鼎沸，居民们早已围在道路两旁，夹道欢迎着迎亲的队伍。走在最前面的是司仪——一位穿着蓝色袍子、头戴小黑帽的中年男人，帽下垂着一条马尾辫。他手持一张横向书写的卷纸，像宣读文书那样，上面写了主婚词，他引着浩荡的队伍站到了楼前。"锵锵锵"，前面的两个人一起扛着一个锣，拿着小红锤，一下一下，敲着迎亲曲的前奏。迈开大步，踏着锣点，乐声奏起，一队人走了过去，这真像阅兵式！受检的人脸上都洋溢着笑容，身上的中式服装又是那么喜气洋洋，一下子把快乐传递给了我们。举旗的队伍经过了我们，他们有的举着画祥云黄红相间的"囍"旗；有的举着一根上面托着椭圆状物体的棍，像一盏灯；有的是一把斧子。旗子的样式也不同：有红黄绿顺次排列，上面绣祥云、下面垂着穗儿的；有一条一条垂着，上面绣着娟秀的字的；有芭蕉扇型的；还有普通的三角形；种类繁多，花样百出，看得人眼前一亮。后面的乐队敲锣打鼓，演奏了箫、唢呐和一些叫不上名的民乐器。终于，今天的主人公出场了。新郎一出现在众人眼前就满面笑容，笑得像喝了蜜般甜。他身穿火红色长袍，帽檐儿上缀了几个红球，那样子有点像电影中演绎的状元。这些只有在屏幕中才能看到的形象活灵活现地展现在我们面前，让人无比激动、兴奋。两位穿着旗袍化着浓妆的中年妇女手持托盘，向前走去。她们来到轿子前并排站好，掀开帘子，口中念念有词，一个拿着镜子"照轿"，另一个撒着枣和花生送去祝福。

这时司仪说话了，他操着京腔儿，一开口就震天动地、洪亮至极，宣布着要迎接新娘的到来。乐曲奏了一曲又一曲，人群开始有些喧闹，新郎的脸上也不停地淌着汗。几分钟的时间在今天看来那么漫长，按照老理儿新娘必须要尽可能磨蹭，与家人告别。终于，在大家的欢呼声中迎来了蒙着盖头、蹬着"盆底儿"的新娘。新郎连忙迎上前去，接过了新娘的手，引领她走向轿子。新娘坐进轿子，司仪一声"起轿"，长长的队伍像一条龙一样，满载着欢悦与幸福，向前走去，走远……

望着这场美满的婚礼，我陷入了沉思：当婚礼地点变成了教堂，街坊邻里变成了亲朋好友、同事领导，当唐装变成了纱裙，当音响代替了乐队时，传统婚礼反倒成了不寻常的事。我们在融于西方、现代文化时也应该注重保留传统文化习俗，既使文化得以传承，又不失新鲜感。就像这场婚礼，它可能会成为这对新人和我们最美好的回忆。

教师评语：保留传统文化是现在的热门话题，也是同学们笔下常见的素材。小作者通过对小区里一场传统婚礼迎亲过程的细致描绘，表达了自己对保留传统文化的深切体会：当婚礼地点变成了教堂，街坊邻里变成了亲朋好友、同事领导，当唐装变成了纱裙，当音响代替了乐队时，传统婚礼反倒成了不寻常的事。作文源于生活，才能写出自己的真实感受，使文章不空洞无物或人云亦云。

（指导教师：张　锦）

看懂，所以长大

初 1404 班　王若迅

一串串烦琐的公式、一个个复杂的模型，黑底白字，排满了整面黑板，令我眼花缭乱，一阵阵眩晕。窗外传来冗长的蝉鸣，空气中弥漫着浮躁的气息。我尽力撑住昏沉的脑袋，看老师的嘴开开合合，同学们奋笔疾书，隐约有什么"阿基米德折弦"在耳边回荡。我抄下整篇笔记，努力想听懂老师的话，却终归无济于事。我叹了口气——我实在没有数学天赋。我就这样渐渐看懂，有些事情无论怎么努力，都实在无能为力。

下课后，我约一个同学去看电影。她看了我一眼，说"我还要回去复习今天的内容"就转身离开。我愣在原地，一个念头出现在我脑海里：他们并非比你有天赋，他们或许只是比你更努力。

真的是这样么？我将信将疑地回到家中，决定今晚要把那几道题弄懂。我先根据笔记，一项项地温习重点，查缺补漏，再将例题一步步地推算，遇到不懂的就上网查。我渐渐明白了每串公式、每个模型的意义所在——它们虽仍让人费解，却以一个奇妙的思路呈现在眼前，有着若有若无的微妙的联系。然后，我摊开一张白纸，遮住笔记，慢慢扫视着条件，再充分展开联想。知识的碎片如同一串神奇的密码，每个数字暗藏一个特定的代号，它们逐渐拆分、重组、串联。我沉浸在数字与几何的奇异世界中，思路渐渐开阔。我渐渐看懂：数学，其实是一种逻辑思维、抽象空间的集合。我流连其中，演算纸迅速被填满。我逐渐发现了其中的奥秘；我眉头紧锁，眼神一次次锁定，绞尽脑汁拼命想从字里行间揪出有用的线索。我啃着笔头，伏在桌上，身体前倾，架开双臂，头仿佛也要钻进去。我一动不动，心却跳得飞快，脑子却转得灵活，向我传递着兴奋的讯号。我看懂了，即便我没有天赋，也不能放弃探索的脚步。尽力一试才有转机。

从前，数学之于我，只是一扇无趣的大门：粗大的铁链、生锈的铜锁、爬满青苔的石阶，悄然尘封在记忆中。而现在，我偶然拾得一把钥匙，铁链"嘎吱嘎吱"地松动，伴随着心跳声，我缓缓地推开厚重的木门，一个未知的新世界呈现在我眼前——这是一个多么美妙的数学花园，而努力，正是那把闪闪发光的钥匙。

已是午夜，月色皎洁，繁星闪烁。我慢慢看懂了零点的北京——这是上帝赐给努力之人的最美的风景。一个声音在我心底说：你长大了。

教师评语：这篇文章最大的特色就是有感而发，抒发真情实感。文章真实再现作者生活的片段，细腻地描写出身处数学学习困境时的真实心理感受，更是以生动地描写出自己如何"看懂"的过程，将枯燥的学习过程形象地诉诸笔端，让读者能直观而真实地读懂她的"长大"、她的心灵成长过程。因为真实书写生活、抒发情感，我们才跟随着作者一起"亲见"她在数学学习中的困境，并体会成长的含义。

（指导教师：宋美娜）

我不是一个小人物

初 1503 班　白小舟

当你走在街上，与无数陌生人擦肩而过，你或许不会注意他们的样貌，也并不在意那些步履匆匆的方向，但请不要小瞧他们，或许就在刚与你对视的姑娘普通的校服下，隐匿着一个超级英雄。

我，一个不折不扣的普通人，自初三以来，成功跻身"四眼钢牙妹"的行列，不光芒万丈，不天赋异禀，乖顺地将自己埋在那灰兮兮的校服下。但当我拿起画笔，笔锋剥落普通的壳，我将向你展示属于我的英雄本色。

无数次地站在黑板前，捏着粉笔凝视眼前一片空旷的黑。这可不是无谓的沉吟，只在这片刻，胸已成竹。我注视黑板，在战斗开始前会心一笑，手起笔落，随着粉尘扑簌，黑板上劈开来一片色彩——云扬的帆，翻滚的浪，灼热的火……沙沙笔画声是战斗的背景音乐，就在这一次次的粉笔翻飞中，我创造出一个静止的绮丽世界。手停笔落，最后一缕粉尘从黑板落下，一切归于寂静。我后退一步，目光爱抚着黑板上的色彩世界，欣露笑意。斑斓的粉笔灰沾染上我的衣袖，装饰了我的战袍；正午的一束天光笼住我和眼前的黑板，为我镀上光环。这时，我不再微小，不再平平无奇。我是这小小一方教室天地中的造物主、以画笔为刀的超级英雄。

放下粉笔，光环消失，我戴上耳机，投入人潮，又成了这千千万无面目人海中的一员。但无论何时，当我拿起画笔，我就又成为自己色彩世界中的英雄。当置身美景，随手抽出一张纸，描下多娇河山，我便与这天地间的山石落霞对话；当遇见一位可爱的朋友，线条翻飞，勾勒出他的笑靥，我便以独特的语言问候生命中值得纪念的路人；当深夜彷徨，无人诉说，拿起一支笔绘下万千思绪，我便与历史长河中无数先贤的迷茫时刻共情……在这些时刻，我不再是个小人物。

放眼人潮，无数匆匆而行的我与他，将自己套上平凡的壳，与你朝夕相见。但请你不要小瞧他们，更要留心观察，也许透过普通的面孔，你能看到一个超级英雄的世界，看到他隐于皮肉之下的耀眼光芒。

教师评语：文章描写生动形象又大气磅礴，作者作为一个普通人，只要拿起心爱的画笔，就剥落了平凡的壳，变成了一个超级英雄，在这方色彩世界中，以画笔为刀，尽展自己的英雄本色。对画画的喜爱，使得平时普通的"我"不再是一个小人物，人海中的他人亦是如此，每个人都有着属于自己的"耀眼光芒"。

（指导教师：杨　玲）

甘之如饴

初 1514 班　赵　楠

感到辛苦和劳累之时，心中也常有一丝甜蜜划过。

小学时，参加学校健美操社团，每天放学后三个小时的训练在当时看来异常辛苦，很多队员几天后都选择了放弃。还记得一次训练到最后时，手中的花球好像重千斤，连胳膊也举不平。音乐伴奏在大教室里回荡着，这时该做一个简单的跳跃，我的双脚却仿佛粘在了地板上……就这样一遍遍练习。训练结束后，我的右手因肌肉过度疲劳而控制不住地轻颤，以至于吃饭时拿不稳筷子，只好改用小勺。

晚上我躺倒在床上的那一刻，全身无力，可我感到一种难以言说的快乐，它随四肢的酸疼一道，汇流至内心最深处。我想到那个训练的教室，从一周前被几十人挤满，到现在的寥寥几人——这些人中一直有我。我想到一周前并不被领队老师看好的女孩，现在已经成为健美操队的队长——这女孩正是我啊。那天我伴着劳累和甜蜜入梦，一夜安眠。

初中时，几何综合题是我日复一日的煎熬。我盯着那线段和图形，觉得它们之间似有关联，又似不相干；觉得它们正对着我张牙舞爪，要把我吞噬进黑暗深渊。辅助线总是做了擦，擦了再做，直到在纸上磨出深深的印痕。一个字一个字地审读题干，渴望着发现蛛丝马迹，直到绞尽脑汁，天旋地转。

但心中并不是只有苦的感觉。当我不断地寻找着思路时，感受得到那若现若隐的光亮，觉得自己距离答案越来越近，又怎么会没有一份欣喜在隐隐跳动呢？又怎么会没有一抹甜夹杂其中呢？于是才一次次地，静心、伏案、埋首，做一题，再做下一题。

有时我想，如果没有艰难困苦，是不是也就无所谓快乐甜蜜？小学时，是如此；初中时，是如此；高中时，还是如此吗？大学时呢？毕业后呢？大抵都是如此——这是可以猜到一二分的。由此来说，"甘之如饴"便不只是一种状态，它是一种态度；也不只是对待一两件事的态度，它是对待人生的态度。

如果人生就是在乌云和恶浪间穿梭飞翔的旅程，那我，甘之如饴。惟有这样，才能飞得更高，更远。

教师评语：文中小作者对"甘之如饴"有非常深刻的理解，"'甘之如饴'便不只是一种状态，它是一种态度；也不只是对待一两件事的态度，它是对待人生的态度"。全文表达流畅，通过自己小学练习健美操、中学时候做数学题的事情，真实再现了自己面对困难不断迎接挑战、克服困难的过程，也形象地表现出自己克服困难后，"甘之如饴"的内心感受。结尾简洁而有力，令读者印象深刻。

（指导教师：张　彪）

日 积 月 累

初 1708 班　董姝雅

我小心地演绎我的梦，它轻轻地描绘它的画。

初遇它，我只是个孩子，它也是，还不及我现在的巴掌大。它萧条的棕色枝丫装点着青绿的细叶，而我的脸上是孩提特有的婴儿肥。它独自倚在石墙一角，让我对它产生怜惜，激发我想为它添几笔的欲望。从此，我拿起了画笔。我也才知道它叫蜡梅。

听说它会开花的。我慢慢等。鹅白的稿纸上是潦草的线条，细细望去每一条粗线下都有数条被擦拭的痕迹。它还是那样，就是长高了。我也是。

我央求着去报一个美术班，去学，去画它。我清楚这是萌蘗。

我去哪儿都会路过它，拿起随身夹带的画稿，匆匆描上几笔再走。我兴奋地把画稿递给老师，以为能得到赞许。可是，我错了。没有构图，没有平滑的线条，没有感染力。我不敢相信近一年的稿子就这样结束了，结束了？

斜阳打在蜡梅的头上，凉风动摇着它脆弱的身躯，可它没倒。我也不可能倒。我再次拾起掉落的铅笔。

我的铅笔一支一支地变短，橡皮一块一块地消失。木制画板的背面上留下一道道笔透过纸的痕迹。儿童画这三年就结束了，迎面是黑白相调的石膏像。三个小时，一只眼睛；十节课，一张脸。光影导向阴影，衣褶导向线条。当石膏人像的脸上充满了肌肉、头皮上是青筋布满的条网时，我清楚地知道，那个时候快到了。

蜡梅追逐我的步伐想尽力超过我，我也拼命地奔跑——因为它大概还有两年就绽放了。

我恳求老师教我色彩——没有色彩就没有灵魂。水粉，不留心就把整张画纸染了色；丙烯，过于专注却得了一双彩手；油画，三两次的大颜色平铺，细腻的小节，厚厚的颜料堆积。

它开了星星点点碎花，散出醉人的芳香。

石墙旁的蜡梅终于长大，旁逸斜出的枝条伸向我的怀抱。我知道它的成长是日积月累的养分、阳光的积淀，它的绽放是日积月累下的执着与努力。

我用笔勾勒出蜡梅的轮廓，让颜料填满它的空白。我轻轻地点上我画面上的最后一抹淡黄，我们都感谢日积月累的这一刻。

教师评语：这篇文章引人注目的是，作者采用了双线结构：一条线索是"我"学画梅，另一条线索是蜡梅开花。而两条线索在结尾处汇聚，梅花"成长是日积月累的养分、阳光的积淀"，"我"的绘画技巧在日积月累中精进，共同点明中心"我们都感谢日积月累的这一刻"，整个结构浑然天成。在表现"日积月累"这个抽象的概念时，作者巧妙运用"铅笔一支一支地变短，橡皮一块一块地消失"的形象描写，让我们感受到时间的流逝、成长的积累。

（指导教师：迟　旭）

真 没 想 到

初 1710 班　王翔宇

回家的路上，我哼着小曲：NOIP 考完了、期中考试也完了，终于可以放松了。突然，后面有人拍了我一下，回头看，是考试时坐我旁边的那位"大佬"。"哎，同学你是不是忘建子文件夹了？"

声音虽然不大，但在我听来好像一道霹雳打在我的耳畔：要知道如果不建子文件夹的话，评测时评测机就找不到你的程序，到最后就只能"爆零"！"太惨了，同学。"他拍了拍我的肩膀，假惺惺地摇了摇头。

那时已入深秋，凛冽而干燥的秋风吹在我的脸上，让我难以睁开眼；天空中布满了阴云，看起来又会是一场淅淅沥沥、凄凄惨惨戚戚的秋雨。

我站在原地呆若木鸡，想着我一年来的努力全都白费了：每周都至少有 5 小时以上的计算机课；为了冲奖，国庆节一天也没休息……一年来奋斗的场景都历历在目，但是又能怎样，到头来不还是只能等明年再考？我垂头丧气，强忍着眼眶中的泪水，摇摇晃晃地挪回了家中。

几天里我的精神都萎靡不振。

那一天，虽然已经入冬，但是前几天的雨带走了乌云和北京的雾霾。天气虽有些寒冷，但阳光打在身上却感到有些温暖和惬意。

"儿子，NOIP 成绩出来了，你考了 229 分，还不错。"那天放学时妈妈告诉我。我满心疑惑，但是又重燃起希望：也许，有那么一点点的概率，NOIP 良心发现帮助没建子文件夹的选手建了呢，但也许是妈妈在查成绩时眼一花看错了呢。

回到家中，从角落里拿出前几天因赌气而丢弃的电脑，用手擦干净上面的灰尘。重新坐在那熟悉的电脑前面，那种熟悉的感觉涌上心头，难以遏制。或许我就不应该为了一点小挫折而放弃自己几年来的心血。

"考生注意：本次考试提交方式有变动，本次考试不需要建立子文件夹！"打开官网里的考试说明，一行加粗加大的字体映入眼帘。哈哈，自己之前看来的失误却成了自己成功的原因，我不由得得意起来。

今年应该是稳操胜券了，我心中的激动冲昏了我的头脑，前几天悲伤的情绪全都烟消云散了。我恨不得把这个消息告诉整个世界，于是我掏出手机，发了一条朋友圈：今年一等奖稳了。

"太可惜了，"妈妈走了出来，"儿子，今年一等奖分数线230。"

……

教师评语："人生就像一盒巧克力，你永远不知道下一颗是什么味道的"，这也许就是"真没想到"带给读者的趣味。从开始"没建子文件夹"的懊悔，到"重燃起希望"，再到后来"不由得得意起来"，最后以一分之差与一等奖失之交臂，作者用一波三折的情节向我们展示了少年参赛的不易与生活的哲理。其中穿插的环境描写对人物心理的塑造和故事氛围的渲染起到了有力的作用。

（指导教师：胡　静）

闲日悟积累

初 1713 班　金星卓

时间的积累总会显现出它的成效。

我读《白说》，里面写：闲下来的时间对于一个人很重要，什么都不干，什么都不想，大脑会迸发出灵感。

但怎么可能有时间什么都不干呢？

五年级，我们天真烂漫，每每有点时间都付诸傻笑与欢乐。也许会干一些有意义的事情。中午，太阳透过梧桐斑斑点点洒在地上，就拿一本《牧羊少年奇幻之旅》，或读康涅狄克州的老鼠的故事。树影摇摇晃晃打在书页上，字忽明忽暗，增添几分写意，便可以打磨时间。这时，树边的长椅上多几个同学一同读书，又多两分陪伴，惬意几许……时间在书本间缓缓流过……

然后又过了两年，课业变多了，我们变熟了。于是，放学后在图书室写作业，总会零零星星在角落里看到几个同学，心里便有底了。就这样，灯火通明、寂静无声的图书馆，人满为患，却显得冷冷清清的；待到闭馆无人为止，不论在几层在何处，总会有熟识的人隔着几方桌子与你相望，永远不会心慌孤独，时间在课堂与作业间匆匆而过……

与院子、附中的牵绊日积月累下来便形成了我的精神家园，但这时间真正留下的印记在生活中却无处显现，只能匿藏在心中，难以表达。

有一个假期，我真的闲下来了，读《看见》。读到里面几位记者之间深深的眷恋时，我哭得稀里哗啦。然后，倒在床上，合上窗帘，在昏黄的屋里任心情自由流淌。我闲了很久，想到五年级一同读的书，想到初一一同做的题，好多好多，便不自觉地流了点泪。

我便在纸上写：时间就像流水，感动就随着这青绿的细流声，流过你的身边……

这篇周记得分很高，评语很长，在我心里分量就格外重。

后来，我想明白了，为什么会有这样一篇文章呢？当时间流过，积累下来，情感便在心中沉淀。当时间一分一秒在空白间流过，想象、回忆、思考就在脑海中沉淀。当文章一字一句在眼中划过，读书的感想便在笔下沉淀。当所有这些一并日积月累起来，便折射出璀璨的光彩，让人为这岁月的神奇而折服、赞叹！

平凡的日子，因这日积月累，变得沉甸甸。

教师评语：本文起笔于在自我意识中的不断追问：闲下来什么都不干会怎样？但是童年那美好的时光，我们嬉戏玩耍、阅读学习，怎么会闲下来呢？生命中的奇遇也是无法躲开的：真的闲下来了，我们还会一直思考这些问题。这篇动人的文字，就像一个对生命际遇的追问，就像一切不为什么却自然涌现的善意，就像一缕晨光，让世界变得温暖、明亮！这是一首心灵之歌！

（指导教师：陈冬梅）

我

初 1812 班　葛思如

在一个 11 月 16 日的下午，一个名叫葛思如的小女孩出生在北京的人民医院，名取才思敏捷之意，只可惜与现实截然不同，辜负了名字的美好寓意。

我两岁时，在河边走路，一不小心被某块可恶、可憎的圆石头绊倒，身体自然向前倾倒。谁知在头落地的一瞬间，额头对应的土地的位置又有一块可恶、可憎的尖石头正对着额头中心。悄无声息地，那块可恶、可憎的尖石头在我额头的中心地带磕出了一个坑，虽说我现在已 13 岁，但那坑却顽固地停在我的额头上，一抬眉便清晰可见，只被当作了"抬头纹"处理。事后每每做傻事时，都一定归结于那一磕，因为从某种我的"自创理论"上讲，它一定至少降低了我百分之五十的智商。

上学三年，尚不知"除法"为何物，只知日日玩耍至夜间九点，才不尽兴地回家，思索明日早晨交作业之事。班主任找家长"谈话"，我以为是要表扬我，反倒十分高兴，愉悦地告知了父母。谁知"天有不测风云"，班主任反倒忧心忡忡地和父母诉说了我在学校的种种情况：上课说话、成绩下滑。我却全然没有意识到问题的严重性，觉得这样也没有什么大不了的。

刚刚进入初一时，每天中午在食堂"寻欢作乐"，时常还偷偷溜进三层楼的报告厅，在舞台上自娱自乐，手舞足蹈。我还拉着全班公认学习最认真努力刻苦的一位同学，端着前端插着刺刀的木制道具在舞台中央踏正步。我觉得这特别有趣，可是却引来了台下几位同班精明的"女干部"齐刷刷的鄙夷目光，并和我诚恳诉说着什么。我并没有太在乎她们说的，继续自娱自乐。这是因为她们都一致劝诫我不要这样"优秀而出众"。虽然这听上去似乎是"忠言逆耳利于行"，但是根本的原因"女干部"们已经当场表态了，是怕我把"学委大大"带坏。

时光流逝奇快，而今的我已成功加入"少年"行列。可事实还是无法印证名字的寓意，只盼来日加入"青年"行列，结局便会自然揭晓！

教师评语：这篇自传，属于人物传记中的小传。开头简单介绍了个人的基本信息，然后选取自己十几年经历中的三个典型事件，写出了不同人生阶段的主要经历，最后简单展望未来。本文内容全面，重点突出，加上风趣幽默的语言风格，是一篇很吸引人的自传。

（指导教师：张　伟）

那一次，我真感动

初 1906 班　郭宇童

我的感动源于日记——小学毕业那个学期，我得到的最最珍贵的那二十七篇宝贝。

我依稀记得那学期初，我们的班主任——语文老师给我们出的题目"毕业季"，他说："你们需要给相伴六年的同学留下点儿什么，让友谊长存，你们按照学号顺序，每天给一位同学写一篇日记，写你们对'他'或'她'说的心里话，写完交给他们本人批阅。"

可我从不爱与人主动交往——我从没有那个勇气，只能永远在一处静静的角落里翻阅书本，时不时瞥一眼那些正在闹腾、说笑的同学们。

嘁，这是什么鬼题目？怎么可能？怎么可能会那么了解？他们是怎么写出那两张、三张、五张稿纸的，还特意精细地把边框涂得花花绿绿？

正郁闷间已经第三天了。

我的学号——04。

当那一张张字迹整洁、端秀的稿纸散落在我的课桌上时，我愣住了，也惊住了。

这！这是他们……

"希望你能和我们一起玩！""她的作文真的很棒，我看了她写的那章《西游门大闹烤鸭店》都忍不住捧腹大笑！""我很羡慕她没有学习班。""你很内向，希望你能开朗些！""与世无争的你犹如一只蝴蝶。"

渐渐地，我开始慢慢地、细细地品味这些来自二十七支不同的笔、二十七双不同的手的日记。那些字，有的规矩、有的乱。"同学日记"，我这才理解老师这个题目的真正含义。

是的，感动与触动。

从那天起，我明白了世界上有那么多爱与关心，当然，写出一篇四百字以上的"同学日记"，我也能做到。

教师评语：我们可能会因为什么而感动？亲情、友情或是其他？小作者开门见山，文章伊始便点出感动的原因：感动源于同学写的日记。小作者从不相信能写出同学日记，到看到日记的惊讶感动，选材巧妙，构思精当，思路清晰，叙事流畅，情感真挚。

（指导教师：王丽君）

我身边的一个普通人

初 1911 班　曹　原

恍惚间，小学毕业已有数月。我总是不自觉地翻开桌角的一本小学同学纪念册，而每次又总是黯然神伤，那里盛有数不清又讲不完的回忆。

班里有位身材不高又有些胖、小脸儿圆圆的同学，大家都管他叫"元儿"。

我原先是不大佩服他的。在我的印象中，他的字写得歪歪斜斜，令人晕眩；他极不擅长体育，跑不快，跳不高，投不远。有一次，我的同学极其兴奋地推荐元儿的文章，让我读。可是我却极其不耐烦——在我的想象中，字写不好，文章自然不会精彩。

后来的一次体育课，老师叫我教元儿打羽毛球。这回可不敢抵抗，我于是硬着头皮，和他说："来吧，我教你打羽毛球。"

他的双眼仿佛泛了光，激动又感激。可是，他马上就忧郁而紧张起来："但我是很差的……"

我愣住了。

我和他说："没关系。来吧。你这样握拍，球来了，你就直着向前挥。"

元儿立即严肃起来，他认真地看着我的动作，又一边绞尽脑汁地想如何模仿。起初他盯着迅速飞向他的羽毛球，紧张甚至颤抖着举起拍，嘴巴是紧闭着的，眼神是担忧的，呼吸是凝重的，仿佛做错了事。他总是想着击打到羽毛球，可球总是躲着他，他也总是以失败告终。他鼓起勇气，把他那个似乎很沉重的身体费力地挪到球的方向，拧紧了眉，用他那似乎还不太自信的手带动球拍。我屏住呼吸看着他，羽毛球撞到他的球拍线，发出了一声细微而清脆、仿佛代表着无限希望的声音，在刹那间改变方向……

一切似乎都放缓了，寂静了……

羽毛球终于没有辜负元儿的期望，它缓慢却又坚定地飞越羽毛球网，稳稳地落在网对面。

他笑了。他终于笑了。

我激动的目光中写满了无尽的钦佩：这可是一个"身材不高又有些胖"，"极不擅长体育"的人！元儿用坚毅的信念和不懈的努力终于取得了进步！

而我，我为自己当初的偏见而后悔。

数周后，班里举行评比三好学生的演讲。元儿上台发言，讲话中间，他向我深深地鞠躬，真切的眼睛望着我，对我说："感谢你，教我打球。"

我心中仿佛遇上一个霹雳。他确乎是有伟大的神力，其他人从来没有给我带来如此震慑心灵的冲击。我快要忘却的记忆，他却记得。

毕业赠言，我给元儿写："我从你身上读出孔明的智慧，读出吕蒙的勤奋，读出鲁肃的诚实。"

和元儿的事大都已忘记，唯独这一段记忆犹新。他的那一躬，似乎代表着六年同窗之间最深、最亲切、最宝贵、最难以忘怀的情感！

别忘了，别忘了他只是个普普通通的人。

教师评语： 本文有两大特色。一是包含反转的结构，也就是我们常说的"欲扬先抑"，这让文章有波澜，并且因为真实而容易引起人们的共鸣。通常给我们更深印象的是那些包含转折的事件。特色之二是细节描写充实而有力度，例如从元儿刚开始和"我"学羽毛球，到他成功接上了第一个球，作者写了近三百字，人物的神态、动作纤毫毕现，给人以生动立体的感受。

（指导教师：周若卉）

社会类

美

初 1415 班　邹华睿

自古以来，人们在教堂的装潢上投入了太多心思——夸张至极的尖顶、繁复的飞拱、炫目的窗花、庄严的壁画，然而这与一颗质朴虔诚的心灵相比，未免黯然失色。

六月的博洛尼亚晴空万里，不由得让人多了几分浮躁。我为了躲避酷热躲进一个叫不上名的大教堂。教堂很是宏伟，外观上看足足有五十米那么高，内部更是华丽。看得见的是奢华的水晶吊顶、耀眼的窗花、夺目的金箔，看不见的是千万个稍纵即逝的绚丽闪光，让人犹如迈入仙境。

正对着座席的，是一座小到让你忽视的耶稣受难像。他低垂着头，仿佛极力克制住不去看头顶那些充满诱惑的金光。

忽然，我看到了一个不一样的身影，在这华美之中安静而不和谐。

他的衣衫破旧不堪，头发蓬乱灰暗，面庞满布皱纹，黝黑的皮肤被晒得泛红，赤裸的双手和双脚满是老茧，不住地摩挲着。他不看任何一个人，悄然闭上了泛黄的迷茫的双眼。他推开朱红色的天鹅绒垫子，跪下来，缓慢而又坚定。他唇部张合得很轻柔，将内心缓缓吐送出来，面对着宁静平和的圣母像。他胸前有一个不很微弱的泛光，原来是一个十字架，用废铁皮自制的。

阳光透过华美的窗花斜射进来，金黄与赤碧的交错渐渐让圣母的半边脸在柔光中变得模糊，更添一分神圣。火烛上的光轻轻摇曳，与透过窗花的光线在雪白的瓷砖上交错，呈现出一片迷离绚烂的光晕。这时他的脸显得更有了生气，表情也快活起来，圣母眼中更多了一份柔美。他怕自己肮脏的双手会玷污了那个神圣的十字架，伏在地上竭力地用尽全身力气去亲吻它，双手仍作合十状。

过路的人不去理睬他，这个教堂对他们来说只是一个景点，有什么意义呢？

我透过华美的窗花看见了绚丽的斜阳，同时也透过这样一副不起眼的外表看见了一个虔诚的信徒，不禁受到心灵上的震撼。人类的任何追求都无法超越这样一种质朴、虔诚的膜拜，也许这正是人之初的状态。

人的本性即为纯。

教师评语：作者善于运用环境描写和对比手法来衬托人物，宏伟华丽的教堂的背景给人物出场渲染了宁静而神圣的气氛，而"他"这样一个不大引人注意的陌生人，又似乎与教堂的氛围格格不入。作者也善于抓住人物的最为突出的外在特征进行描写，在内外的反差中突出"他"的内心纯净、虔诚。

（指导教师：宋美娜）

城市的根

初 1708 班　白　锐

"这儿没电梯是吗？不打紧，不是六楼吗，十楼我都搬下来过，我保证无损地给您搬下来哈！"他是一位搬运工人，来给我们家搬东西。我家住六楼，还没电梯，只能靠人力来运。

他俯下身，将柜子倾倒，躺靠在他的背上。他用两只手扣住柜子把手，双腿一较力，柜子拔地而起。他背着柜子，一步步缓慢地下着台阶，一只脚先伸出来探道，用脚尖儿轻轻点点下面的台阶，确定踩稳无误后，才敢将另一只迈出。他的腰顿时弓成90度，两只修长却有着斑斑伤痕的手，紧紧地扣住柜子。黝黑的两条腿弯曲着，仿佛被五行山压着似的，艰难地一步步向前挪动着。他额头上的青筋一条条绷起，米粒大的汗珠一粒粒自他的额头沁出，越聚越多，像黄豆粒一般，自额角旁的白发中滚落，砸在地上，掩盖在他的喘息声中。

我见他已经很疲惫了，便跟他说休息一下，他却逞强不认输，不肯说自己累了。他开始跟我说话，试图以此掩盖他的疲倦。"我的女儿也差不多跟你一样大了，也跟你一样那么活泼，那么懂事。"他干裂的嘴唇上扬起了一丝微笑，使他整个人都散发着温暖的气息，在这黑暗中熠熠生辉，"可是她也许都不清楚：自己的爸爸是干什么的，性格是什么样的，眉角五官有什么特征。"良久，他扯出一丝牵强而无奈的微笑，在这黑暗之中，摇摇欲坠。他凝视着我，又仿佛不在看我，好似想把我看穿，又像是通过我，看到了另外的一个谁。

是他们，宁愿骨肉分离，也要背井离乡来城市打工，为城市的繁荣发展贡献一份自己的力量。

是他们，整天风里来雨里去，整日为了生活忙忙碌碌。得到的回报却甚微，甚至难以养家糊口。可又是这些平凡的人，生产出五谷杂粮供我们食用，建造起高楼大厦供我们居住。万家灯火，哪一盏与他们无关？千家幸福，哪一个不是由他们缔造？

是他们，不顾一些人冷漠与不屑的目光，忙碌着、辛苦地喘息着。他们默默地在烈日下辛勤劳作，挥洒汗水。多少年，他们的血汗在劳作一生的地方长出草木大厦。这里，有他们亲手修葺的草坪、我们美丽的家园。这里，有他们亲手筑造的楼房，我们共同生活的城市。

圆月下，在霓虹灯照亮的城市中。他们看着五彩斑斓的广告牌、草坪上悠闲散步健身的人们、高楼大厦中每一个被橙黄色的灯光围绕着的幸福美满的家庭，找个角落，就着廉价的干粮，嘴角荡起一丝微笑，也落下了思念的泪水……

教师评语：这篇文章选材上体现了对社会生活，特别是对进城务工人员的关注，作者细致刻画了一位搬家工人，描写他弓着腰、扎着马步扛起重物的样子，从这里我们能看出作者的细心观察。作者从一位搬家工人联系到千千万万务工人员，对进城务工人员的赞美之情呼之欲出，却丝毫不显刻意。结尾处作者放飞想象勾画了一个场景，让读者动容，同时也给予读者无限思考空间。

（指导教师：迟　旭）

中 国 人 家

初 1709 班　陈思危

我的家乡，在安徽一个偏僻的小村庄中，虽不算什么贫困县，但在我的印象中，那里没有路，更没有网，远离城市，和贫困县着实没什么两样。

两旁是稀疏的田地，更远处有几座矮小的灰色楼房，车不停地颠着，我知道，快到村口了。村口还是那样的熟悉，可眼前的路却是不同了，曾经是坑坑洼洼的黄土地，横七竖八地躺着树枝，还时不时有石子挡在路前，而如今这里是一条灰色的小路，这条路并不宽，看上去也有几分陡，可至少车子可以开进去了。"要想富，先修路"，看来家乡的发展还很快啊。

到奶奶家正好是正午了，半天的路程，也有些累了。奶奶看见我，笑意盈盈地赶忙迎了过来。"奶奶身体还好啊，"我笑嘻嘻地问奶奶。"嗯。我好着嘞。"奶奶回答道，"你饿了吧，快吃饭吧。""好啊。我去烧火。""啊，等下！"奶奶还没说完我就已经跑向了厨房，奶奶家的做饭方式还是20个世纪用的灶台，每次做饭都要烧柴火，而我回奶奶家自然要来负责这些累活了。可当我冲到厨房，眼前的一切都大不相同了，灶台已经被堵上了，取而代之是电饭煲，还有煤气灶，原来堆放在墙角的木柴也早已不见。"哎呀，着啥子急啊，现在都不用灶台了，更不用你烧火了，喏，饭都做好了，快吃吧。"奶奶家的变化真的是翻天覆地啊，我一边想一边端着饭去吃饭了。

桌上摆了半桌的饭菜。其实回奶奶家，我也并不怎么喜欢这里的菜，倒不是因为农村的饭菜太清淡，相反，我总是觉得太油腻了，每顿饭奶奶都恨不得放半桶油，生怕我吃得不饱，而且每次还都给我夹好多肥肉，真是有苦说不出啊。而这次奶奶竟然先给我夹了许多青菜："多吃菜，这是奶奶自己种的，比你们城里的好吃。"奶奶一本正经地说道，"平时就吃肉了吧，来，多吃点菜，这样才能营养均衡。"奶奶挠着头。"奶奶，您什么时候也知道合理饮食了？"我有点惊讶。"这不是最近有了电视，看养生节目看的嘛。""您这儿有电视了？"我吃了一惊，这发展速度，可真够快的啊！

其实真正让我惊讶的，不只是这里修了路，有了电饭煲，买了电视，也是在这些物质生活提高的同时，人们的思想也在跟着这个时代发展。一个国家的发展不能只看城市中的高楼有多高，科技有多尖端，也要看到在这些偏远的地方的人们是不是也随着国家的发展而逐步向前。我很庆幸我见证了奶奶从物质到思想都在慢慢地跟上这个时代，我也很欣喜我看到了中国飞速的发展，我也相信中国在未来会发展得越来越好。

教师评语：作者非常出色地运用了以小见大的写作手法，通过具体写出安徽一个偏僻山村的奶奶家生活方式的变化——从坑坑洼洼的土路到灰色的小路，从烧柴的土灶台到电饭煲，从油腻的饭菜到合理饮食——时代的变化就清清楚楚地体现在了这些细小的地方。文章尤其难能可贵的是思考的深度、立意的深刻。

（指导教师：张　锦）

浅谈公民精神

初 1710 班　周石溪

朋友，你知道，"你所站立的那个地方，正是你的中国"。你应当为自己是一个中国人而感到自豪，因为这是你的中国，是你作为"人民"，当家做主的中国，更是一个强大的中国。

你是谁？你就是我们每一个公民，就是我们彼此身边亲近的公民。你所具有的品格，是中华人文传承与积淀下来的品格，就是中国的品格。倘若你是一滴水，中国便是你的海洋，是不可数的水、减慢你蒸发消逝的大片的水；倘若你是一个细胞，系统器官的组织由你构成，而系统相互配合运作便构成了动物体，你的祖国。你若忠于职守，祖国便可安康；你若癌变，祖国将遭殃。"你是什么，中国便是什么"。

在谈到理想社会、所谓"大同社会"时，陶渊明笔下的桃花源着重描写的是民风，"其中往来种作""怡然自乐""设酒杀鸡作食""复延至其家"，是这些公民的举止和心态，反映了民风的淳朴，社会的和谐；而《礼记》中则有"货恶其弃于地也，不必藏于己""力恶其不出于身也，不必为己""外户而不闭"才"是谓大同"。然而这个的前提也是公民"选贤与能，讲信修睦""男有分，女有归"。可见一个社会、一个国家的优劣，是由其公民的状态来判定的，也在一定程度上是由公民决定的——天下兴亡，匹夫有责。作为十余亿普通公民中的一员，我们怎么样，中国就怎么样。

当一个公民在异国做出不良行为时，他的素质低下会成为外国人眼中这个国家公民的通性；同理，当一个人表现出优异品质时，受到尊重的也是他的国家。只是因为，就算我们可以改变自己的国籍，我们永远无法改变自己几千年来继承的血脉；作为一个拥有着中华基因和典型性状的人，你走遍世界，人们大概并不知道你是谁，但总知道你是中国人，你代表着中国。于是在他人眼里，"你怎么样，中国便怎么样"。

那么，"你有光明，中国便不黑暗"。也许这里曾黑暗过，但总存在光明的人民和渴望光明的人。当星星之火点点聚集便可燎起莽莽荒原，点燃黑暗；因为有着向往光明的公民、群众，有着大片的"可燃物"，胜利之火总会带来光明。新文化运动便是如此。

同样的，近期新冠疫情的爆发，让我们看到的不仅是一线白衣天使的奋战，还有全国上下各界人士的众志成城。每一个公民都相信光明，企盼光明，疫情的阴云总会被驱散。

至于少年，更有"少年智，则国智；少年富，则国富；少年强，则国强……"当我们看到一个少年的优秀品质时，我们看到了未来的希望，我们会"看到"在他成年之后，成为一个能完全承担作为一个公民的一切应尽的义务与责任之人时，他对国家作出的贡献。

因此，永远不要忘记你从哪里来。老祖宗讲求饮水思源、追根溯源，你是五千年中华文化沉淀的最底层的一粒微尘，是来自母亲河中荡漾的水花。请不忘初心，更不要忘记你要到哪里去，牢记使命。你将走向光明与未来，发挥一个个体可以对一个整体产生的积极影响，在这个拥有着你又被你所拥有的中国，做一个好公民。

教师评语：一个"十有五而志于学"的少年，更要有志于成为合格的公民。清华附中的教育理念，即是培养这样充满正能量的公民，为领袖人才奠基。文章从"你是谁"谈起，得益于《苏菲的世界》的阅读；进而论及社会时举桃花源与《礼记》之例，得益于平时课堂扎实的学习；最后"至于少年"则用梁任公之警语压轴，文脉清晰，文气畅然，在初中议论文中实属佳作。

（指导教师：胡　静）

向　光　明

初 1715 班　杨家淇

我从前是不爱坐地铁的，除了客观上站点设置不便的原因，更大程度上是对上班高峰时密闭车厢中飘散着的韭菜包子味的厌恶，下车时自己的脚尖还没跨出车厢就被迎面挤进来的、重重叠叠的人群堵住视线和脚步的压抑，以及下班高峰时恨不得要被挤下扶梯的、被无序的人群包裹的恐惧。

人们常说，地铁是一个城市，甚至是一个国家的名片。中国人也常以这张光亮的名片为傲——因为它串联着祖国的大好河山，是中国四通八达的交通网的象征，稳定安全的铁路设备给这张名片盖上了先进科技的印章。

但事实上，地铁中的人才是这张名片的底色。想象一下，你的外国友人在惊叹于中国密集的铁路交通线和先进技术设施后，转头就上了一列飘散着混合的早餐味、夹杂着"哎再往里挤一挤啊"的呼喊的地铁，他们会对中国有怎样的印象，而你的脸上是否能挂着对祖国感到自豪的笑？

崔卫平说，你所站立的那个地方，正是你的中国。你怎样，中国便怎样。你的外国友人并不会因为表面的炫酷科技而为那个被一部分素质低下的中国人所代表的中国加分；而你却会因为这部分人体现出的这座城、这个国徒有肤浅的光鲜先进科技的外表、却没有深刻的修养而倍加羞赧。

幸运的是——或是法规限定，或更多的是身边越来越多的人认识到了问题——当我最近再次走进地铁时，车厢、扶手光亮如新，一个个"韭菜包子"早在走进地铁站前就完成了它落入腹中的使命；焦急的上班族安静地等待在车门两侧，待车门缓缓开启，车中人下车后才踏进车厢；五六点钟的扶梯仍旧拥挤不堪，但仔细观察便不难发现原来人群排成了一列长龙……成千上万个你我他，成千上万个彼此身边亲密的公民终是为这张名片打上了名为"中国素质"的底色。这张名片变得沉甸甸的，正以全新的姿态告诉世界——这，是中国。

地铁经过隧道，正向着光明的隧道尽头驶去，扶梯口闪烁的太阳光正照着每一个排着队、乘着扶梯由下而上的人。不知是阳光的照射还是他们自身的光热，每个人都似闪烁着光芒。

向着光明去吧。你若光明，中国便不再黑暗。

教师评语：这是一篇借助群像来反映主题的文章，写作难度很大。例如我们耳熟能详的话剧，以群像而著名的寥寥无几，《茶馆》是其中非常突出的代表。群像很容易流于泛泛、浮光掠影，而本文巧妙地选择了地铁这一空间，描画了两幅对比鲜明的乘客素养画面，来源于真实的生活，质朴自然、鲜活可感，因此冲出重围、成为佳品。

（指导教师：邱晓云）

风 雨 者

初 1715 班　赵云琦

社会犹如一条船，每个人都要有掌舵的准备。

——题记

寂静的二月里，中华大地被新冠疫情的阴霾笼罩。天公不作美，本是莺时快到，却总是寒风料峭。那一天，京城又飘起了鹅毛大雪。冰箱里空空荡荡，厨房的盐罐也已见底，在足不出户的这段日子里，食物消耗的速度颇为惊人。就在这弹尽粮绝的时候，清脆的电话铃在客厅响起……我和妈妈不约而同地奔向手机，低头一看，三个大字让人无比激动——聂强强！

"姐啊，我是京东快递，外面儿雪太大了，刚刚打电话您可能没接着，您还下来不？我得去别地儿送了。"小哥电话那头传来的声音不太清晰，但语气透着实诚和质朴。"那您帮我放在小区门口吧，我们马上下来取，谢啦。"妈妈看着窗外的鹅毛大雪说道。聂强强，一个快递员的名字，平日里可能不足为奇，现在却足以令人刻骨铭心。

少顷，我咬咬牙，戴上口罩，裹上大衣，踏进冰雪世界去取我们家的"救命稻草"。一个孤零零的大塑料袋正蜷缩在小区门口的椅子上，袋子上积了薄薄的一层雪。抬头向院外望去，只见一名穿红马甲的京东骑手正卖力地整理车厢，拍拍手，隔着口罩能看到他用力地喘息着，随后甩手把车门关上，骑着红色铁皮三轮车在茫茫白雪中渐行渐远，那应该就是聂强强吧。

这时，门口的防疫工作人员提醒我快点回家，我拎着珍贵的食盐、蔬菜和鸡蛋踏上归路。疫情把我们锁在了家里，同时也把快递小哥带到了我们的生活中。快递一袋生鲜，填饱我们的肚子；快递几本读物，慰藉我们的心灵；快递一盒模型配件，让我的双手活跃在创造的世界中；快递一套哑铃，让我在疫情期间宅在家里也能强健体魄。盐是那么平凡，但它却是我们饮食中最为重要的元素。快递小哥的工作再朴实不过，但是在疫情期间他们却承担着守护我们"生命线"的重任！那一抹红色的身影时时在我脑海里浮现。

武汉顺丰小哥自发接送医生上下班，圆通小哥登上国务院新闻发布会提出快递收发改进诉求，无数的"聂强强"每日承担着巨大风险，把保障民生的重担扛在自己的肩上。他们是危难时刻挺身而出逆向而行的守护者，给了我们战胜疫情的底气。

你们在漫天大雪中奔波，在时代的风雨中砥砺前行，你们是风雨者，我们隔着口罩不能谋面，但我们有共同扎根心底的信念——成为祖国的光明。

教师评语："抗疫"是 2020 开年的关键词，抗疫中的英雄是时代最美的人！作者作为一个普通的毕业班学生，居家抗疫，可以直接接触的人很少。本文借助和快递小哥未能谋面的暖心故事，折射大时代下小人物平凡中不平凡的品质，以小见大，具体而深刻地折射了民族精神。

（指导教师：邱晓云）

望　水

初 1810 班　郝艺佳

曾于儿时常吟诵一些美好烂漫的赏景诗句。这些诗的景物无一不被诗人美化了：那悠然自得的皎洁明月、那巍然矗立的挺拔高山、那芳香沁鼻的绚丽花枝。这其中，似有一物，常伴于心间，将整诗的余韵流入那微不可察的情感中——水。

"问君能有几多愁，恰似一江春水向东流。"李煜眼中的那一江春水，是面对亡国之景的悲叹，是对往昔生活的怀念。曾经的"雕栏玉砌""朱颜美人"都随之而逝，唯留一轮明月和一江春水令他感怀。李煜的望水之千古名句，恰如其分地将心中无限悲哀如同流不尽的春水一样表达了出来。每当我读至此句时，总觉得我好像便是那李煜，眉间还有诉不尽的国仇家恨。

"谁道人生无再少，门前流水尚能西，休将白发唱黄鸡！"与李煜不同，苏轼的"门前流水"不是那绵延不尽的愁思；反之，青春不再的苏轼没有"借水消愁"，而是用豁达的胸襟和豪迈之气唱出了呼唤青春的人生之歌。于苏轼而言，他眼中的"门前流水"是一种爽朗向上的心态和不断进取的动力。可以说，此时的水从苏轼苍老的身躯中迸发出来，唱出一颗未老的心。

"此水几时休，此恨何时已。只愿君心似我心，定不负相思意。"这又不同于前两句，一首爱情绝唱震撼地表达了女子对爱情的渴望和忠贞不渝。这浩浩荡荡的江水啊，道不尽那永恒的思念和痛苦，这水何时能停下，我的痛苦才能终结！这般执着的情感让所有读过的人都为之动容，感叹不已。

"仍怜故乡水，万里送行舟。""愁""乐""思"都聚齐了，还缺了点什么？无疑——故乡之水。此时的李白离开蜀地，虽是赏到"月下飞天镜，云生结海楼"的辽阔奇景，但当他面对那滔滔江水，仍是起了思乡之情。恋恋不舍地回首那片故土，望穿秋水的眼神就足以证明这一切。离故乡"万里之遥"的游子啊，滔滔江水就如同思念一般绵延到了远方……

在一位位诗人笔下，水被赋予了各种各样的情感，或哀叹故国，或励志向前，或表缕缕思怀，或念悠悠故乡。但无论它代表什么，总归是诗人心中的一片情感。不妨，就让我们一起吟这水中诗句，品这水中情怀。

教师评语：水是中国诗人最乐于吟诵的对象之一。作者从中国古典诗词中的水写来，步步推进，引到诗人"望水"时候所想所感。从眼中景，到心中情，扎实的基本功使全文读来自然流畅，引人共鸣。最后，作者从自己的体会，引出号召，将千年文明凝聚于"水"这一意象之中，不失为对中华文化特质与人文精神的深度思考。

（指导教师：徐　利）

南宋随想

初 1813 班　柴美多

人们说，南宋朝廷软弱无能。烟波浩渺的历史长河中，有过多少盛世太平，道不尽多少繁华。

回到南宋，看文人武将赤胆忠心。

最后一抹斜阳，斑驳了开封府，看尽了过往繁华。数只哀鸿掠过阒然无人的原野。

泱泱的金人南下，像一支北方射来的毒箭，以黄河为弦，直插南方。大散关——淮河一线，霎时化作了金人的国土。爱国诗人陆游在一叶南渡的扁舟上，船在黑夜里轻轻地摇。

月亮西斜了。江水睡了，船睡了，岸上的人也睡了。大宋王朝，沉寂在黑夜。他在黑夜里生长，没有见过阳光灿烂，也没有见过星河璀璨。

他常感到有些心灰意冷。他找到南宋朝廷，希望将自己的一生奉献给这个国家，这个时代。

"小楼一夜听春雨，深巷明朝卖杏花。"

这么美的诗句，轻盈，浸润着你的心。但这是他担忧国事而彻夜未眠写下的诗句。南宋朝廷对他的出现似乎并未表现出惊喜，甚至有些担忧——他打扰了他们偏安一隅、苟且偷生的享受。"素衣莫起风尘叹"，你何尝不明白这个道理？算了吧，暂且回家，试着忘记这报国无门之痛。可是，你忘得了吗？

"溪柴火软蛮毡暖，我与狸奴不出门。"

一个风雪夜，你抱着猫，烤着火。温馨的背后，是无奈，是惆怅。回忆起曾经的"楼船夜雪瓜洲渡，铁马秋风大散关"，是壮志铿锵。而今，同样是雪夜，却是软弱无力。人老力衰了啊。但亘古不变的，是你的赤胆忠心。

这是南渡的爱国诗人中的一个，这是南宋万千忠魂中的一个。

回到南宋，看文人武将坚贞操守。

蒙古骑兵从草原上来，踏着滚滚烟尘。漫天的黄沙隔离了天日，惊醒了酣睡的南宋。

有个才子，刚刚中了进士，马上就要当大官了，突然，酒，不喝了。勾栏瓦肆，不去了。招兵，买马，组建军队，全由他一人办妥。这个曾经被人看不起的纨绔子弟——文天祥。他没有逃，更没有乖乖束手就擒。

他面临的，是两个天差地别的选择：投降蒙古，加官晋爵做宰相；尽忠南宋，斩头杀身成鬼魂。无数人，没有挨过这一关。

风飘飘吹起他白色的衣裳；阴湿的监狱外，寒鸦嘶哑地叫着，那月光被它一声声叫得更黯淡了。月光照进栅栏的缝隙，留下深浅不一的黑影。那阴阴不怀好意的凉气，早已经预示了他的命运。他的嘴角露出一丝笑意，那笑容仿佛代表着他的一生，又代表一场长梦。这场长梦，终于要迎来梦醒。

"但令身未死，随力报乾坤！"

文天祥不是常人，他的选择是以死报国，心甘情愿，视死如归："鼎镬甘如饴，求之不可得。"

死，要坚贞地死去，纵使鼎镬加身，也要甘之如饴。他的不屈永远被子子孙孙铭记在心头。

这是南宋灭亡后宁死不屈的人中的一个，这是南宋末年万千读书人中的一个。

虽然岁月浸染红尘，虽然时间风化记忆。但你们的身影依旧立于高高的精神山冈上，迎着朝阳，纵情高歌，鼓舞着我们这些后来人，为了理想，为了自己的国家，无怨无悔。

回到南宋，看赤诚之心绽放光芒！

教师评语：古今多少兴亡事，叹史叹事叹人生。小作者凭借着深厚的文化积累，穿越历史的隧道，在南宋浮沉没落的往事中，选择了陆游和文天祥这两位颇具人格魅力的英雄人物进行抒写。一个是皓首穷年的赤胆忠心，一个是舍生取义的坚贞操守。文章通过在具体的历史情境中，还原人物的精神世界，唤醒了我们心中的爱国豪情。

（指导教师：那　妮）

小变化，大发展

初 1906 班　于子健

在意大利，我想到一个小卖部去买一点东西。结账时，我习惯性地掏出手机，准备付款。那个意大利的老板似乎看出了我的意思，对我说了一句："我们可没有马云啊！"

在美国，我们还只能用信用卡支付。当我买完东西准备付款，再次从口袋里掏出手机时，我迟疑了。一想到我这是在美国，我又从包里掏出钱包，拿出现金。这里可没有什么微信、支付宝啊！

在日本，小部分店里居然可以见到中国的微信和支付宝付款。在日本这么发达的国家，也只有小部分商店里能见到电子付款。在日本，还是得掏钱包啊！

中国的历史中，支付方式多种多样。现金的支付方法还是令追求便利的中国人不满意。商店、停车场等地，人们经常会因为没有找零而发愁。若你打开钱包，一眼看上去难以分辨面值的硬币掉得到处都是，你难道不会感到非常心烦吗？比起以前以物换物的方法，现金其实已经很方便了。但现在，只需要用手机扫一下二维码，中国的移动支付、电子支付已经领跑全球。甚至在偏远山区的小市场中，被放在了显眼处的二维码代替了卖菜大妈们的零钱筐。从落后到遥遥领先，背后藏着无数中国人日夜辛勤的努力。欧美和日本是世界上非常发达的地区；可在中国早已完全融入中国人民生活、已经非常普遍的技术——手机支付，在日本和欧美还只是离实现非常远的事。虽然看起来这只是二维码代替零钱筐的小变化，但这却代表着中国的网络、经济、大数据的管理和计算机计算速度等各大领域的大发展。

中国移动支付的迅速展开和普及，听说已经大幅影响了纸钞的使用量。这是个好消息；减少人力，减少高级纸张的使用。以后，人民很有可能完全不使用纸钞了，以后有可能人民的钱完全存在云端，这样可以更好地理财，还可以更进一步地便利人们的生活。最近，在网上甚至流传着"一机在手，天下我有"这样的语言。是呀，在中国，谁还愿意去费时间掏钱包啊！

中国正在迅速发展着。移动支付、电子支付是中国最有代表性的新技术。中国不仅在这项技术上非常领先，还会带领世界别的国家一起研发其他新技术。这项技术只是一个开始，慢慢地，网络、移动技术会让这个社会变得更现代化。而中国，正带领着这个世界变得更现代化。

教师评语：小作者非常敏锐地捕捉到了旅游途中支付方式不同这一现象，以此为切入点，回顾了中国现阶段支付方式的变化以及变化背后的原因：无数中国人日夜辛勤的努力。在文章结尾，展望了中国的发展前景，给人留下深刻印象，小作者对祖国的热爱之情也倾注文中，令人叹服。

（指导教师：王丽君）

工 匠 精 神

初 1913 班　赵一鸿

几周前的一个周末中午，我坐在桌前，放下手中的笔，揉揉酸涩的眼睛。那熟悉的声音又传入耳际："换纱窗啰——"声音来自一位常在我家门口游荡的以换纱窗为生的老汉。他常穿一件藏蓝色衬衫，一条土红色裤子，他的头发灰白，一双不大的眼里闪着精光，有些骇人。

我一向厌烦他那破旧的衣衫和粗犷的嗓音。直到有一天，我家才买半年的纱窗坏了，右上角破了个大洞，框架也有些歪斜。联系了许多厂家，但都不予维修，不得已只能找老汉帮忙。老汉穿着那套惯用的行当，拎着一个小工具箱蹬蹬地上楼来了。他不由分说，麻利地拆下纱窗，仔细地观察一会儿后，打开工具箱，拿出约半尺长的铁齿，卡在歪斜的铁框上，用力压了两下便将其匡正。我惊讶于他瘦削的手腕竟能扳动坚硬的铁框，便向他询问。他憨笑道："这功夫，要的是巧劲。用蛮力可能拗断，方向错了又会留下印痕。"接着用粗糙的手指拨了拨铁线："这一大半都松了，得重新紧一紧。啧，现在的商家都这样偷工减料。"我心中一惊，这是要收多少钱呀！低头看向老汉，他已开始手里的工作。他那黝黑粗糙的双手像桑蚕一般在铁线铺织的网上辛勤耕耘着。我隐约见到他左手的大拇指甲秃了一半，用胶带缠着。我便问他，他答道："呀，这是以前做活时不小心弄的，缠上就不碍事了。"我不禁有些心疼，有些人为了生存竟付出了这么多。

不知不觉间，高悬空中的太阳已西斜，那位匠人终于结束了工作。纱窗像新的一般，铁框光洁明亮，铁线细密紧致，更令我惊讶的是价格只有25元。望着这件艺术品，我不禁感叹于他精湛的技艺、严谨的态度与朴实的人品。在惊叹之余，我心中又泛起几分感动与慰藉：在不负责任、粗制滥造、哄抬价格的商家中，竟仍有一名专精一艺、善良淳朴的普通匠人。

在我们的身边总有一些普通的匠人，他们或许其貌不扬，默默无闻，但他们的手艺却无比精湛，他们的品格却令人敬佩。

又是一天中午，我听到窗外那熟悉的声音，感觉亲切又心怀感佩！

教师评语：文章描写丰富又生动，其中对老汉修纱窗的正面描写，尤为细致精彩，动作描写行云流水，语言描写符合人物身份、性格特点，配以肖像描写凸显娴熟、专注和操劳。同时辅以侧面描写，突出老汉的专注、技艺高超，以及品质淳朴。称呼上从"老汉"到"匠人"的转变，体现作者欲要阐释"工匠精神"的用心。

（指导教师：杨　玲）

考场作文

有人说考场作文是"戴镣铐的舞蹈"，写作者在一定程度和范围内被限制了自由，但还要舞得精彩超群，实在有难度。那么如何写好考场作文呢？

首先，要审清题目要求。

和所有题目一样，决定你是否走向成功最关键的一步，就是审题。近年来，北京中考作文一直是二选一的。题目一为写实文，题目二则是想象文，二者在题目的表述上有导语式、全命题式、半命题式等，但无论是哪一种，都需要你认真审题，从题目中捕捉提示与限制。例如，2019年中考作文题目一："请将'北京，这里有我的_____'补充完整，构成你的题目，写一篇文章。"这是一个半命题作文题，虽然没有导语，但是从已给的部分来看，它有限制性要求：首先，你得写在北京这座城市发生的事情；其次，这件事情是与"我"有关的，由此生发出情感或感悟等。

其次，要选择独特素材。

很多学生觉得自己不能写好考场作文的原因是因为自己没有什么好的选材。那好的选材怎么来呢？首先，你对自己经历过、观察过的很多新奇的事情，是否及时记录了下来，成为你胜人一筹的法宝。除此之外，我们还可以在一些生活中常见的、稍显平淡的选材中，发现别人没有注意到的侧面，由此让你的素材俗中见新。

然后，要注意挖掘立意。

我们都希望自己的作文立意是独特、新颖、发人深思的，那么又该如何做到呢？其实，不管是写实文，还是想象文，都是要"能表达自己对自然、社会、人生的感受、体验和思考"。例如，2018年中考作文题目二："请你用上'伙伴''困境''成长'这三个词语，以'在幽深的峡谷里'为开头，发挥想象，写一篇故事。题目自拟。"这个题目我们可以多角度构思立意：人生要勇于尝试、要豁达、要有求知欲；希望社会更加公平，希望社会更加和谐；保护自然，热爱自然，敬畏自然等。

最后，要注重拟写提纲。我们定下选材和立意后，要围绕中心设计结构布局，确定详略安排后，再行动笔写文章。如果能再运用首尾呼应、诗词点染、修辞妙用等写作技巧，文章会更加增色。

不过写作考场作文的要旨绝不只是以上这些，切不可舍本逐末。无论写什么文章，都要牢记"文贵情真"！文章真情流淌，深情灌注，自然质朴，方能动人。向真，向善，向美，应该是我们最根本的追求。

题目1

在成长的某一段路途中，总有一些人让你难忘：或许是上学时课堂上展示风采的同学，或许是一次次实践活动中小组合作的伙伴，或许是每次外出旅行时尽心安排的家人，或许是求知道路上指点迷津的老师……请你自拟题目，写一篇记叙文，记录你某段生活旅程中一个难忘的人。

阳光少年

初1/10班　陈思齐

他的外号，整个年级可谓无人不知，无人不晓："黑皮体委"。说起来原因也很简单，就是因为他黑，浓密的黑发，黝黑的脸庞，古铜色的四肢，这个绰号可真没冤枉他。

他为什么这么黑呢，原因无从得知了，但我想，或许是阳光特别偏爱他的缘故吧。

这个暑假，我和他一起报了篮球训练班，说是基础班，谁知道班里的人个个身怀绝技：三步上篮，拉杆，后仰跳投，勾手，让人眼花缭乱。一场比赛下来，基础真是零的我俩不光送出无数次失误，更是精疲力尽，心力交瘁。"要不，算了吧？"我无精打采地对他说。"不！"他突然蹦了起来，用手抹抹额头上的汗，半开玩笑地说："我就不信，一天投进一百个，还不能练会三步上篮？"

边说，边在我惊愕的目光中捡起篮球，迈开大步跑到球场上，运球，三步上篮——他的双腿很不协调地扭在了一起，双手紧紧抱着篮球，投出去的那一刻好像也不肯松开，球硬生生地被抛了出去，划过一道美妙的弧线后，径直越过篮筐，砸向界外。

"噗……"旁边休息的同学放肆地笑了出来。"算了，别丢人了。"我冲他喊。

他的脸上汗水在淌，一边捡球，一边笑着说："知道不，坚持就是胜利，我这不叫丢人，叫坚持不懈！"

"行行行，你坚持不懈吧！"我边喝水边和他开玩笑。

他抓起球，一改刚才的嘻嘻哈哈，眼睛瞄准篮筐，甩开大步，又一次冲了出去……

打铁。再来，还是，打铁。

午后的阳光打在他脸上，脸似乎变得更黑了，汗珠前仆后继，他都顾不上抹掉。

他还在练习，一遍又一遍……

最后一场比赛上，最后五秒，我们落后一分。

关键时刻抢下篮板，他再次甩开大步，冲向内线，一步，两步，三步，上篮，面对一米八的防守毫不畏惧，球高高抛起。

哨声响，球空刷入网。

绝杀！

"看，这就是我的坚持不懈！"他大笑着对我们说。

那一刻，他的笑容和阳光一样，分外耀眼。

那一刻，我想，我知道了阳光为何对他情有独钟——，因为他，这名黝黑的阳光少年就是那火热的阳光！

教师评语：正如《水浒传》有一百单八个绰号，我们记住了花和尚、豹子头或者智多星、玉麒麟一样，一个"黑皮体委"的绰号，就非常契合题目"难忘"的要求了。另外，初中记叙文阶段习作的训练重点——动作描写，需要学生能仔细地观察，调动丰富的词汇及组织长短相间的句子。本记叙文之上述优势显然，可圈可点。

（指导教师：胡　静）

杨　伯　伯

初 1703 班　周子楠

在过去的 14 年里，有无数的人从我身边经过，其中有许多帮助过我的人，让我感到温暖的人，他们使我心怀感激。不过我要记下的那个人似乎与我并没有许多故事，但关于他的记忆却一直停留在我脑海的深处。

杨伯伯是爸爸的大师兄，也是我们家的一位朋友，所以便经常来我家与爸妈聚会，但因为当时我太小，也不记得发生过什么事情。后来我们搬家了，与杨伯伯的来往也跟着变少了，有时甚至一年到头都见不到一次。

我对伯伯的印象是从八岁那年开始变深的，印象中的他身材壮实，目光温和，还有个大光头，有时竟看不出他是一位学者，但这大概是因为他的"糊涂劲"。

妈妈曾给我讲过一件关于伯伯的趣事：他们读博士的时候，伯伯就特别喜欢喝酒，工作时不喝一点，便觉得浑身难受，没有灵感。一天夜里，伯伯写着文章，突然酒兴大发，早先存下的酒都喝光了，于是他便去厨房，把炒菜的料酒灌到了肚子里。到第二天，他们的"厨师"——也就是我爸——炒菜时找不到料酒，觉得纳闷，明明昨天晚上还有大半瓶呢。这个时候，听说当时伯伯的脸都红到了耳朵根。

还有一次，伯伯来我家，自告奋勇说中午要烧鱼，我一听高兴得不行。伯伯见我开心就更上劲了。他清洗好鱼，切好青菜，开炒！然后只见他将热水倒入锅中，放入调料，煮好菜，让我出去等着。他说要让菜入味，我还很奇怪，鱼会什么时候下锅呢？但当时没再多想，就没说出来。几分钟后，伯伯端着锅走到我们面前，得意地说："红烧鱼来也！"我期待地揭开锅盖，但我看见的却让我大失所望：只有几片菜叶！这时伯伯一惊，喊道："我忘放鱼了！"所有人哈哈大笑。

可是就在几年前，一件我从来没想到的事情发生了：杨伯伯因长期操劳过度、积劳成疾，生病去世了。一个有趣、幽默的伯伯就这样离我而去了。这件事发生得太突然，以至于我无法与伯伯告别。但是，与伯伯的交往中产生的那几个记忆的片段，却永远留在了我的心间。

教师评语：本文记叙了一位长辈、一位学者的幽默有趣的故事，叙事角度新颖，作者没有记录这位杨伯伯的学问如何渊博，而是选取了杨伯伯爱喝酒、爱做饭，又大大咧咧的生活里的小故事，描写生动细致，人物形象栩栩如生。比如杨伯伯馋得喝料酒被发现的细节描写——"脸都红到了耳朵根"。

（指导教师：赵　燕）

题目2

从下面两组词语中各选一个词语，结合生活实际，写一篇写人记事的文章，题目自拟。

A. 活泼开朗、幽默风趣、豁达大度、谦虚谨慎、锲而不舍、勇于探究、吃苦耐劳、自尊自信

B. 孝敬长辈、友爱互助、言而有信、乐于奉献、敢于担当、正直无私、文明礼貌、遵纪守法

我身边默默爱我的人

初1406班　韩天阳

浓郁的香味扑鼻而来，刺激着我失落多时的味蕾，正转动着钥匙的手不禁加快了速度。"太棒了，一定是妈妈提早回来了！"我心花怒放。当我打开门，看到正在厨房忙碌的身影时，我顿时愣在了那里⋯⋯

这事还得从两个月前说起。

妈妈虽烧得一手好菜，但却经常出差。为了让我吃上营养的饭菜，姥爷就被请了过来。他不像姥姥那样会洗衣做饭，姥爷最经典的，便是板着脸催促我："阳阳，该起床了！""阳阳，该刷牙了！""阳阳，⋯⋯"这些我都可以快速响应，但那句"阳阳，该吃饭了"，却是我避之不及的。

姥爷一本正经地说要本着"营养搭配"的原则为我做饭。虽是这样说，但他做出来的菜，可真不敢恭维：本来脆生生的黄瓜无精打采地躺在盘子里，几乎黑了的葱花覆盖了整个盘子，油黄的鸡蛋零星分布在角落里⋯⋯

55

"噢，我的天哪！这怎么能吃？！"在看到那盘菜时我的第一反应，便是大声喊了出来。随即转向姥爷，我为自己的过激反应而后悔。只见他满是期待的眼神凝固了，一双黝黑的、满是皱纹的大手不知所措地擦着围裙的两边，本来有些驼着的背显得更弯了。在那一瞬间，我突然觉得穿着不怎么合身的围裙的姥爷，站在那里就好像一个做了错事的孩子。

我尴尬地笑笑，低下头去，努力地吞咽着，只盼着妈妈早点回来。

又一阵香味从厨房飘了出来，缠绕着我。我顿时打起精神，仿佛是"久旱逢甘露"，我的味蕾激动了起来。门开了，伴着似有似无的黄瓜清香，我深吸一口气，向厨房看去。

炉子上，蓝色的火苗舔着锅底，锅里的骨头咕嘟咕嘟地翻腾着，阵阵香气扑鼻。旁边一个身影正在忙碌着。"姥爷！"我惊讶地看着他：姥爷穿着那件深蓝色的围裙，正弓着腰切菜，一下一下虽不娴熟却异常认真。他小心翼翼地把黄瓜片倒入汤中，顺便擦擦脸上的汗。随后又转过身子费力地辨识着一张纸上写的密密麻麻的字，还不停地念叨着。

"姥爷，你！"我的内心也翻滚起来。

"啊？"他转过身来，原本不带一丝表情的脸竟显出窘迫之色，"阳阳，你回来了。"

姥爷见我不说话，小声替自己解释道："我看你不太爱吃我做的菜，就学了个骨头汤做给你尝尝。也不知道对不对你的胃口……"

骨头汤端了上来，看着碗里缓缓冒着热气的汤，我突然觉得鼻子一酸。姥爷不喜欢学习新东西，可他却因为我而学如何做饭，再看灶台上已被汗水浸湿的那张"食谱"，里面不知有姥爷多少心血。骨头的浓香夹着黄瓜的清香缓缓飘散在空中，又缓缓进入我的嘴里，温暖我的每一个味蕾。

看着姥爷满足的笑容，我突然体会到了浓浓的爱，含蓄而深沉。

教师评语：表达亲情的作文细节刻画非常重要，只有写出自己生活中打动了自己的细节，才能打动读者。本文的几处细节描写很是生动，"满是期待的眼神凝固了，一双黝黑的、满是皱纹的大手不知所措地擦着围裙的两边，本来有些驼着的背显得更弯了"，"他小心翼翼地把黄瓜片倒入汤中，顺便擦擦脸上的汗。随后又转过身子费力地辨识着一张纸上写的密密麻麻的字，还不停地念叨着……"，包括看见我时"原本不带一丝表情的脸竟显出窘迫之色"，这些细节之处都非常打动人心。

（指导教师：张　锦）

我要为你点个赞

初 1416 班　葛佳鑫

生活中，我们会遭遇挫折、怀疑、否定。而能够坚持自我、达成目标的人，是我从心底里赞赏的。今天，我要为你，我的姥姥，点个赞。

就在几天前，我们家的门铃被按响了，我开门一看，是一个老太太拎着两篮子水果。老太太紧紧地握住你的双手，不住地摇着，嘴里还喃喃地说："王老师啊，您好您好。"你只是微笑着招呼客人进屋。寒暄过后，那老太太激动地说："王老师，您画的画真是太好看了，那天在画展上看了您的画，真是立刻就喜欢上了。您能不能送我一幅啊？"你自豪地笑了，从柜子里捧出一幅牡丹图，骄傲地递给了老太太。看到这幅画时，我震惊了，这是你画的吗？只见朵朵牡丹花团锦簇、栩栩如生，在微风的吹拂下翩翩舞蹈。我惊讶万分，还记得你曾经学画的时候，往往因为画得太丑被我们嘲笑，而如今，你竟然画出了如此美丽的花朵！我要为你点个赞，为你的坚强，为你的执着，为你不小的成绩，为你美丽的画卷。

还记得曾经，你迷上了画画，每天早上 5 点多爬起来看教画画的频道，被全家人反对，被所有人质疑。"您别学了，这么早起来，别累着了。""这么一大把年纪了，还学什么画画？""您就好好在家安享天年吧！"可你没有理会任何人的劝阻，你在所有人的反对下，仍旧默默地坚持练习着。

还记得你颇感自豪地举起初时的画给我们看时，你得到的从不是肯定。"您还是别学了吧，都学这么长时间了，按您这速度，什么时候能画出成绩啊！""您在家还是好好歇着吧，别干这不靠谱的事。"似乎从没有人给过你鼓励和赞扬。可你在所有的嘲讽和讥笑声中，仍然默默地坚持练习着。

而如今，看到你努力的成果，我们都为之赞叹，你为此描画了多少线条，洒下了多少汗水？你的内心拥有的是多么强大的渴望啊！我要为你点个赞，为你的坚持，为你的勇敢。

生活中，嘲讽和反对永远不可避免，然而只有坚持不懈，才能够得到肯定，赢得赞扬！今天，我就要为你，我的姥姥，点个赞！

教师评语："坚持自我，达成目标"，这是作者赞赏姥姥的原因。全文围绕这个特点，采用倒叙手法，叙述了姥姥迷上画画之后，不顾家人的反对、质疑和嘲讽讥笑，默默坚持练习得到大家赏识的过程。语言生动形象，用自己的感受为行为感情线索，自然顺畅地表达了自己受到的启发和对姥姥的赞美之情。

（指导教师：陈冬梅）

题目3

"这个世界上因为有了黄永玉，就可能变得好玩儿一点……"，这"好玩儿"，是黄永玉外在的表现，更是他内在的特质。相信你身边也会有"好玩儿"的人，他们或幽默风趣，或率性真实，或童心未泯，或少年老成，或特立独行……这些人总会让我们看到世界更有意思的一面，感受到生活的美好与丰富。

请以"他（她），实在好玩儿"为题，完成一篇写人的记叙文，表达自己的真情实感。

她，实在好玩儿

初 1802 班　张韵可

我的妹妹是个"小大人"，总是冒出一些让人哈哈大笑的话。我们家因为她的存在，总是很快活。

　　妹妹今年上二年级，尤其喜欢语文。那是在她期末考试的早上，我和她一起吃着早饭。她好像一点也不紧张，气定神闲地咬着面包。"紧张吗？"我问她。"不紧张，"她头也不抬，"为什么要紧张？"她反问我。"呃……"我被问得哑口无言。妹妹自言自语地嘟哝着："人事尽，天注定。"我不禁被她的样子逗得笑了起来。"笑什么？"她白了我一眼。"没什么没什么。"我赶忙掩饰，她半信半疑地看了我一眼，咬掉最后一口面包哼着小曲出门了。

　　我回到家时，妹妹已经坐在沙发上看动画片了。"考得怎么样？"我边脱鞋边问。"还成吧。"妹妹含糊其辞。"明天出成绩，紧张吗？"我问她。她盯着我，认真地问道："为什么一直问我紧不紧张？""就随口一问而已。"我回答。我小时候考试可是紧张到晚上睡不着觉，这种事怎么可能告诉妹妹！"其实我挺好奇，为什么会担心发成绩，平时成绩好的为什么要担心自己考差，平时成绩差的为什么要期待自己考好？"妹妹说着，说完还往嘴里扔了颗糖，一脸优哉游哉地看着电视，还翘着二郎腿。好吧，我确实回答不出这个问题，只好灰溜溜地走开了。

　　第二天，妹妹领了成绩，脸上还是那种不以为然的表情。"胜败乃兵家常事。"她是这么说的。然后像是没事人一样开始了她的假期，好不洒脱、好不帅气，只留下我一个人张口结舌。

　　这就是我的妹妹，像别的小女生一样，可爱、活泼。可她又有点"少年老成"。和妹妹在一起，生活总能有无限乐趣。我的妹妹，实在好玩儿！

教师评语：读罢文章，一个可爱活泼而又妙语连珠的小妹妹形象跃然纸上，仿佛她就活灵活现地在我们面前，说着那些妙趣横生而又充满人生智慧的话语。这是因为作者紧紧抓住妹妹在期末考试前后那富有特色的典型语言、动作、神态进行集中而细致的刻画，将妹妹的"小大人"形象展现得淋漓尽致，"好玩儿"也就自然而然地表现了出来。

（指导教师：那　妮）

她，实在好玩儿

初1813班　肖惠文

　　人们总说，相逢便是缘。很庆幸有这样一个好玩的人，我曾经遇见。虽然我们认识已两年余了，但她身上的好玩却从未改变。

　　她就是朵朵，我的初中同学。

　　她的眼里有星星，仿佛装着许多灵动的秘密要与他人分享。她的脸十分柔软细腻，因此经常成为女同学的"攻击对象"——大家都喜欢捏她如棉花糖般软软的脸。还有那总是高高扎起的马尾辫，让她看起来像一个活力满满的洋娃娃。这样一个可爱的小姑娘，难道不好玩吗？

　　朵朵是个幽默风趣的人。在我撅着嘴一个人难过时，她总会像一只温顺的狗狗一样跑过来捏我的脸，还用好玩儿的话语安慰我。这时我的悲伤之情虽然没能立即烟消云散，却也已经好了许多。每次在她好玩儿的话语安慰之下，我都会"噗嗤"地笑出声来。

　　朵朵的好玩儿还表现在她真诚耿直的个性上。一次数学成绩下发后，她发现老师将她做错的一道题误判为正确了。可是，她并未遮掩或涂改，而是主动拿着卷子跟老师说："老师，您给我多判对了一道填空题，您看这里本来应该是根号13，但我写的是13。"看着她真挚的脸庞，我不禁想到：朵朵真诚耿直的外表下一定有颗淳朴善良的心吧。再望向她，眼前这个小姑娘多惹人喜爱，多好玩儿啊！

　　当然，这么好玩的小姑娘还很爱乐——她很乐观。对于刚刚升入初中的我们来说，考试失利或许是很大的打击了。但是一个好玩儿的人是不会被一点小挫折打败的。跟朵朵认识以来，她在每次考试中都可以称得上名列前茅。可在这学期初的一次学科测验中，朵朵由于临场发挥失常，时间安排不当，导致最终没有答完卷子。收完卷子后，她撅起小嘴巴，怔怔地发着呆。我当时有些担心，担心她会因此而沮丧。但是第二天，当我再见到她时，她像往常一样充满活力。等到放学后，我们一起走在回家的路上，聊起昨天的学科测验时，朵朵告诉我说："的确，我这次发挥得不太理想。

但是我下次一定不会再犯这个错误啦，咱们都要注意合理安排时间哦！"还没等我回答，她便拿出耳机，顺势给我递了两只耳机中的一只，说："戴上，给你推荐首歌哈。"这是五月天乐队的一首歌："在逆着风的方向飞翔，飞出倔强的坚强。我不要千万人阻挡，只怕自己投降……"我们就一直听着歌，走在回家的小路上。我默默地笑了。原来好玩儿的人即使遇到小困难也能积极乐观地面对啊。

朵朵是一个好玩的人。她有许多好玩儿的秘密，随时等待着分享；她有好玩儿的话语，随时把我逗笑；她有好玩儿的特质，真诚耿直；她有好玩儿的态度，逆风飞翔，飞出坚强！

教师评语：一个人的好玩儿会展现在他做人做事的很多方面。这篇考场作文的作者正是围绕外貌、交友、性格、人生态度等多方面，选取每个方面最能体现人物好玩儿属性的场景或事件对其进行刻画，有详有略、由表及里、由浅入深、丰满而立体地表现出好朋友朵朵的好玩儿。

（指导教师：那　妮）

题目4

请你补全题目"＿＿＿＿＿，真有意思"，写一篇记叙文。

我的爷爷，真有意思

初 1511 班　吴文煊

我有一个非常有意思的爷爷，他就像一个老顽童一样，总是乐乐呵呵。

他在玩音乐的时候最有意思，总能令人感觉到他对音乐的热爱，以及"痴狂"。

最近，我突发奇想，要学吉他，于是就找爷爷学习。他是一个精通"十八般乐器"的人，对音乐热情十足。在接受了我"求学"的请求之后，他便愉快地找出了两把吉他，小心地靠在沙发上放好，指着它们说："这两把吉他可是宝贝，将来给你当传家宝！"听到这，我不禁想笑："我爷爷真是有意思，电子琴，手风琴都说给我当传家宝，现在又多出两把吉他，这传得过来吗？"虽然这么想着，却还是同意了。吃饭的时候，爷爷把筷子往碗上一架，好像想起什么不得了的大事似的，一下子站起来，小跑着取来一把吉他，说："我想给你秀一手，你可以体会一下这种感觉。"他摆好弹吉他的姿势，就开始演奏了。这是一首《爱的罗曼史》，曲调流畅婉转，好似一条丝绸一般柔滑。他脚打着节拍，头也微微摇着。一曲终了，他好似还沉浸在刚才的旋律中，手指按在弦上紧紧不放。过了一会儿，他回过神来，说："再给你来首摇滚！"他立刻换了一个风格，整个人都上下抖动着。手指在品格间滑动、跳跃。最有意思的是他那稀疏的头发也跟着上下跳动着，跳舞似的在爷爷的头上摇摆。看到这番场景，我差点没控制住笑出来。这时，奶奶走过来笑着说："他这人就这样，一玩起音乐，整个人都会投入进去，饭也不吃了，叫他，他也不回答。"我最终也"扑哧"一声笑了出来，说："爷爷真是太有意思了！"

爷爷自己认为他是正常表达着感情，而在我们局外人来看，他几乎是疯狂的状态。我想，爱一样东西到极致的时候，也许就会为它疯狂吧！对音乐如此地热爱，才是他令人觉得有意思的根本原因。

我的爷爷，可真是个有意思的人啊！

教师评语：本文作者通过对爷爷弹吉他的描写，细致刻画了一个酷爱音乐、精通乐器的"老顽童"。行文中细节刻画尤其需要我们注意，无论是爷爷把"吉他"视为"传家宝"，还是弹吉他时"脚打节拍""头发上下跳动"等细节，都集中表现了爷爷的有意思，紧扣文题，令读者印象深刻。

（指导教师：张　彪）

做手工，真有意思

初 1511 班　王瑄翊

或许是那展翅欲飞的纸鸟，或许是那栩栩如生的泥人，抑或是那生机勃勃的《秋收图》，让我在繁忙之中偷得一抹闲暇，轻松舒畅。做手工，真有意思！

纸 鸟 之 趣

窗外雷声隆隆，乌黑的云朵在天际舒展翻腾。我慵懒地趴在桌上，紧盯着烦琐的几何题，一筹莫展。蓦地，右手摩挲着洁白的纸面，心中一个想法在蠢蠢欲动。

我歪着头提起剪刀，在草稿纸上比划着。"咔嚓"，刀刃划过纸面，光滑的刀背穿梭在薄纸间，仿佛一艘小帆船，在海面上缓缓飘荡。一个圆弧不知不觉间勾勒了出来。那不正是麻雀的脑袋吗？我沉思着，竟真有只白肚棕背的小麻雀在我的纸上扇动翅膀，展翅欲飞。是时候解放它了！我尝到了剪纸的甜头，用刀尖划出那殷红的小嘴、洁白的羽毛……转眼间，小麻雀在枝头跳跃鸣啭。尾羽渐渐丰满，它忽地一跃而起，衔着我一上午的烦心事，融于窗外的雷雨之中……

我的心怦怦直跳，低下头去，望着零丁几片纸屑，快乐在心间蔓延。随着我的手腕不停地抬落，令我烦心的几何题也迎刃而解。剪纸艺术带给了我豁然开朗，带给了我无限的想象力与美的冲击；它让我学会心情舒畅，平静地对待难以翻越的高峰。剪纸，真有意思！

泥 人 之 乐

又是个艳阳高照的晴天。面对美术课老师布置的大作业，我十分苦恼——如何才能体现出秋收的魅力呢？我慵懒地捏起浅黄色的超轻黏土，团在掌心，轻轻揉搓。"怎么了？需要我帮助吗？"正当这时，好朋友小佳迎了上来。她大眼睛眨了眨，睫毛轻轻颤动着，朱唇轻启，便打开了我的思绪——是啊，将硕果累累、生机勃勃的场面体现出来，将植物拟人化不正是个好方法吗？

　　闭上双眼，黏土细腻的触感让我放飞思想。十指并用，不断地拉伸、收缩——混好了颜色。再将棕色的圆球微微按压，制成葵花姑娘的脸盘。拇指与食指轻轻摩擦，十数片水滴状的花瓣便跃然桌上。拿起镊子，小心翼翼、目不转睛地将黄色的花瓣镶上一圈，再嵌入两枚水灵灵的大眼睛。我端坐在桌前，思绪却早已融入了那瓜果飘香的金秋时节：碧绿的瓜藤，粉嫩的蟠桃，鲜红的枫叶，金黄的鸭梨……我沉浸在做手工的兴奋之中，无法自拔。在捏泥人的过程中，我体会到了久违的轻松，与自由紧紧拥抱，独享着这份美好。待到《秋收图》完成后，我更是一展笑颜。捏泥人，真有意思！

　　是剪纸鸟的快乐、捏泥人的趣味，才让我枯燥的学习生活平添了一抹情趣，让我在自由与想象力中飞速成长；让我勇于创新，有勇气拥抱更美好的明天。做手工，真有意思！

　　教师评语：本文作者通过剪纸、捏泥人等方式放松心情、调节情绪，行文中紧扣"有意思"的表达，通过心理刻画和动作描写，形象地再现了自己做手工的投入的状态。通过动作与心理相结合的刻画，来表达自己的感受，贴切而生动，也是同学们突出重点进行描写的一种好方法。

（指导教师：张　彪）

题目5

　　请以"记号"为题，写一篇记叙文。

记　号

初1807班　曹依桐

　　我的妹妹出生时，就有着一道独一无二的记号。

　　记得妹妹出院的那一天，我很是兴奋，上蹦下跳地回到家。妈妈出院了！妈妈带妹妹回家了！我仔细端详着床上的妹妹：粉红的小脸儿，水灵灵如葡萄的大眼睛。咦，我突然发现妹妹的右耳朵边多了一个粉粉的"肉瘤"，这是什么呀？妈妈告诉我，其实这是耳朵发育不完整的表现，这个凸起就是没有退化掉的部分，我不由自主地叹了一口气。爸爸笑着说："不要叹气，民间俗称'拴马桩'，这是属于妹妹的独特记号。"妈妈开了一个玩笑："假如妹妹不幸丢了，我们可以凭这个记号找到她。"我马上释然了。

　　妹妹一天天地长大，她会叫"妈妈"了，她能听懂我的话了，她会走路了……现在，晚上当每个人回到家，妹妹都会像一只快乐地摇着尾巴的小狗，喜笑颜开地在门口迎接我们。"哥哥，我想你了！""爸爸，下班回家了！"妹妹的记号对我来说，是非常可爱的，也是非常完美的。记号是独一无二的，妹妹也是独一无二的！我渐渐习惯了这个记号，有时候都忘记了它的存在。

　　每逢假期，我们带妹妹出去玩的时候，许多人都会发现妹妹的记号。大家反应不一，有的人会直言不讳："这个肉瘤真难看啊！"有的人感到非常奇怪："这个女孩儿耳朵上怎么多了一个小肉球？"这样的评论常常令我感到尴尬。有的人会由衷赞美："啊，这个小姑娘耳朵上有个'拴马桩'，将来长大了一定有福气！"这样的赞美令我哭笑不得。但是不管别人怎么说，她都是我独一无二的妹妹。

　　有时候，妹妹自己也会揪着这个耳朵边的"凸起"，自言自语："我这儿有个小球球，你们都没有！"是啊，这个记号是属于妹妹的，是独一无二的，是神圣的。它见证了一个生命的诞生，也会陪伴一个生命的成长，它会像好朋友一样，陪伴妹妹一辈子。乍一看，你会觉得它很丑陋，可是和妹妹接触久了，你就会喜欢她的活泼可爱，喜欢她的乐于分享，喜欢她的热情爽朗，因此忘记了记号的存在。

　　我由衷地希望，长大后的妹妹会永远自信满满，不会因为自己的记号而感到自卑，不会因为别人的否定质疑而感到难过，希望她为自己的记号骄傲自豪！希望妹妹记得，你是因为可爱才美丽，你是因为自信才美丽，你和你的记号永远都是世间独一无二的风景！

教师评语：作者选材独特，感情真挚。妹妹出生时，就有着一道独一无二的记号。"我"从最开始的失望，到爸妈解惑后的释然，再到逐渐对妹妹的喜爱、对别人评论的不在意，最后到对妹妹的希望和祝福。全文语言质朴自然，又满怀深情。记号是神圣的，会陪伴妹妹一生，哥哥对妹妹的爱亦是如此。妹妹是独一无二的，哥哥对妹妹的爱更是独一无二的！

（指导教师：郭林丽）

记　号

初 1808 班　黄禹辰

这每个城市啊都有它最独特的记号：天津的相声、重庆的火锅、苏州的园林、吉林的雾凇……但要说哪个城市记号最多、最吸引人，甭问，就是咱北京！今儿我就带您瞧瞧咱北京的记号去！

冬天来了，北京开始变得寒冷，狂风呼啸，不久前的一场雪，为京城留下了一种朦胧和可爱的感觉。周末的时光，自然是属于学生的。可闲来无事的我却感到空虚，看着门外的雪花想着，想着……忽然，我的心中有了一种想去散散步的想法，并且决定去一条属于北京人的胡同，那可是咱北京的记号。

走在胡同里，心中有一种归属感。这里的人，这里的事，这里的物，都让你感受到这是咱自己家的，那么熟悉，那么亲切。一砖一瓦上的十二生肖，都被这漫天大雪盖上了一层雪白而柔软的被子。特别是十二生肖中的小鼠，看那神情，仿佛赶快要钻进这大被子里去呢。

到了中午，雪停了，风停了，我的肚子也饿了。走到京天红，点上一块炸糕、一碗面茶和一个艾窝窝，这就可以是咱北京人的一顿午饭了。掰开一块炸糕——"咔嚓"，外酥里嫩，香甜的豆沙让人垂涎欲滴。白雪和热腾腾的炸糕有一种奇妙的和谐，看着令人心里舒坦。咬一口炸糕，焦脆的外皮使人心生愉悦，软糯的馅料使人倍感温柔。豆沙中还有一点儿桂花的香甜，反复咀嚼，还可以感受到糯米的清香。您可别小瞧了这炸糕，它可是咱北京人心里抹不去的一个念想，一个提起来就让人垂涎欲滴的香甜的记号。

吃完炸糕开始喝面茶。先在厚厚的芝麻酱上撒一点儿芝麻盐儿，再撒几粒芝麻。在积雪中，面茶的热气缓缓地飘上天空，最后和云朵融合在一起。喝的时候可以感受到麻酱的香、芝麻盐的咸。面茶入口即化，喝在嘴中，暖在心底。不管咱北京人走到哪儿，想起面茶，那都是咱心中暖暖的记号。

最后的饭后甜点，是艾窝窝。它凉凉的，面皮儿外有一层细细的面粉，上面有一颗果干儿，吃起来甜甜的。里面也是豆沙，不过吃起来清凉爽口，甜而不腻。艾窝窝的皮有些发酸，不过恰到好处。每到过年，老人们总爱给我们买这又黏又甜的艾窝窝，图个吉利吧！它是我们心里日子甜甜美美的记号。

一座城市的记号有很多，或名胜古迹，或风土人情。但咱老北京可不一样，咱每条胡同，每个铺子，每张棋桌……都在咱老北京人的心中化成一种思念，一种别人无法理解的记号！不管走到哪儿，它们都深深地刻在我们的心中。

教师评语：作者开门见山，以记号为线索，带读者领略了北京城的独特魅力。胡同，是老北京的记号，雪后的胡同与生肖，更显活泼可爱。京天红的食物，也是老北京的记号：炸糕是香甜的记号，面茶是温暖的记号，艾窝窝是甜美的记号。所有的一切，都是老北京人心中喜爱与想念的记号。全文语言风格别致，充满京韵京味，与文章内容相得益彰，更显北京城"记号"之独特。

（指导教师：郭林丽）

题目6

请以"怡然自乐"为题目，完成一篇文章。

怡然自乐

初 1604 班　卫天沐

千古诗文中我最憧憬的，一是山高海阔的豪气，一是怡然自得的清澹。豪气固可以是青春一时的热血；怡然，没有足够的沉淀则不可得。

生活中常有的自乐，不过是一笑了之的随意。都说人生不如意十有八九，往往过于揪心。一场夏雨，多少人在门廊下着急跺脚，此时若放下计划，沏一杯清茶，看雨如帘幕，会陡然理解夏雨的不定。待雨有忽歇，烟雾散去，蝉鸣渐起，人们慌忙失措，而你放下茶杯，是天地宽阔，便独得意趣。怡然自乐，是知道人生是一场"焉知非福"的对答；乐，就在你放下的那个瞬间。

怡然自乐，有时候是人生失意的妥协，当李白作"天生我材必有用"、陶潜对望南山时，那豪迈里总似带着凄凉。但失意未必是终点，不知苦处的人，大概也不能知道怡然自乐。待功名散尽，再看自己，仿佛才意识到生命的喜悦，才有"行到水穷处，坐看云起时"的豁达。怡然自乐，不止知乐，也要知苦。因为它乐的不是荣耀虚名，是生命的本质。

怡然自乐，有些傲气，有些深沉，也有些孤独，是或多或少被世界抖落的人的命题。在我看来，只有有勇气在相互遮掩中独善其身，在贪婪虚妄中回头审视生命的人，才会真的懂得怡然自乐。不是对未来的憧憬，不是对过去的贪恋，甚至不是对某种感受的热忱。怡然自乐，应该是一种对生命的态度，"万物并作，我独观复"，这样才真正贯彻了自在，真正得到了快乐。

教师评语：小作者对这篇作文题目有自己独到的理解。有沉淀，不揪心于人生的不如意，对人生的失意能坦然妥协，能在相互遮掩中独善其身，也能在贪婪虚妄中回头审视生命，这样的境界，这样达观的人生态度，可谓是真正意义上的怡然自乐。叹服小作者精彩的文笔、清晰的逻辑，更加叹服她对人生况味的深刻解读。

（指导教师：王丽君）

怡 然 自 乐

初 1609 班   郤雨寒

自古以来，骚人墨客多喜好游历山川，在沉浸于自然之美的怡然自乐中迸发出灵感。我自幼便向往这境界，向往那"山高月小，水落石出"，向往那"上下天光，一碧万顷"。无奈生在城市，长在城市，繁忙的学习之余无暇顾及我所向往的风景。于是，我只能从书中找寻那求之不得的"怡然自乐"。

人生中读到的第一篇文言文是郦道元的《三峡》，用铅字印在一本古朴素雅的小册子上。当时还在上小学的我惊叹于这一种新的语言：每一个字符都异常亲切，这正是我在漫画书上经常读到的语言，连起来就在小小一页纸上勾勒出了一幅宏伟而又缥缈的景色，仿佛一台投影仪，抑或是一幅画卷，在眼前缓缓展开。

"自三峡七百里中，两岸连山，略无阙处。"不知道三峡在什么地方，也不知道"阙"字的读音，但我却真真切切地乘着一条小舟，在宽阔的水面上，在两岸连绵如驼峰的山丘中，随波漂流。不觉间到了夏天，回旋的急流将我的小舟向前推送，感受着轻抚脸颊的微风，望着山中岩石上的清泉，真可谓"怡然自乐"矣！然而好景不长，在秋雨初晴的早晨，一只猿猴的哀啼使我心生悲凄之感，险些落泪。

那之后便爱上了文言文。

我喜爱苏东坡的词作，便去搜集他的文章。我跟随着他，在承天寺寂静如梦的庭院里，在如白银般皎洁、如清水般透彻的月光中漫步；我跟随着他，在赤壁旁的河水中泛舟，拿一支桨，静静地坐在船头，听煮茶的声音。也是这时候才圆了那"山高月小，水落石出"的梦想，也是这时候才开始羡慕那名生在宋朝的舟子，可以这样的怡然自乐。

文章越读越多。虽然是虚幻的桃花源，但渔人的划桨声和老人孩子们的欢笑声依稀可以听到；范仲淹在岳阳楼上思考人生，我却被那芬芳的小草和静静的月影迷得无法自拔；甚至有一刹那，我似乎也在醉翁亭旁静坐，听着酿泉潺潺的流水声，以至于猛然回神时还恋恋不舍。薄薄的几页纸，就能带给我久违的欢乐和享受，以及沉浸其中时的怡然自乐。

我一直爱着文言文，也一直爱这般怡然自乐。

教师评语：作家简媜写过一句很精彩的话："山川是不卷收的文章，日月为你掌灯伴读。"本文作者恰恰把山川之美与文章之美融合在了一起。山河无限，很难一一涉足；而文中的山水，开卷即可卧游。新颖独到的选材角度是本文成功的一大原因，而本文的成功，也再次告诉我们，源于内心和天性的素材，就是有个性的素材。

（指导教师：周若卉）

题目7

在走向社会大课堂的综合实践课程中，你也许去过科技馆、高校实验室、航空博物馆，感受科学的发展脉搏；也许去过圆明园、天坛公园、天安门广场，感受中华民族的厚重历史；又或许去过老舍纪念馆、梅兰芳故居、宋庆龄故居，领略名人的气韵风度……你还可能跟手艺人学过捏糖人、跟艺术家学过画国画，跟大师傅学过一点木工的活计或烘焙的技艺……社会是个大课堂，投入这个课堂会得到和书本上不一样的收获。

请以"别样的收获"为题，写一篇记叙文，记述你的一次社会实践经历，写下你的所做和所感。

别样的收获

初 1610 班　张雨茵

七月的夏天，无疑是极热的。太阳镶在空中，阳光打在身上，耀眼得叫人睁不开眼；我却不甚在意，这并不能影响我那兴奋又迫不及待的心情。古色古香的大门出现在我的眼前，上面挂着一巨大的牌匾——孔子文化园。

刚进屋子，一缕淡淡的香气就萦绕在鼻尖，清淡雅致。我们纷纷找了位置坐下，盯着眼前的一套茶具。瓷器泛着天青色，有几处还晕染了些花纹。看着这颜色，我不禁想到了宋代的那些艺术品，完美无瑕。我们一步步地跟着老师，先将热水浇在茶具上，用手端着，轻轻地晃了晃，再倒掉。杯子已不复先前那样冰凉，摸起来，倒还透着几分温意。我的嘴角不自觉微微上扬，周身的气息也平静下来。白净的手握着精巧的勺，拨了一些茶叶，轻嗅，不似茶水淡淡的味道，香气很浓，夹杂着些许苦味。随后，将茶叶通过一层滤网，便倒进了壶中。手上的动作不慢，心里却暗自窃喜，这次又收获了一项技能。

"向壶中倒水时，要分三次，倒水的高度也要一次高于一次，动作缓慢而流畅，保持着那颗对茶赤诚的心……"耳边传来老师的教导声，我心中暗暗寻思，沉淀了千年的茶文化，即使到了现在，也依旧浓厚。这般想着，心中添了抹虔诚，整个人愈发柔和。一手托着壶，一手拿着把手，举手投足之间，都透露着一丝不紧不慢，像是在雕琢精美的艺术品。但还是洒了些水，我无奈地笑笑，毕竟茶道不是一朝一夕就能学会的。我静静地坐着，看着面前的壶，仿佛在欣赏艺术般，心中想着中华文化的博大精深，能够将茶，这看似普通的事物，孕育出它的艺，它的道，它的魂。心上，又多了分淡然。

大概一小会儿过去，我把茶倒进了杯子中。淡淡的青绿色的茶水，画出完美的弧度，落进了天青色的杯中，煞是好看。我端起杯子，轻抿一口，和心中原来想的那个味道有些不一样，可能因为这是自己第一次这样地去泡一壶茶吧。我一饮而尽，总感觉茶顺着血液慢慢地流到全身各处，流进心里，嘴里还留着残香，越发浓厚。

屋外，依旧是阳光正盛，但我却不似来时那样。虽不能完全理解，但茶的艺，茶的道，茶的魂，已经烙印在了心底。

手中空无一物，我却不是空手而归。

教师评语：作者在文中运用一系列的动词生动地描写了与老师一起学沏茶、品茶的过程，画面描写得清晰而又细致。"手中空无一物，我却不是空手而归"，一语道出茶的艺、茶的道、茶的魂。文章这样结尾不但有韵味，还耐人寻味。作为考场限时作文实属不易。

（指导教师：王丽丽）

别样的收获

初 1612 班　周尚雪

这是最令我记忆深刻的一次旅行。官道巷，这样一个与它的名字一样朴实无华的小镇，却在我的记忆中留下浓墨重彩的一笔，给我不一样的收获。

我到达的时候游客并不多，远远望去，层层老旧的砖瓦房中零星飘散着淡淡的炊烟。路旁的小商铺已经早早地打开了门，门口的老树垂下老迈的枝丫，映衬着叶隙里的青砖黛瓦。

我在路上慢悠悠地走到了目的地，草木染坊。从门口望进去，能看见屋中摆放的印着青蓝纹路的美丽丝巾。那里面已经有几个人了，与我一样，是来学草木染的。

老板娘将我们领到草地旁的屋子里，屋里已经准备好了用品。淡黄的竹椅围绕着木桌整齐摆放，阳光透过半开的竹制窗户洒落于地面。她站在木桌旁，开始教我们做草木染。只见她伸手轻轻拈起一块薄薄的白布，左右翻折两下，再一握，另一只手灵巧地从材料中抽出一根皮筋，拇指与食指向外一张，将其套于布上，染布就扎好了。我也开始学着制作，手面平拂过桌上的白布，使其平铺在桌面上，让每一个角落都与木桌接触。再有模有样地一翻一折，那块轻盈的白布就像一只鸟儿在我的指间飞舞。阳光透过竹窗格，静静洒在桌面上，洒落在我手中的染布上，伴随着彩色的光晕，使我深深地沉醉于其中。

仿照着老板娘的做法扎好了那块布后，老板娘将它们尽数收走，投入充满草木汁液的大染缸中，静待片刻后将其捞出，捏着布的边角，将它们挂在屋外的木架上。

那些布的颜色其实还不是我之前看到的青蓝色，而只是一种平淡无奇的绿色。但是随着阳光的照射，绿色开始一点点地向内过渡成偏蓝色的青，直到中心处的留白处停止。阳光下放的时间愈长，它的颜色就愈深。最后，才成了与那些店里的布相差无几的美丽青蓝。

一块普通的白布，要经过浸泡，再在灼热的阳光下照耀近一个小时，才能蜕变成为人们眼中精美的草木染。不论是什么东西，都要经过不断的磨炼与修整，最后放出耀眼的光彩。人也是一样，不经过锻炼，不忍受痛苦，怎么能成为绽放光彩的那一个。最后得到的结果，永远是取决于你的努力程度与决心的。

身后游客的赞叹声将我从自己的思绪中拉回现实，木架上青蓝色的染布随着清风微微飘起，像是一只只轻盈的蝶。我凝望许久，才转身离去。

官道巷，这样一个普通的小镇，却能给我别样的收获。

教师评语：一次"草木染"的实践活动，让作者感受至深：不论是什么东西，都要经过不断的磨炼与修整，最后才能放出耀眼的光彩。文中多处运用比喻的修辞手法，如"再有模有样地一翻一折，那块轻盈的白布就像一只鸟儿在我的指间飞舞"，"木架上青蓝色的染布随着清风微微飘起，像是一只只轻盈的蝶"……，巧妙地使用一些修辞，会让画面描写更加生动、细致。

（指导教师：王丽丽）

题目8

朱自清在春天读到了自然的生机；谢大光在鼎湖山读出了岁月、历史与生命的旋律；宗璞读一树紫藤，加快了生活的脚步……请你选择一种景物或事物，补全题目"读 _____"，写一篇抒情散文。

读 江 南

初 1602 班　罗捷茜

锦屏绣画，千里烟波。湿润的空气萦绕着我，早间无人，雕花木门静悄悄的，水渠中的船也是静悄悄的，鸟儿也停止了啁啾，只有不知谁人屋内画屏索索地响着。

不知哪个巷口中飘来一丝淡淡的墨香，想是一位早起练字的先生吧，过了一拐角，果见一位长须老者择一支长锋狼毫书写，将三家与黄褚之法发挥得淋漓尽致。牛毛烟雨丝丝，老者手持一方玉印于连史纸上，留一"劳斋老人"于此，墨香暗逸于身边，与烟雨融为一体散布于天地之间。老者转身消失在烟雨中，只留我观望着这似真似幻的字画。

此时只听得流水泠泠，远些一户人家放着一方玉砚，水从砚台滴落在青痕满布的石台上，我不由自主地被这景观吸引了去，店内一位白袍白发老者向我颔首致意。我便跨进门去，手轻放于砚台上。老者并不来阻拦，只是微微笑着，向我讲起从前的故事。

又是一间旧物店出现在我眼前，架上陈列着一部老电视，木质的机身已经泛黄。又见一只铁制的小青蛙在地上跳跃着；一只铜鸟吹与老烟锅放在架子上，掌柜呷摸着水烟袋，满脸慈祥的笑容。到这店里并不一定要买什么，进来一个人，看一会儿，也是让他十分开心的。

船家摇着橹，将这镜面一般的绿水搅破，光看着，也是极有兴味的。

那水面绿一丝即黑，浅一丝似又极蓝。少许鱼儿在水中，一二老叟垂钓，水烟传来阵阵清香，那篓中也无甚多鱼，只是为了这一丝清雅，便对老叟生出了敬意。

及至那街市上出现了三二行人，货篮中鲜鲤蹦跳，青菜水嫩，那一不大不小的茶楼也打开了。进入店中，茶香四溢，要一壶西湖龙井，坐喝个把钟头，让茶博士来说说茶话，谈笑间，便至午间了。直到出了门，那清幽味道由周身散发出来而不散。

坐于一只没有船家的小船里，伸展筋骨，也可以躺下，那老榕树也在耳边沙沙地响着。人以善与乐为先，敬天敬地，心爽气平。江南店不是营利的，只是让你看一看，看一看时光。最适合的便是站在一个地方，听着周围的声音，看着眼前的景象，感受一下时光。

教师评语：作者笔下的江南风景，颇有一番情致。"墨香暗逸""与烟雨融为一体"，在有着时光痕迹的旧物店里闲逛，看绿水中的鱼儿和静坐垂钓的老叟，以及在茶香四溢中与茶博士说话谈笑……这一切都像一幅氤氲的水墨画，似真似幻而又清雅出尘，令人感受到时光的美好。

（指导教师：杨　玲）

读光阴流逝

初 1611 班　曹思卓

光阴无形，却存在于万事万物之中，四时变化便可反映光阴流逝。只是"今年欢笑复明年"，"秋月春风"便往往"等闲度"了。每日上学走天桥，总能望到圆明园墙内的一隅，墙外行人——我，也总会驻足，品读这四时之趣，品读这光阴流逝。

读春。草泛新绿，木点鹅黄。柔条纷冉冉，迤迤逦逦，参差披拂。野芳含蕊，一方荷塘冰雪渐融，泠泠淙淙者，水之春也。旧燕掠过消瘦的小石拱桥，春风又绿西式花砖上的点点苔痕；蓬莱瑶台、武陵春色，仿佛历历在目。白杏绽放，碧桃缠枝。春光大好皆收于眼底，读于心中，胸中万般朝气似与花草争荣，大悦，速速过桥上学去。

读夏。佳木繁阴，枝浓叶茂。似汉宫女子绿云扰扰，梳晓鬟也。鬓边花者，池中之荷。卷舒开合任天真，时有画舫行人晨游于园中，乐入藕花深处。荷风送香，香远益清，沁人心脾。刹那间似有前朝宫娥立于宛转之芳甸，对吾浅笑，而顷刻消逝不复寻。心喜，流连多时，负箧歌于途，上学去也！

读秋。风霜高洁，秋风萧瑟。叶落翩翩，如御长风，卷过残存的汉白玉柱基。风起，林中如有千军万马衔枚疾走，但闻行军，不闻号令。园中苇花飘摇，寒鸦乱鸣，实悲秋哉！再观，轻霏笼罩，如索纱，如绢纸，置身古画中欤？渐觉肌骨微寒，似助秋之冷清。不可久居，乃负包而去。

读冬。寂寥无人，晓月在天。池水结冰，似明鉴，鉴园之容颜。池上残存的莲蓬孤零挺立，偶有一两只鸟雀驻足冰面，倏忽又飞去。石狮视端容寂，默默看守这偌大园林中的一切。远处小坡上枯草凄靡，古树枝干遒劲，枯墨山水不过如此！大丈夫之豪情纵览，此真铮铮铁骨，浩浩正气。冬死寂乎？非也！韬光养晦，厚积薄发，春日待到，定会惊艳十分！念食堂仍有拉面热气氤氲，欣然规往。

圆明园历经朝代更迭，惯看秋月春风，见证多少光阴岁月！无情之物多能长久，而"年年岁岁花相似，岁岁年年人不同"。我所见证的光阴能有几多？园中四季轮回可观之几遍？另，四季尚有轮回，人生无轮回也！青春逝去再不返，光阴逝去无处挽！正值少年，读万事万物，读园中景，思光阴，念韶华，且行且读且珍惜！

教师评语：读一个园子其实是很不好写的，春夏秋冬无非如此景致，但是本文却让人惊叹。写四季轮回人生有限也是很不好写的，珍惜韶华自是作者常抒怀抱，但本文却还是引人深思。为什么呢？作者把自己深厚的阅读体验潜藏在了文中，用一个园子串起的人生感悟因为信手拈来的、无所不在的阅读痕迹而厚重。

（指导教师：邱晓云）

题目9

读万卷书，行万里路。登高山临清流，领略自然之美；尝美食听传说，感受地域风情；观古建探遗迹，品味人文古韵……请结合自己的游览经历，自拟题目，写一篇游记。

沧海遗墨

初1706班　徐方来

观沧海以遗墨，书天地之大美。

——题记

赫尔辛基早就过了。

淅淅沥沥的小雨止在了波罗的海的东岸，覆盖多时的阴云仿佛被神明撕开裂隙，甲板上一下子涌上了形形色色的人，斯堪的纳维亚的社会主义空气涤净了爱慕这片净土的每一个人的心。从便利店这侧看了去，船尾后驶过的小岛上现出了一抹淡淡的彩虹，窸窸窣窣啜泣的云夹杂着迷蒙的雨色使我霎时"甜"在那里，怔然望向浓云敛盖的光晕，温和，恬寂，自由……无数个形容词涌上喉头，说来都不大准确。朋友拉着我跑上甲板，当我再回头时，那道彩虹已然不在，只悠悠的暖光安然伫立。这可不就是波罗的海的景吗？美，却盈握不住，除了待冲印的相片，什么也没能留下。

轮渡船上，清风拂面，正叹得琼瑶仙境，忽逢那白鸥点点戏水来，逐日光之辉而共舞于海。嗟乎！异美也！

过了那座盎然的小岛，即是万顷碧波，一望无垠。不像内陆湖泊的拘谨与刻板，它大气磅礴，吸入的空气都是清泠的，正应了那句：海上的云总比陆上的放浪张狂些。

海浪将高耸的船身拍击得更猛烈了，风呼啸得骇人。天边的浊流如层鳞斑驳，云雾低如沾露水的蜻翅，将邈远的海岸与天际缝合。大海只会以无尽的波澜，回应一个人投来的目光。只有穹汉能与之比辽阔，唯有死亡能和它比永恒。在任何力量面前，它都萦带为垣，无可登临！

黄昏不远，物移星换，夕阳无孔不入地透过间隙，金黄地流淌在每个游人的身上。高脚凳上的朋友晃了晃手中的咖啡："哦，你看，There is no distinction between the sea and the sky."

我失笑道："你究竟是分不清海天还是分不清中英文？"

"我们何必分得那么清楚呢？你难道没有听过一句话'天地有大美而不言'？"

北欧凛冬散尽，星河长明。撷遗墨，堪笑我，原是天地有大美而不言。

教师评语：写景抒情文，全在文笔。文笔除去天赋，遣词造句，全在阅读。读多了，淅淅沥沥的小雨就是"止"不是"停"，甲板上一下子就是"涌"而非"跑"，使我霎时"甜"并非"呆"在那里，"金黄地流淌"不是误用而成绝配，"只有穹汉能与之比辽阔，唯有死亡能和它比永恒"更是口出"狂"言……积累是骨，文笔是皮，骨相决定皮相。

（指导教师：周小玲）

杏花春雨江南

初 1714 班　陈召艾

火车缓缓停下，又缓缓启动，留下了我在江南。窄窄的青石板街，青翠的树木，平淡的生活。一切都那么安静，闲适，让在繁华的大都市中生活惯了的我可以大喘气，穿有碎花的裙子，在街上漫无目的地拍照片，或是闲逛。

三月的梨花开得像雪一般，洁白中透着些许淡粉色，像涂了胭脂的江南淑女。绿叶在层层的雪中穿行，有的完全被遮住，也有的娇俏地露出一个叶子的尖尖，很惹人喜爱。微风拂面，花瓣"沙沙"地掉下来，缠着我的衣角，一会又随风掠过石子路，掠过邻家的窗檐、门槛，掉到还挂着晨露的草丛中。用纸巾擦去长椅上的泥土和雨水，我坐在上面，不像往常一样拿出手机，而是静静听梨花树上的鸟儿逗趣儿。俯下身，精心挑选一朵最美的矢车菊摘下，之后在一本书里夹好。细细的微风又吹过来，带着温热的水汽在我的指尖旋转，流淌。行人不紧不慢地，一直在走着，恰好避开一群骑单车的孩子。他们走过，清脆的铃声还在我耳中久久不去。江南的小街很简单，却不单调，因为此中有足乐者。

坐在船舫中，透过顶上的纱帐看着玻璃一样洁净的青云和蓝天。湖面迎着粼粼的阳光，闪亮如湖中鲤鱼的鳞片。不一会天由晴转阴——江南水乡的天气总很湿润——雨乘风而来，密密地斜织着，如银针，如牛毛。站在外面的朋友就忙撑起一把把油纸伞，是刚从路边买来的。一滴，一滴，雨水从伞沿落到船上，静静地、悄悄地奏出马林巴琴一样的乐曲。被雨水唤醒的片片水波在湖面上涌动着，使湖中的还未开的睡莲舞动起来，推搡着岸边的芦苇和菖蒲也一起加入这场雨中的迪斯科。兰桨拨开湖面的茫茫雾霭，小船在湖心停下，不觉已一日过半。过眼的青翠时光和傍晚已褪尽温度的风搅拌在一起，倒入了一大杯鲜榨的果汁中，我想，味道中肯定有淡淡的雨水味吧。

长街上铜制的路灯随着我们的脚步一盏盏亮了，从潮湿的木头台阶上的小酒馆的二楼远眺，楼阁之间的尘雾恍惚间被各家门前的红灯笼点燃，金子一般耀眼，尘飞雾散荧光翩跹。从我们的雅座看向一楼，小餐馆黛蓝色的绣花门帘一次次被食客掀开，被踩得光滑的石阶上也染了一层室内橘黄色的斑驳灯光。晚春初夏，小庭院里芳草萋萋，落英纷然，竹林中的蟋蟀叫个不停。小桌子上早已摆上了酒菜，还置了两盏琼浆。云动，雨坠，清风疏叶之间，似曾有欢声笑言。朋友们阖眼听着雨在地上的小水洼中激起潺潺的声音。雨停了，月亮升起来了。

在烟雨长街的回眸、在与路人无言的对话中，江南宜人的美就开始融化，滴落在了一天天的生活中，滋润心田。在那里不求什么，只希望每天遇到的人或事都有情调，都能被写成一段段故事，然后就这样记住。长街上的梨花，开了又败；听雨，滴答落地，泛开片片涟漪；彼时那弯儿月，何时初现于江畔？此中有深意，不能用言语表达，似简而深，尽展露于这种慢的生活方式。那段旅程不很华美，却牵动我的情思，令我无论如何忘不了它。

教师评语：近百年来，世界文学敞开大门，兼收并蓄，把性别、阶级、种族等原本属于社会学、心理学、政治学的研究议题，包罗进文学的领域，这是文学的"幸"，亦是文学的"不幸"。文学是语言的艺术这一点被忽视，语言的粗疏是当代人情感粗疏的外现。很欣慰，召艾的文字让我们在"零零后"一代看到了汉语的细腻和美，江南的文脉亦由此传承。

（指导教师：刘　慧）

题目10

李清照"常记溪亭日暮"，写下那难忘的少年快乐时光。在你的记忆中，常记的是一段往事、一个人物、旧日伙伴，还是集体活动中的经历，学习经历中的奋斗？请你补全题目"常记_____"，完成一篇文章。

常记撒哈拉

初1708班　李孟其

自从去年偶然得见一次无垠沙漠，一次惊艳日出，对沙海的狂热憧憬便再未停止。撒哈拉的夏日，有绿洲，有铃声，也非无一草木的干涸，只不过给人的感觉不只是王维"大漠孤烟直，长河落日圆"的雄浑壮阔，而是无尽的似火热情和西部世界的狂野。

去撒哈拉得见日出实属意外之喜。原定的十四日出游计划因预料之外的无趣而被缩减，正在商讨解决之策时，酒店餐厅里进来了一群"驴友"，我们不知不觉被他们聊的故事所吸引——实在经历不凡！直到他们又谈到了此行的目的地——撒哈拉大沙漠，我的心中泛起了微微波澜，但终究为三毛《撒哈拉的故事》所影响,十分犹豫不决,可爸妈却都想要去一探究竟。商量了半宿,我们终于下定决心。

第二日一早,爸爸与"驴友"们商量妥当,我们就随行出发了。热,从地心蒸腾起来的热!这是我的第一印象。

全副武装的我一到旅舍就迅速躲进房间,冲凉休整。

很快,夜悄无声息地弥漫开来。四五点钟,火红的天幕轻揽了一袭暗纱,我坐在门口的藤椅上——一座座金黄的沙丘冷却下来了;一阵风吹过,除了掀起丝丝缕缕的黄沙外,还带来了时断时续的驼铃声,忽远忽近。没多久,黑暗的穹顶上便四溢了星光,我也出了一身薄汗,却因这此起彼伏、弧度优美的沙丘带来的奇异、空旷的美感而觉清凉。

听说撒哈拉日出得早。不到四点,我就起了。脚踩在柔软的金沙上,感觉远不同于海滨沙滩。除却黑色丝绸布丝缕间透出的几抹橘红色的光和脚下的金黄,周遭的一切都是暗的。几道流畅的弧形,几株无叶的枯干,全似剪影般,有明暗之分,静静伫立。沙土间偶有磨脚的荆条植物,登上沙丘顶时,黑夜已尽数褪去,一道光芒万丈的红光披金,正从几座沙丘后升起。太阳升得很快,迫不及待地想要冲出丘顶。圆盘还未升至一半,热情的张牙舞爪的光芒已经铺满了天际,与空气中升腾的细微水分交织成铺天盖地的彩霞,由远及近,由深变浅。颜色的变化随苍鹰穿翔万里,一行人无言地站在沙丘上。

骑着骆驼漫游在沙海中,见云海翻涌,日升日落。一骑一人,在简单描绘的色彩里缓步前行,美得像诗。

教师评语:作者描写功力了得,很值得我们学习。耳边"时断时续的驼铃声","脚踩在柔软的金沙上"不一样的触觉,作者在描写上综合调动了视觉、触觉、听觉多种感官,给人以身临其境之感。从构图上说,有起伏的弧线,有圆盘,整个画面就像粗笔勾勒出的画一样。从色彩上说,晦明变化,黑色和橘红色的对比,给人以视觉冲击,画面感极强。最后一人一骑,缓步前行,消失在远方,给人以无限遐想。

(指导教师:迟　旭)

常记晚霞归路

初 1714 班　卢盈汐

清水溶色，染于纸上，晕开了一片画景。常记清华园上空的晚霞，烂漫无边，霞光千丈，时过许久仍在记忆里美如梦境。

记得去年夏天我和同学绘制话剧展演的宣传墙报，将近黄昏，天畔晚霞已经织起了帷幕，我们组的墙报画面仍旧色泽暗淡，空空如也，粉笔的粉末却已堆积成丘。再看隔壁组的《天鹅湖》，水面如镜，高贵自矜的天鹅宛如活物。我们组的剧目《溯洄》讲述了一位博学多才的文学家流居海外梦回故国家园的故事。然而多少次拾起粉笔想展现一幅学子重归母校清华大学的情景，却总无法画出满意的作品，于是我们乘车到清华园中，试图获得一些灵感。

这时的清华园内人并不多，落日的余晖抚过水木清华的屋檐，浮在荷塘荡漾的水波中回旋；又从道旁柳树的枝蔓间落下，沉醉了一地金色的光晕，吸引了我和她的双眼。不知不觉间，我们已经忘却最初的目的，完全沉浸在清华园内的美景中了。走到清华大礼堂前，我忽然看见不远处的三个老人慢慢地走在路上，互相搀扶着走到一棵树前抚摸着它的纹路，脸上的皱纹里盛满笑意。透过这一幕，我的脑海中仿佛闪现了满头华发的才子终于在梦里回归故土，重至清华园中，也在这瑰丽的晚霞下，和记忆中曾经的人、物、美景在一起重拾最美的时光。"年迈的学子——晚霞……"我突然有了灵感，寥寥数语描述给了在一旁的她后，我们匆匆赶回校园。

粉笔已不足以表达我心中的画面，我即刻翻出颜料执起画笔，点上一抹胭脂红，落入亮橙与明黄中，挥洒在墙报上。看着它如含羞般少女颊畔的红霞，迎着天边光景晕开，映着我们舒心的面容。明亮的色彩渲染了整幅画面，是一段归途，这端是深爱的故土，那端是晚霞照亮的远方。

晚霞，故园，归路，经年思念——毕生难忘。

是了，"溯洄"本就是指逆流而上寻找源头，而这些人的源头，不正是脚下这片熟悉的土地吗？

思绪自从前飘回。后来的后来，许多次见到晚霞流云，我都会想起这段记忆，回想曾经丰收的美好画景与欣然的感悟。韶华易逝，晚霞归路犹在眼前，这一段美好的记忆，我也将永远"中心藏之"。

常记晚霞归路。

教师评语： 文中有画，画中有情——这篇文章实现了这一点。这篇文章的选材为文章的多元实现奠定了基础：用画作体现寓居海外的文学家对家国的思念，以及重归清华的情景。这个题材可以融合家国情怀、文化底蕴、清华景色，这就为作者后文的挥洒自如奠定了基础。所以，好的选题非常重要。

（指导教师：刘　慧）

题目11

"山川之美，古来共谈。"在课本上，我们跟着郦道元领略了三峡的秀美，随着吴均忘情于富春江的奇丽；在生活中，我们或许攀登过泰山绝顶，或许徜徉于莱茵河畔……总有那么一处美景，让你感受到别样的美好。请以"风景这边独好"为题，写一篇记叙文。

风景这边独好

初1705班　戚　安

十月，秋天来了，我们一定能找到与夏天的不同。是主楼旁那数十棵银杏树渐渐发黄，铺成黄金大道，还是荷塘里的荷叶慢慢褪去那翠绿的颜色？

西大操场，是我每天上学的必经之路。你是否注意到了河道墙壁上那微不足道的爬山虎？它的颜色红彤彤的，它的茎细细密密的，有些杂乱，枝丫重叠，"漏下了斑斑点点细碎的日影"。可不要小看它们，无论怎么拉扯，依旧不断。

河道两岸，一面向阳，一面背光。不出所料，向阳的那边，生长得很好，颜色鲜艳明亮。披着清晨的霞光，十分引人注目。早起跑步的人们一定会有好心情的。迎着秋风，它们荡漾起波纹，便发出"唰唰唰"的声音。

我有些好奇，爬山虎为什么可以离地面这么远仍紧贴墙壁，稳稳的，掉不下去？爬山虎的茎上长着特有的"小脚"，那细丝如同蜗牛的触角一样，仔细一看像蛟龙的爪子。它们紧紧地贴在墙壁，生怕一失足"扑通"一声掉入水中。无论多么光滑的墙壁、陡峭的山崖，它们都生出细丝，长成粗藤，挂上红叶。

爬山虎每年长　截，如我们一样在成长。有时，在山脚下远望"入云"的高山，想着"恶劣"的天气，是不是都会有想打退堂鼓的心态？又有多少人在耗尽体力时，依然坚持到达了山顶，"一览众山小"了呢？虽然爬山虎不是真的虎，但也许它有着比虎还顽强不屈的精神。它靠着每一个"小吸盘"，没有捷径、脚踏实地地往高处爬。我们没有理由未达终点而放弃。

我记录了这感人的瞬间，每在我遇到困难和挫折时，我就会看看它。人们经过它时也许根本不在意或用"好美啊"来形容，但我们更应该想想是怎样的精神品质描绘出了这风景。这里风景独好。

教师评语："风景这边独好"中"独"是关键，它可以是独特的景色，比如写黄山迎客松的奇绝，也可以是以独特的视角去观察熟悉的景物，这篇文章作者就是独辟蹊径，在寻常景物中发现了不寻常的"美"。透过爬山虎的美丽，看到它"比虎还顽强不屈的精神"。并激励自己要像它一样"没有捷径、脚踏实地地往高处爬"。作者能够在秀美的清华园中留心到爬山虎的生长，并且有所感悟，这与作者留心观察生活、体悟生活一定是分不开的。

（指导教师：迟　旭）

风景这边独好

初 1704 班　覃康同

辽阔的世界上，奇丽的风景不少，我游览过的山川中就不乏为名家称道之处，可真正称得上"独好"的，便只有零星几处罢了。

山城或许是算得上的，无论人的热诚，还是风气、景色，都是不错的。可真正令我每次都觉得不甚尽兴的，倒有大半是名字也说不上的山峰。放下山城亮眼的夜景不提，我反觉出世的乐趣还多于麻辣鲜香。这或许是来自父母的影响，每当假期来到，他们总是愿意寻找不为人知的美景。

当我缓步踏上雾气弥漫的山路，阳光斜照进来，茂密的树林镀上金边，雾气也转而金灿；云卷雾涌的犀利，被洗涤得柔靡万分。水纹波折，清晨的日光发散得漫山遍野，整个山峦都被笼上光芒，沉寂的世界陡然活了。回头看山下的城市，夜景的光辉退去，正是凌晨的死寂。这样的旅游正是我所想象的，如居于前朝的画卷里那般，俯瞰碌碌的世俗。

那当口，正是四月。山城最惬意闲适的时候。其他地方的春意缓缓褪去，山城里沉睡的春缓缓苏醒。山峰里夹着醇醉的香气，掠过、轻抚桃树娇俏的脸，带下几片绯红。善解人意的风，每次都在游人休息时吹起，力道恰好，是母亲怀抱般的深情温柔。

看山城的小山，不能着急翻越。形象地说，那儿的山像剥笋子，两山交错重叠，如同笋子的两片。不似五岳黄山，胜在崎岖；而在于绵长，贯穿全城。精于宽而不精于高，兴来则登，兴尽则返，景色应有尽有，也不觉疲惫。

而用此题目比作山城的山，"这边"，指不同于世俗灯火通明彻夜喧嚣的世界的另一边，"风景独好"指它不同于其他名山大川。是故一见此题，毫不犹豫地，想到山城。

教师评语：本文是一篇写景散文，写出了文题中的"独"字的特点："人间四月芳菲尽，山寺桃花始盛开"，山城的春天来得晚，必有它的与众不同之处。语言讲究，用词准确而有意趣。例如"山城里沉睡的春缓缓苏醒。山峰里夹着醇醉的香气，掠过、轻抚桃树娇俏的脸，带下几片绯红。善解人意的风，每次都在游人休息时吹起，力道恰好，是母亲怀抱般的深情温柔。"这一段景物描写，使用拟人的手法，写出了春风的善解人意。

（指导教师：赵　燕）

题目12

请你以"春意融融"为题目，写一篇文章，不限文体（诗歌除外）。

春 意 融 融

初1710班　刘坤阳

盼望着，盼望着，东风来了，春天的脚步近了。

天朗气清　惠风和畅

塞北回暖，融融的春意。

气温在一点点升高，仰望天空，早已没有了冬天的阴霾，天空的颜色从朦胧的灰蓝色变为淡淡的明快的蓝。天地之气从冬的压抑浊重变为春的融融的清和，使人心旷神怡。

"吹面不寒杨柳风"，春日暖风融融，仿佛是造物主给予世间的恩赐，她吹绿了芳草茵茵，吹红了桃之夭夭，吹化了千秋灵雪。融融的风儿，"二月春风似剪刀"，她唤醒了一切，又重塑了一切。

杂花生树　草长莺飞

江南三月，融融的春意。

褪去了冬的凛冽，大地变得柔和起来。刚刚能"没马蹄"的浅草，渐渐有了绿意的柳条，醉人的油菜花田和忙碌的各种小虫，每一天，一点点变化着，融融地从冬的寒酷中苏醒，重新获得生机。我曾到过小桥流水曲折之处，举目望去，那层层叠叠的深绿与浅绿交织的碧色，间杂着白的、浅粉的如锦繁花，美到融化人心。春光从树隙间漏下来，在青石路上筛了一地斑驳的青影。人站在影中，手触到和风，心落在空处，仿佛世间的喧嚣都静止了，浸润在这静谧中升华淡化……

小楼春雨　深巷杏花

诗人笔底，融融的春意。

夏雨是激烈狂飙突进的，秋雨是使人伤怀的，冬雨是冷漠无情的，那么春雨定是融融的，并且因为陆放翁的诗句而融融得意境悠远。在古城临安，春雨淅淅沥沥，满腹报国爱国之志的陆游已被无情的时间推向晚年。然而失地尚未收复，功业尚未建立，他只得借着沥沥春雨来洗刷自己内心的苦楚。一夜了，雨尚未停过，诗人听着、品着、忆着。清早，晨光熹微，四周阒寂无人，他独卧在小楼中，浸润在湿湿的雨气里，恰此时，一声"卖杏花咯"在幽深的古巷中响起，使临安的雨季更加融融，将人的思绪从沉重的家国天下带向了远方。

这春日里，我心融融。

教师评语：春意融融，诗意亦融融。本文把春天从塞北写到江南，抓住"天朗气清，惠风和畅"和"杂花生树，草长莺飞"的特点，描绘传神，是为实写；"诗人笔底"那"小楼春雨，深巷杏花"写出文化意义上的春天，是为虚写。虚实相生，古今碰撞，语言优美，读之难忘。

（指导教师：胡　静）

春意融融

初 1704 班　康颐宁

春天来了，少年，还不和我一起放下手机，立地成……立即骑车！
趁着春风，一起去公园骑车吧！就去中关村公园怎么样？

喂——你跑偏了！入口在这里呀，我们一起进去吧！

快看！满眼是一片生机傲然的绿色哎！绿草、绿树，还有轻盈的柳絮在跳舞，抓它们在手心，轻飘飘的，再放飞，它们又接着在空中跳起美妙的舞蹈了！

看！那片迎春花正开得热烈，远处的玉兰静静地注视着她们的喧嚣；还有丁香花，幽微的香气沁人心扉，仿似与春天融为一体，想谈一场轰轰烈烈的恋爱了呢！哦，那边还有桃花和杏花，红的白的热闹地簇拥在一起，真美啊！

什么？你看的不是花？哦，那是树下的孩子们吧，那是春天派来的使者，满是活力，他们的手可真巧，编织出的花环一个个像小花仙了呢！

远远的山丘上还有人在放风筝，火红色的风筝与湛蓝的天空相互映衬，再配上一朵朵雪白的云，即便不用相机，用眼睛记录也是最美的！

我们骑到那片树荫下，坐在草地上，静静地待一会儿，让微风拂去内心的浮躁，带走奔跑的疲惫，闭上眼睛，享受细碎的阳光洒落在身上。可以躺下，感受微风吹得树叶沙沙作响，在你的发梢上自由舞蹈；再睁眼，阳光里的树叶绿得晶莹剔透，点缀着天空的湛蓝，一时间，阳光都好像不那么刺眼了，连远处棱角分明的亭子的线条都开始柔和了下来……

就这样静静地、静静地感受芬芳的花气、小草的清香以及泥土带来的厚实、安全感。阳光的温暖和微风的清凉交相辉映，一切都变得那么的舒适。

让我们放空自己，用心去听、去看、去感受。空气中有一种美好的味道在燃烧，飘进心里，如花香般使人陶醉，这就是春天和春天的味道，如同一股清泉缓缓流进心扉、流淌在身体里……

还想玩手机吗？别玩了，一起感受这春意融融吧！

教师评语：本文是写景散文，充满了热爱春天的气息，字里行间都可以感受到。文中写到"享受细碎的阳光洒落在身上，在你的发梢上自由舞蹈"，使用拟人的手法，阳光的活泼可爱跃然纸上。"趁着春风，一起去公园骑车吧！就去中关村公园怎么样？喂——你跑偏了！入口在这里呀，我们一起进去吧！"使用第二人称，直接抒情，表达迫不及待地想要拥抱春天的心情。

（指导教师：赵　燕）

题目13

请以"你是我生活的阳光"为题写一篇记叙文。

你是我生活的阳光

初1710班　卢美琪

　　冷雨敲窗。我从外面回来，搓了搓被秋夜冻得微红的手心，烦躁地希望明天可以是个晴天。狗安静地缩在阔大的绿植叶片下面，卷曲的绒毛间干燥温暖。我有些失意地瘫坐在书房里，回想前些年的这时还在游玩，如今却要面对许多重任——有些物是人非的悲哀。记忆最深的是游武夷山，虽然没有儿时课文里描述的那样绚丽，却有几分特别的底蕴。那里茗茶的传说一直萦绕心头，那时只笑"赶考的举人在山路间身患重病"这种情节烂俗无趣，如今才知大多数人皆是在漆黑泥泞的山间迷了路，拖着一身重病摸爬滚打地蹉跎前行，真正烂俗的反而是"举人被村民用茶所救，考中状元后回来以红袍命名救命之物"这种简单、阳光、美好得过于虚幻的情节。

　　冷雨流淌。我并不想起身，仿佛只是坐在这里就可以躲避学业和生活的责任。我已经失去自我派遣的动力，只希望有人能拉我一把，正如那人人盼望的虚幻情节一样。父亲轻轻地走进来，我自是无话与他讲，便想起身上楼，不惊扰他。却不想他轻声叫住我。我便重新坐下，闭上眼，听他烧水的声音，"滋滋"的蒸汽声撞击在空气的灰尘上，发出安静低沉的回响。茶叶枯碎的咔嚓声与木质工具空洞的响动里带了一丝禅意，使我的心沉下来。睁开眼，看他把缩紧得像针一样的黄黑茶叶倒进茶壶里，仿佛忙碌奔波的旅客涌入小船。开水从壶口倾泻而出，淡淡的白气像丝绸一样向上掀去，我注视着沉静如逝去般的茶叶被水覆盖，一时有些说不出的感慨，却也只顾着看。

冷雨漆黑。眼前的水雾却泛着光。我看着茶叶渐渐浮起来，先是被动而无助地、后又开始自己舞动起来，展开自己的身体，如沐浴春风的枯草，在晶莹的壶中重新生长，显出一份黄绿的活泼，宣告世界它已经横空出世，已重获新生。即使它细微的声音只如气泡破碎的炸裂声，短暂且嘶哑，却能撼动一个疲乏者的味蕾和心。我端起小碗抿了一口，温暖的清澈草木汁液被滚烫击打出的清香在口齿间缠绕。并不是十分美味的饮品，却是植株的二次生命绽放，如阳光——初秋沉稳明朗的温阳金光，滋润着即将成熟的果实、我的视野和我的心田。

冷雨渐小。"只有远离了安逸，受了千锤百炼、高温烫煮，才能发挥内心深处蕴含的精华，人也一样。"我不知这是一向寡言的父亲所说的，还是我心中所领悟，又或许是两个声音重合了，盖过了雨声的嘈杂，消散了雨云，照亮了黑暗。我再抬头看他时，只见他已经放下茶杯，开始投入工作，再一次背负上家庭与工作的责任了。我再一次无言，便静静地上了楼，感受那微笑带来的震撼光芒在头顶久久不散。

冷雨已停。次日清晨的阳光照在未洗的茶壶上，茶叶湿润地发出笑声，父亲已经早早离家出门。我感觉自己已经走出山林，仿佛站在村口眺望村民煮茶炊烟的学子，迎着茶碗般白亮的秋阳向前，承诺必会在未来喜提红袍归来，献给我的阳光。

教师评语："生活的阳光"怎么去写？一味地喊口号赞美？这篇文章告诉我们如何艺术地将父爱比喻为阳光，而这里面又穿插了大红袍茶的故事，为什么？因为不经历风雨，怎么见阳光？文笔的细腻应该是初中生习作的巅峰，逐段"冷雨"如何开启，既是写雨，也是写心，极富诗意。

（指导教师：胡　静）

你是我生活的阳光

初1712班　杨今越

阳光是什么？阳光是温暖，是朝气，是蓬勃；有时也是酷烈、惨淡。它有时会缺席，但大多时候还是伴在身旁。如果要找一人比作阳光，我想应该是我的母亲。

我的母亲身高一米六，体态匀称，娃娃脸，嗓音甜美。平时喜欢刷剧看新闻，虽常做家务但皮肤细嫩，一双手更是白皙柔软。

日常中最幸福的便是一个个日光和煦的下午，窗帘半掩着，明媚的阳光透过窗影在床上划出一个个光斑，微笑的浮尘在半空中浮游。人懒洋洋地半卧在床上，或醒或眠；电视有时开着，人物低低的话语混杂着洗衣机的嗡响。也许我和母亲闲扯些什么，也许谁也不说话，就像那日光一般安静地待着。

有与阳光独处的时候，也有与他人共享的时候，就如同不同地区接受光热程度不同一样，母亲也无法兼顾每一个人。举个例子，如果和外公外婆一起出门，想都不用想就明白谁才是主角，阳光自然像聚光灯一般打在那边，连同亲切的话语、期待的眼神、兴奋的神思一起。虽能理解，但谁能不感到微微的嫉妒呢？

如果一直处在阳光下，自然会麻木，待偶尔投入阴雨才回想起阳光的美好。比如我出门总忘带钱包、公交卡等；如果是她，则"伸手要钱"一应俱全。若是下雨，必定人手一把雨伞，决不让某些经典作文题材有机可乘。这种小事不见得有说服力，但我还未有机会远行，也许未来能有更深刻的感悟。

某些时刻，也会撞上酷日或愁云。前者多发生在意见不一时。说实话，我们都是爱逞口舌之快的人，即使已经开始认同对方了，嘴上依然强词夺理，逻辑一团乱麻。对待酷日，只能避其锋芒，等到能量减弱时方可回归日常。后者多发生在加班前后的焦虑期和疲惫期，这时一根冰棍或其他类似妙招便能缓解症状，但根治还得靠太阳自己恢复能量。

阳光虽然不那么受关注，但总是存在于生活各处，不知不觉中给人以温暖和能量，这便是阳光的可贵之处。

教师评语："母亲"和"母爱"是中学生作文的常规题材，也正是因为常规，写好却真不容易，一不小心就滑入了常规的悲情化的泥淖，关于这一点，所有中学语文老师都深有体会，不必多言。这篇文章绝对称得上写母亲的一股清流，毫无俗滥之处。母女相处得自然而然，如阳光般安静平常；妈妈的孝敬不是被作为美德歌颂，而是引发"我"的小小嫉妒；妈妈的干练呵护全家，使家人免遭风雨，也并没有牺牲自己；母女的矛盾也是生活不可避免的一环，又何必强求"解决"以显示情义深厚呢？作者的语言功夫也非常成熟老到，传达思想游刃有余。

（指导教师：刘　慧）

题目14

请以"为了你"为题，自选角度，写一篇文章。

为　了　你

初 1504 班　张思然

你浸泡在紫色磨砂的壶中，晶莹的水珠在你身边翻涌。你固守着自己那一亩三分地，幽幽地散发出一阵又一阵令我迷离的芬芳。

此时此刻，我只想慨叹：我终于找到你了——茶！

为了你，我曾翻遍书库。相传你始于神农氏，历经中国古今，却未随朝代的兴衰而浓缩成书中随手带过的一句闲谈。你活跃在各个朝代的人群中。唐朝，你与酒齐名，名人墨客无一不珍惜待你；宋代，你被盛于紫金壶中，俗人俗世为你披上一层耀眼的薄纱，你遮掩了自己的本质，迷惑了世人，饮用你甚至逐渐化为游戏；明清时期，宋代极乐的繁盛已经过去，你逐渐回归本源，人们将你泡在晶莹的白瓷碗中，美人拂手而过，你随风荡入文人雅客的口中，香又苦，甜又润，回味无穷；再往后，到了民国，你开始流连于粗朴的茶馆，一碗五分钱。无数粗鄙却带着人性最纯真一面的农民、脚夫在你身畔歇息，你用甘甜温暖他们的心灵。

从文人墨客到风花雪月，抑或社会的最低层，你从高贵到尘埃，从繁到简，你的礼仪在不断减少。有人说，这是退化，但你自始至终不发一言，因为这正是由虚浮到淳真的转变。为了你，更多的人选择只是清泡一壶茶，啜饮你的美好。

为了你，我曾去过许多茶馆、茶社。一套套的礼仪学下来，我却发现，这限制了我们的交流。为了你，我尝试着改变。我去了大山深处，想要一睹你生长的地方。那是一种长久的震撼。入目，眼前豁然是一片绿的世界。清新的、泥土的芬芳与你永远不变的低醇的声音传来，我身心皆是一颤。定眼细视，你碧绿中带着阳光的金色。明明是高上云天的仙子，身姿却与泥土同在，这是你的矛盾，也是我不得解的问题。

为了你的问题，我特意从茶农那里寻来你的一部分。那是一把嫩绿又带着一丝鲜黄的叶子，细长条，提一丝到指尖，粗糙的质感顺着指尖直达心尖。轻嗅，有一丝苦涩；再嗅，苦涩中溢出清香。向茶农讨一壶热开的山泉水，轻轻地将你置于水面，水珠顽皮地向你聚拢，你却固守着水面，不愿服从地沉入水底。我颇有兴趣地看着那壶：紫色磨砂，内壁附着黑色。一旁的茶农解释，那是之前的茶碱，会为下一次的冲泡提供更为浓烈的味觉体验。我惊讶，抬手倒一杯茶，轻抿入口。

那是一种无法诉说的情，一种缘分。涩涩的茶香带着泉水的可口冲击着我的味觉。闭眼，一种沉淀的厚重袭来。自神农起始，历经五千年，一幕幕历史场景在我眼前回放。人在一代代地变，新旧交替，不同的场景在时代的改变中灰飞烟灭，唯一不变的，是一壶茶。

我终于明白你的矛盾，是你自身的文化，无论粗人抑或墨客，都传承着你的文化，你又何惧转变。

一切都是为了你——茶，以及你所承载的中华民族千年不变的——茶文化。

教师评语： 作者翻遍书库，在中国文化的历史长河中去追寻茶的文化特质；作者实地考察，从茶馆、茶社到大山深处，去品尝茶的高贵无尘和大道至简。在客观的叙述中，文章自然地将茶的淳朴和包容万物的茶文化凸现出来，足见作者是一位独立思考的追索者。作文中何以能够以小见大？这需要写作者长期而不厌其烦地独思与追问，此文便是极好的范例。

（指导教师：向东佳）

为 了 你

初 1510 班　夏奕非

我是一个绘画爱好者，爱画画，也爱赏画。我喜欢看书画作品那"笔落惊风雨"般磅礴大气的神韵，更喜欢看书画四周星星点点的一抹抹不随时代"花开花落、云卷云舒"的鲜红。

篆刻，为了你，为了那小小方寸之间的极大天地，我下定决心要做到"精诚所至，金石为开"。

可贵的东西，难求。当我向父亲提出学篆刻时，他却觉得这不适合女孩子——"你去学学国画多好，非得学刻章，给人当陪衬啊？再说了，哪有女孩子学刻章的。"我反复掂量这番话，总觉得说得不甚妥当，结果一搜——某知名篆刻协会会长居然是位女前辈。顿时心中欣喜万分，重振旗鼓，还买来了她推荐的《文字小讲》。我在尝试、探索中渐入佳境，渐渐认识了使前人垂后、后人识古的你。我探索你的历史，我试着走近你。我要证明我也可以学习篆刻，为了你。

经过父亲的勉强同意，我拜了师。手中一刀一石，带着一颗对艺术无限憧憬的心，我终于正式打开了篆刻的大门。学艺都要从基本功开始——刻笔画和刻指纹章。所有的基本功都是枯燥的，一次又一次地练习，一次又一次地沮丧。锋利的刀尖在我动摇、走神时不经意地划过手指，那种疼痛记忆犹新，深深地在心里扎根。日积月累，这都没有使我放弃，反而让我更坚定了信念。我也渐渐地在师父的影响下找到了我的偶像——陈巨来大师。他的细朱文是极有权威性的，他更是被冠以"三百年来第一人"的称号。朱白交映间，细而不腻，弯弯曲曲地游走，看着却又不心烦，笔笔画画间透露出坚韧隽秀之气。于是，我悄悄在心底埋下了一个追随偶像的梦。为了你，在沮丧、困难之际仍坚守初心，回头看看却发现其实你早已成为我的一部分。

后来我渐渐可以独立完成作品了，也意识到了你的慢性子，于是便顺应你的节奏，多了一份风淡云轻、不紧不慌。师父也开始给我科普各种石料：寿山芙蓉、高山朱砂、葡萄冻、老挝石、昌化鸡血、青田石……偶尔还会给我展示他的收藏。"这个是你祖师爷那辈传下来的，看看这印纽的雕工……再看这个，巧色荔枝冻，石头质地很好，就是这雕工，不行咯……我们这些玩石头的，现在是碰到一块好的就赶紧拿到手，不然以后雕工、石料都是上等的石头是越来越难求了。"我猛然意识到你居然也会随着时间慢慢淡漠消退。像是现在人烟稀少的琉璃厂，或是那些已经基本不会有人拜访的石头作坊，终有一天你也会被贴上"古董"的标签，被时代淘汰吗？——我不忍心。

为了你，我决定加倍刻苦，将这份心意与你，一起传承下去，成为师父和陈巨来大师那样授艺、传艺之人。

三年后的我已经能完成百余字的作品了，但我自知这还远远不够，我的路还很长，而你还有太多太多等我去发掘。

我愿一直相信小小方寸中的极大天地，为了你；我仍坚持做到"精诚所至，金石为开"，为了你；我更真切希望你能作为中国文化传播到世界各地，为了那些有心的、为你付出热情的"我们"，在书画最闪耀的一角，亘古悠扬。

教师评语：该文点题明确，视角独特，选材新颖，始终立足于篆刻这一中华传统艺术，叙述集中。在表情达意中，作者非常自然地写出了学习篆刻的心路历程，表达了对篆刻艺术深厚的情感，真挚而有感染力。更可贵的一点是，文章的结尾呼应开头，立意深远，以小见大，写出了自己深远的民族情怀与自己应有的文化担当。

（指导教师：向东佳）

题目15

别林斯基说："美都是从灵魂深处发出的。"罗丹说："美是到处都有的。对于我们的眼睛，不是缺少美，而是缺少发现。"请你任选一个人或一群人，将"美哉！_____"补充完整，构成你的题目，写一篇文章。不限文体（诗歌除外）。

美哉！奋斗的人

初1603班　任紫琪

我们在生活的潮流中漂着，时常会迷茫，看不到前方，找不到美好。

放学时，天已全黑了，我隐没在无边的黑夜里坐地铁回家，华灯遥遥，还好我找到了一个座位，疲惫感顿时笼罩了我。

一阵轻笑声引起了我的注意，那是三个外地人。他们的衣服并不入时，黝黑的手臂从挽起的袖口中伸出来，青筋纵横，鬓发尚黑，而脸上却现出沧桑。为首的一个戴副眼镜，笑声正是他发出的，没座位他们也有办法，其中两个人还坐在了自备的塑料桶上。伴随着笑声，旁边的一位摩登女子使劲皱了皱眉，眼中透出不屑，嘴角又现出些许嘲笑。

为首的那个人丝毫没有在意，他继续向两个伙伴儿比划着，轻声交谈着，似乎有了结果。那两人也微笑起来，一股自信与激昂在他们之间传递着，好像未来的蓝图就在眼前，就差放手去干了。他们身旁放着几个大袋子，细看一下，大多是泡面和面包，但从他们的神情上却丝毫看不出他们的艰辛。"以中有足乐者，不知口体之奉不若人也。"我看着他们，不禁陷入沉思。

报站声打断了我的思绪，下车了，那几张激情洋溢的笑脸和充满自信的姿态，却刻在了我的脑海中。美哉！

回到家，爸爸正在因工作打电话。年过半百的他，却有着年轻人的活力与干劲儿，他时而站起，时而坐下，嗓子已略沙哑，却顾不上喝水。手中记笔记用的铅笔已然写秃，稿纸也已在写写画画中穿透，"这样吧！你们明天……"我久久地凝望着他，为他那从容而镇定的姿态所震撼。他镇定自若的讲话姿态，让我觉得他像一个久经沙场的大将军，却也让我想起了那三个外地人。美哉！

我脑海中陆续浮现起许多画面：在寒风中一路小跑送快递的快递小哥，大学校园里奔波的学长们，还有校园中操场上挥汗如雨的同学们……

我走到窗前，华灯已初上，窗外的景色是那样的辉煌。那些人的身影在我脑海中融为了一体，那是在北京城里奋斗者的身影，是我见过最美的人们。想到这，我又有什么理由不去奋斗、不去努力学习呢？

美哉！奋斗的人。美哉！为梦想，为生活，为奋斗的每一个人！

教师评语：这篇文章最突出的特点在选材立意上。写外来务工人员，写父亲，都跳出了初中生作文常落的窠臼，而写出了外来务工者的昂扬乐观，写出了父亲工作状态下的镇定自若，进而将话题拓展，罗列出更多奋斗者的身影，主题也便自然地得以升华。写人，不可给人戴脸谱，唯真观察、真体悟，才有新角度，才有新立意。

（指导教师：赵　岩）

美哉！我的物理老师丁丁

初 1611 班　王艺霏

课前的预备铃声打响，楼道中传来车轮的滑动声与老化小推车的嘎吱声。车声渐近，推入教室中的小推车后是腰板挺直、西装革履的老师。他径直走向黑板，两指夹起粉笔，大笔一挥，黑板上赫然"同学们好"四个大字。"同学们好！"他双掌摊开在胸前一振，"我就四（是）大家的物拟（理）脑丝（老师）丁丁脑丝（老师）。"有人在一阵静默后偷笑起来，随即变为了全班哄堂大笑。丁丁却丝毫没有恼怒我们笑他的湖北口音，脸上仍是微笑，双掌再次一振，似是要压下我们的哄笑一般，开始了课程。

我们与丁丁老师的初次见面，是浓浓湖北口音的"同学们好"。美哉丁丁老师，美在那"婉转"的湖北口音。

"丁丁老师虽然普通话说得不好，但丁丁老师爱学生，对学生负责。"这是他的口头禅，也体现在了他的方方面面。"三本一盒准备齐，心思聚焦到学习"等一系列顺口溜在我们之中广为流传，"用手指捉（着）读题"也被我们铭记在心，每一句都是丁丁老师用湖北味表达的爱。

记得那次老师让我们在笔记本上写第十三章的疑难问题，而我却忘记准备。耳中满是空气净化器的嗡鸣声，我"急中生智"，翻开了第十章的疑难问题想要蒙混过关。"嗯？这次考试考第十章吗？"他右手食指点指着，脸上的表情严肃，"财务部长不带好头，站捉（着）一分钟！"我不禁好笑又羞愧，面红耳赤地起身"站捉"。

谁知课下，那四季西装革履、金丝老花镜后的欧式大双眼皮径直向我而来，明明脸上微笑和善，却让我心虚无比。他俯下身来问："怎么连考试范围都不知道哇？"我吞吞吐吐地向丁丁老师说明情况，本以为会等来严厉的批评，可那脸上的笑一点未变，"糊弄脑丝啊？下次不要这样了吼。"我如释重负，一边向他点头，一边心里记下不可以再"糊弄脑丝"。望向他的背影，依旧是亘古不变的西装，和年龄已近退休却仍然笔直的腰板，从我们认识以来从未变过。

美哉丁丁老师，美在对学生的爱与负责。

丁丁老师虽是同学们午休时间用来模仿打趣的绝佳对象，但没有一个人不是从心底来尊敬他——尊敬他的湖北口音和睿智的打油诗，尊敬他的金丝眼镜和锃亮的皮鞋，尊敬最好的"物理脑丝"丁丁。

美哉丁丁老师，美在这永远不变的口音、打扮，和对我们的爱。

我们急追猛赶，想要抓住呼啸而过的时间的衣袂，可丁丁老师对学生的爱却没有被时间的洪流撼动一丝一毫——他已然超越了时间。

教师评语：本文用卓越的手法描写了一个卓越的物理老师。本文在描写方面给我们的重要提示是，描写人物要抓住特点，不要面面俱到，要重点突出。本文就物理老师的口音和打扮，进行了绘声绘色的描写，而且这些描写不是停留在形象的鲜活层面，而是体现了老师对学生的爱与负责。这需要高超的技巧，这更需要学生对老师发自内心的敬佩和感激。

（指导教师：邱晓云）

题目16

记事本、作业本、改错本、测验本、课堂笔记本、随笔本……那些大大小小的本子上，记录着你的初中生活，寄托着你的情感，见证着你的成长，承载着你的梦想……请将"那_____本上，满是回忆"补充完整，构成你的作文题目，写一篇文章。

那数学蓝本上，满是回忆

初1711班　吴若仪

现在每每提到初一初二的数学课，我都立马想到数学蓝本和黄老板的课。由于数学成绩始终无法与众多数学大佬相比较，我一直没能去数学A层游逛过，所以，我一直乖乖地在B层听黄老板讲课，也就是他口中B班的"土著民"，但这一切丝毫不会影响我上他的课的兴趣。因为上他的课，在收获知识的同时，也会收获一份快乐与他所谓的"哲理"。而这数学蓝本，就是所有美好回忆最佳的见证者。

不知从什么时候开始，大家都开始流行在蓝本上写"鹤语录"。所谓"鹤语录"，就是黄老板在课上或是微信上给我们发过的一些"很有哲理"的话。比如我们上课不认真听讲，他就说："少说多听""善听者为王"；我们不想写蓝本上的题、做周测试卷，他就说："无蓝是不会嘛""就是学废了嘛""就是不做新思维嘛"……后来我也跟风，在蓝本上写了一堆"鹤语录"，甚至在黄本、卷子上；"鹤语录"成为数学的标志，连我妈也知道："根植于内的修养，无须提醒的自觉"……

因为黄老板的好性格，好多男生打着讲题的旗号去找他。而我，懒得上那两层楼，于是，蓝本就成了我们交流的地方。记得有一次我做蓝本实在无聊，就在蓝本上写了句"沉迷学习，日渐消瘦"。黄老板看见了，在旁边批了一句："Really？"我看着他那个鲜红的大问号，默默地把"消瘦"划去了。后来学反比例函数，我本以为反比例函数很简单，但蓝本上的题给了我一个下马威，我又写："反比例函数好难！"他回道："认真听就不难！"蓝本上的图总是能把 90° 画成 75°，我就写："蓝本的图我给差评！"他说："那就自己画！"这一来一去的对话，短短一句话却让数学学习快乐了不少。蓝本作为"小纸条"，也锁住了这快乐的回忆。

后来，我们升入了初三，黄老板去带了高一，可能学校也觉得他会让我们的初三过于嗨吧！黄老板离开的时候，所有人都很伤感。有人说："黄老师曾说过要带我们飞，可现在他走了。"连我也开始后悔：为什么不好好写蓝本，好好改错？但我知道，黄老板给我们留下了很多：黄本里的回忆，周测里的回忆，蓝本里的回忆，还有"鹤语录"里的回忆……

教师评语：全文以"数学蓝本"为载体，通过具体详细地引用本子上的内容，把"黄老板"的"鹤语录"、好性格生动呈现，字里行间展示了数学老师的言行教导带给"我"的影响，从一个普通学生的角度体会到了一位老师的人格魅力和教育理念，理解了老师留给自己的精神营养。

（指导教师：陈冬梅）

那随笔本上，满是回忆

初 1714 班　王艺霖

记不清从哪一个年头开始，见到吸引我的内容，便会立即抄下来。并不是出于积累素材或培养文学素养之类的想法，只是单纯地出于个人兴趣罢了。仔细想来，第四个 1 英寸厚的本子也快写满了。

翻开第一个本子，张牙舞爪的字迹和歪歪扭扭的横线令我不禁莞尔。那时的字迹虽然已经沦落到难看的边缘，但在气质上还是绝对不肯服输的。第一页是《小王子》中的名句，中文英文法文夹杂。记得在那一段时间里，由于电影的上映，买了几本原版书特意自学了一点法文，却无论如何也学不会卷舌音。想起那时的执着，我又怅然。是不是如今时间被繁重课业冲散，早已忘却了学习的本意？牢记使命的同时，是不是迷失了自我的初心？

再往后翻几页，密匝匝的小字扑到脸上。我当时真的把一张卷子完完整整地抄了两遍吗？如同施肥过度后板结了一样的字体连绵不断延续了十几页，我几乎要犯密集恐惧症，愈发愕然了。从上了初中开始，数学便是挂在东南枝上的白绫。天涯何处无芳草，我却非要在一棵树上吊死。难缠的学科消磨了我大把大把的时间，就连在夜跑这个难得的透气机会时，脑子里也被迫塞满了各式各样的数学符号，读闲书更是需要见缝插针。仅仅时隔不到五年，我已经无法去想象自己当时是抱着怎样的决心、什么样的精神和毅力，写下来一行行密密麻麻的小字又再抄第二遍的。字迹已经被汗水模糊，纸面肮脏极了。我忽然愧对当时的自己，为当时的努力惭愧，更为如今的麻木惭愧。

隔一页便是一句张爱玲在《小团圆》中形容大考当天早晨心情的话。她说那像极了罗马战争片中，士兵布好阵等待攻城的恐怖，因为那一幕全是等待。这种恐怖到了初三以后却是倏尔远逝，一次次被考试洗涤已经令我习惯并疲倦，面对一张张空白试卷仅仅剩下了焦虑，但回忆中的一幕幕唤醒了我的初心。曾经告诫过自己，我宁愿辛苦辗转而生活，也不愿辛苦恣睢而生活，更不愿辛苦麻木而生活。从第一本摘抄本上的《小王子》，到昨晚写下的《海子小夜曲》，都是如此，也将会一直如此。

进入初三以后，为了不辜负当年的自己，也为了不让未来的自己遗憾，每天至少抄下一句话，从顾城的树袋熊到托马斯的六个偶然。所谓陶冶情操只是幌子，我真正想的是，"任何你乐意虚度的时光，都不能称之为浪费"。

教师评语：这是一部简短的自我成长史，难得的是，翻阅随笔本的过程使自己能够审视自己的成长，在观看的同时，有了反思的机会。作者的生活内容不尽是孩童的欢愉，但是得益于阅读的广泛、思考的深入，作者能够用开阔的眼光，超越当下的羁绊，既负起前程的责任，又享受生活的安闲，殊为不易。

（指导教师：刘　慧）

题目17

阅读下面的诗歌，完成一篇文章。

我是根。

一生一世在地下

默默地生长，

向下，向下……

我相信地心有一个太阳。

听不见枝头鸟鸣，

感觉不到柔软的微风，

但是我坦然，

并不觉得委屈烦闷。

开花的季节，

我跟枝叶同样幸福，

沉甸甸的果实，

注满了我的全部心血。

奉　献

初 1711 班　刘嘉康

在我们的生活中，总是有许多人在默默奉献着。从讲台上的老师，到街头的环卫工人，他们都用自己的辛勤付出，让这个世界更加美好。

有这样一句话：一个人的价值不在于他得到了多少，而在于他奉献了多少。我们每天享受着他人和社会的种种服务，有很多的人都为我们的成长和发展默默付出。爱因斯坦曾说，他每天所做的就是回报他所得到的、而且还在得到的东西。"滴水之恩，涌泉相报。"我们应当对我们所得到的心存感激，并怀有一颗报恩的心。他人为我们奉献，我们就要相应地奉献他人，那些只接受他人的奉献、而不奉献他人的人，就失去了人生的价值。

视奉献为义务是一种品质，视奉献为追求是一种精神，把奉献当作自己的人生理想和人生目标，更需要我们对奉献有清醒而深刻的认识。

奉献使我们的人生有意义，让我们感悟生命的美好。每天晚高峰时段的街头，总有身着醒目黄色制服的志愿者，疏导着拥堵不堪的交通，他们大多已经年老，却依然作为志愿者默默奉献着。我们总说，志愿者是崇高的，他们不计回报，默默付出，为世界增添一道亮丽的风景线。志愿者们总说，自己在志愿服务中获得了成就感和幸福感，对生命有了更加深刻的认识。一分奉献，一分收获，奉献带给他人温暖，带给自己幸福，我们的人生也在奉献的过程中更加圆满，更加有意义。

奉献使我们的国家繁荣富强。邓稼先为了中国的核武器发展，隐姓埋名，扎根大漠数十年，换来了原子弹、氢弹的成功研发和中国国际地位的显著提升，成为国家和民族的功臣。我们都热爱自己的祖国，那么，为了国家奉献自己，不也是幸福的事吗？

奉献促进社会的发展和进步。前几年获得诺贝尔奖的屠呦呦，废寝忘食，潜心研究数十年，最终成功提取了青蒿素，挽救了千百万人的生命。袁隆平院士致力于培育高产的优质水稻，为此每日在田间地头实验室里忙碌，他的团队培育出的杂交水稻填饱了无数人的肚子。我们可以看到，他们的奉献，为整个社会的发展做出了努力，使社会更加美好。社会是由每一个人构成的，每个人的一点奉献，就能汇成社会进步的磅礴动力。

人生的价值在于奉献，人生的意义也在于奉献，我们要视奉献为理想和目标，为他人、国家和社会奉献自己的力量！

教师评语：本文写作的要求是基于对材料中诗歌的解读，作者结合诗歌主旨"奉献"，从生活现象入手，首先分析奉献对于人生价值的意义；然后层层深入思考奉献对于个人、国家和社会的重大价值；最后发出倡议收束全文。结构清晰，层次递进，有理有据，很好诠释了自己对于奉献的思考和理解。

（指导教师：陈冬梅）

根·工人·路

初 1715 班　杜若和

每天上学时，我总要骑过一条路。路是土路，没有铺沥青，路面被压出一道道沟。每当一场雨后，路面变成了稀泥，一个个水坑在路面上仿佛张着大嘴，稍有不慎便会溅你一裤子泥点子。到了雪天，路面变得湿滑不堪，车把打得急一点，便很容易人仰车翻，栽到地上。路很窄，但总会有汽车误入，阻塞往来的自行车，若是两辆车迎面驶入，那就麻烦了：既进不得又倒不出，只能干瞪眼了。尽管有诸多不便，但这条路是上学最近的路了，我只得每天在这条路上往返。

一个学期结束了，我放了假，便不从那条路过了。开学的那一天，我照常通过那条路。拐过一个弯，与我阔别了两个月之久的路出现在我眼前：路面居然铺上了沥青，路的两头加上了不让汽车通过的石墩子，几名工人正手提油漆和刷子，给路两边的栏杆刷上鲜绿色的油漆，我惊讶不已。骑车通过新铺的路面，再也感受不到以往的颠簸，我感到非常开心。

自此，每天经过这段路便舒适起来，但我发现，这条路旁的一条原先不通的路被拦了起来，里面时而传出各种机械的声音，戴着安全帽的工人不时进进出出。上学时，我看到工人们伸着懒腰，面带笑容地走出一旁的简易房；放学回家时，我看到工人们带着一天的疲惫走出工地，口中哼着歌，或是带着浓重的口音互相交谈。我很想知道他们在做什么，但每天我只是短暂地经过这里，没有时间来一探究竟。

又过了一两个月，在我上学时，经过那条路，我突然发现原先一直拦着的那条路打开了。调转车头，骑上这条新路。路两旁种上了灌木丛，郁郁葱葱，十分可爱；路面是平整的沥青，铺设了亮黄色的减速带；路旁用雪白的漆刷出了一道道笔直的线，整整齐齐，令人愉悦；道路尽头右拐，便是通往学校的大路，比原来近了一半。路的尽头，我又看到几个工人，拿着灰刀，正为路牙子抹上水泥。他们的额头上满是汗水，但脸上却带着专注的神色，仿佛在完成一件精雕细琢的艺术品。

以后，我每天上学都走新路了。清晨，太阳从我左边升起，晨光满天；黄昏，披着晚霞，路旁的路灯一盏盏亮起，暖黄的灯光洒在路面上。路的两侧种上了野花，一路姹紫嫣红。走这条路，成了我上下学时最惬意的事。

又一次，我上学时，突然发现原来工人们的临时房都拆走了，一个个戴安全帽、穿着工装的身影也不见了。我才意识到，用双手建造了这条路的工人们，已经离开了。工人们就像根，在我们看不到或是难以察觉的地方，用双手和汗水，建造了一个个基础工程，让我们每天平淡的日常生活，有了一点小小的美好和幸福。我们每天行过的路上，铺满了他们的心血。

从此，每当我经过这条路时，一个个工人们的身影，都会浮现在我的脑海中……

教师评语： 这是一篇非常令人感动的文章。作者关注到了普通工人给社会带来的巨大变化，给人们带来的巨大便利。这说明作者有一颗感恩的心。另外，作者对工人的描写，非常自然，没有过分用力。没有为了突出工人高大的形象而去故意设计一个失真的典型。工人的价值大多是通过侧面描写来实现的，符合生活的自然，这说明作者有一颗真挚的心。

（指导教师：邱晓云）

题目18

请以"福气"为题，写一篇记叙文。

福 气

初 1505 班　陈馨竹

"春未老，风细柳斜斜……诗酒趁年华。"记忆里，不知是多少个慵懒的午后，闲闲地执一卷斟满月光和诗酒的书卷，醉读唐时风月宋时情事，醉了半晌，暖了三生。一辈子的福气，皆缘这传承千年的文脉与根系，坚守其间。

那是多少个月夜晴空啊，孩童的回忆不甚拘谨。家里大大小小的孩子围在爷爷身边，手持蒲扇，塞北的盛夏有些许燥热，老人爬满沧桑的声音回响："今天教你们一个……'稻花香里说丰年，听取蛙声一片。'"星光点点，木香微微，儿时的记忆堆叠缠绕在心头。从天真的孩提时代，到花季的豆蔻少女，在月夜的星空下，在生活的夹缝里，慢慢地将诗词之甘霖浸润到心里。寻常人生，可以"闲庭信步，云卷云舒"，在喧嚣嘈杂的时代背景下，在车马沸腾的都市镜城中，可以"此心安处是吾乡"。此后行走人生，有我和诗词这丝丝缕缕的缘，踏遍万水，阅尽千山，都有着一层铺陈晕染开的从容度人生的底色。在诗酒年华的岁月如歌里，做个有福之人。从诗词中提炼处世哲学，有橘子洲的百舸争流，有临皋的"小舟从此逝，江海寄余生"。试想，若是将须臾的光阴点染上诗意，那该是多有福气的一件事。诗词那一斛千秋的月光，便是我立人的根系，执掌的福气。

长大了，无法忘怀那一次在大洋彼岸与故土文化作遥遥连接。

那是在美国的学生夏令营，眼前是不同国度与肤色的面孔。日程中有个环节是介绍本国文化。我走到所有人面前，手心被汗水濡湿。张口，我缓缓地说："海内存知己。"在异域的土地上，我说出那从我牙牙学语时便萦绕耳畔的诗句，我突然拥有了一种宏大的底气。不同的面孔好奇地注视着我。我用英语解说了那句诗词，介绍了中国的诗词文化。余光一扫，与我同样是中华儿女的几位同行者，他们的脸上写满了自信。想起了那些在农历新年的钟声敲响十二下时，郑重地用虔诚的声音朗诵宋词的华侨们，时代广场因他们而声韵回响。

我突然意识到，这传承千年的文脉与根系，是刻在每个中国人骨髓深处的。那些古老的吟哦讽诵，仿佛是这个民族洗尽风霜的烙印，是我们最优雅的文化基因。站在古老文脉缠缠绕绕、不断延伸的这一头，有幸承接和创造这不断生长的"首颔颈尾与平平仄仄"。

这便是我的福气，每一个中国人的福气。唐诗宋词，是一个人修心的归宿，是一个民族传承的脉络。是时候泅游回文化的灯火阑珊处了。别轻易对这唾手可得的福气视而不见。相知它，就足以摒弃城市时代的种种浮夸；相守它，就能够抵挡平凡世界的一切中伤。

不管走到哪个天涯哪个海角，唐诗宋词就是我的福气。

教师评语：从幼童到少年，从故土到异乡，作者回忆了自己和诗词剪不断的血脉渊源，从而发出"唐诗宋词就是我的福气"、也是每个中华儿女的福气这样的感叹。作者语言成熟优美，字里行间表现出深厚的文学功底和文化修养，对诗词文化更是信手拈来，成为文中亮眼的一笔。

（指导教师：徐　利）

福　气

初 1505 班　刘彧卓

福气是什么，没有人能讲清。因为它似乎是不存在的：当初盘古开天辟地，以身化万物时，似乎并不包括福气，可它似乎又是真实存在的。毕竟总有人说：这是你修来的福气。

说到福气，就忽然想到了《西游记》中的孙悟空，那只集了天地之灵气、万物之精华的石猴，似乎总是很有福气。他发现了水帘洞就成了美猴王，去龙宫溜了一圈就拿到了定海神针铁，去天宫吃了几年就被封了齐天大圣，把天宫打了一圈却只是被压了五百年。何等的福气！可是没人注意到其他猴子畏手畏脚时他那无畏的勇气，咬牙握拳，瞪圆双目就直跃入瀑中，带着无畏和勇气，令群猴臣服；没人注意他去龙宫时豪爽的那几句"太轻""太轻"，正是孙悟空那直刺入龙王双目的眼神，是他索要武器时为了保护群猴的无赖，才使他拿到了定海神针；也没人注意到，正是孙悟空在闯祸后依旧的谈笑，是他如同战神般的傲意凛然，直冲云霄的霸气，护得他周全，让他成为齐天大圣，让他得以保全性命。他的傲骨，他的不屈，他的本领，惊了众神，惊了天界，惊了几世纪来阅读者的心。这的确是他"修"来的福气。

又想起刘备，觉得他的确是好福气。他的手下有过五关斩六将的关羽，有长坂坡上一吼吓退曹军的张飞，也有出入曹军的赵云，更有在隆中定三分天下的诸葛亮，这般配置，不得不让人赞一声好福气。可是没有人看见在悲苦中，毅然结义的三兄弟，没有人看见他与赵云的肝胆相照，没有人看见他三顾茅庐的决心。这般决然，这般气魄，不知折服了多少好汉的心。

他们似乎总是有福气，令人艳羡，令人惊叹。但是没人知道他们曾经的困苦，没人知道他们曾经的浴血奋战，没人知道他们曾经的挣扎，曾经在生死之间的摸爬滚打。不是因为福气，他们所拥有的一切都起源于他们自己的努力，自己的抉择，自己的奋发。

福气，是无知的我们对他们的一声赞赏，也是对于他们努力的一种掩盖。福气就是努力，由他们自己修来。福气不会主动选择任何人，只会为努力的人所折服。

教师评语：作者开篇提出了一个问题：福气是什么？而后历数孙悟空和刘备的经历，得出一个结论：所谓的福气是自己的努力。一下子将文章的思想境界提升到全新的高度，让人不禁眼前一亮。全文语言成熟精炼，并且视角新颖，思考深刻，体现出作者扎实的基本功和独特的见解。

（指导教师：徐　利）

题目19

请以"底气"为题写一篇文章，文体不限（诗歌除外）。

底 气

初 1605 班　王筱申

第一名的那个女孩，和我差不多大。不高，黑黑的，瘦瘦的，一眼看上去，谁也不会注意到她，但她却选择了和我一样的高难度曲目《十面埋伏》。

我自信地演奏完，坐在了一旁，正巧她就在我后面演奏。只见她从容地坐下，先是轻轻用手拂过四根琴弦，确认音准无误后，她放下了手，等了大约三秒，全场顿时静了下来。她把手指抬到与下巴平行处，挥动大臂，大臂带动小臂，小臂带动手腕，手腕再把力量传入指尖。指尖快速地扫过四根琴弦，发出了极具爆发力的声音，就好像那上战场前的鼓声，一下、两下、三下，犹如万千将士一同冲出，兵器碰撞声，将士的呐喊声，应有尽有，无所不包。

但比起她的音色，我更欣赏她的动作，明明有着强大的力量，却还是那么优美。虽然有着流畅的线条，但又能散发出强大气场。我知道在这背后，她必定用了无数次的练习，来积攒内心的底气。

回过神来，已经到了"四面楚歌"的那一刻，层次分明，起伏缓和，突然一下的强音仿佛把我从睡梦中激醒，那是项羽在乌江自刎。最后，声音越来越弱，留下了遗憾，让人回味。

我并没有上去与她交谈，但我注意到了她的手。本该细皮嫩肉的地方，有着一个个的老茧。果然在强大底气背后，有不知疲倦的练习作为支撑，这样才能在需要之时，猛烈地迸发。

这一次看似平常的比赛，却告诉了我什么叫底气，我像是被人从梦中惊醒一般，突然就知道了自己的缺点。再回看自己的成绩，原来少的就是那一份底气，那我就用我的努力，换来属于我的底气。

教师评语：小作者选择了比赛中遇到的不起眼却实力强劲的对手来诠释底气，这篇文章精彩之处是围绕第一名选手展开的画面描写，从她上场之后的动作，演奏的动作神态，以及她手指头上的茧，详写片段无一不在向读者传递出一个信息：强大的底气来自背后刻苦的练习。全文紧紧围绕中心，语言简洁立意明确，确是上乘佳作。

（指导教师：王丽君）

底 气

初 1601 班　阮佳琪

因为有底气，所以从容淡定；因为有底气，所以拿得起、放得下；因为有底气，纵使外界喧闹不已，他们内心仍能保持安宁。

人生似幻化，终当归空无

他向往桃源仙境，不愿在钩心斗角、鱼龙混杂的地方屈膝卑躬，所以他毅然离开官场，归隐山林。即使过着清贫的生活，他依旧逍遥自在。平静安逸的田园生活使他解脱，对其他人来说诱惑极大的名利金钱早就不足以威胁他，面对荣华富贵，他可以两袖一挥，随清风而去。他把一腔热血埋在心底，将对安逸平静的思念寄托于笔下。陶渊明，隐没在菊香下，因为他一身正气，用底气吐露万世芬芳。

天生我材必有用，千金散尽还复来

狂放不羁是他的代名词，一袭青衫阔步走来，头高高扬起；高力士为他脱靴，杨国忠为他磨墨，这狂人底气从何而来？只因众人陷于他的才华，手执毛笔胸有成竹，拂过胡须出口成章。皇帝也对他痴迷，而他向往自由，不愿待在宫廷中享乐，而愿游历名山大川，走遍千山万水。美景聚于他的笔下，有着"飞流直下三千尺，疑是银河落九天"的眼界。腹有诗书气自华，皓月当空，李白三杯酒下肚，挥笔洒墨，底气油然而生。

人生自古谁无死，留取丹心照汗青

民族危亡迫在眉睫，他为祖国上刀山下火海，出生入死，但仅凭一己之力怎能挽救？大宋的江山就这样毁灭，他痛心疾首。在漆黑的大牢里，他临危不惧，面对敌人的威逼利诱，他从未动摇过一丝对国家的爱，生死对于他来说不那么重要了，与其苟且偷生，不如把自己的一腔热血洒在国土上，他始终坚定地维护着祖国的尊严。文天祥，将自己那颗赤诚之心献给祖国，民族的气节已经在他那里根深蒂固了，昂扬的力量与底气在天地间显露。

五柳先生因为有底气而不为五斗米折腰；青莲居士因为有底气而拥有"长风破浪会有时，直挂云帆济沧海"的豁达；文天祥因为有底气，面对生死从容不迫。

翻开书本，油墨印成的文字透过历史的风尘，向我们展示着中华民族的底气。

教师评语：本文作者写的是中华历史上的一组人物，他们的精神气质融汇成了"中华民族的底气"：陶渊明的淡泊自守、李白的铮铮傲骨、文天祥的民族气节。作者用小标题领起小板块式的结构组接成文章，把三个人物的事迹以"底气"为绳索串联在一起，焦点集中，内容丰富。

（指导教师：周若卉）

题目20

《红纸上的中国字》结尾写道："无论你走到哪里，无论你身居何位，过年的时候，千万别忘了让亲情回家，让思念回家，让文化回家！"是啊，回家，让美好的事物、真挚的情意、宝贵的精神回家！回到温暖的家园、友爱的集体、人的心灵深处……那是倦鸟归巢的踏实、迷途知返的庆幸、重新拥有的喜悦。请自选角度，在"让_____回家"中的横线上填上恰当的词语，构成你的作文题目，写一篇文章。文体不限。

让陪伴回家

初1508班　魏宇晗

坐在御风而行的动车上，我倚窗看车外的景致由缥缈无际的千里沃野渐变为天蓝地黄纵横交错的千沟万壑。一改多年"一封尺素载凄然，客心千里寄陕北"的过年方式，这个春节父母决定携我回家陪伴外公外婆。迟到多年的陪伴终于要回老家了。

几番跋涉辗转，来到窑洞前，已有几分陌生的外婆颤颤巍巍地走来，在铺天盖地的风沙裹挟下引我们进屋。

随意将行李交给外公和父亲打点后，外婆抱着一摞红宣纸过来，要我与母亲坐在炕上，同她剪窗花。外婆慢慢地将宣纸折了几折，左手轻捏一角，右手操起剪刀，便开始"咔嚓、咔嚓"剪起来。母亲没有只言片语，只是坐在外婆身旁，简单地做着与外婆相似的动作。手笨的我只能在一旁帮外婆和母亲翻找窗花图案，一边不停地看向她们。只见两只剪刀如黑蝴蝶般在外婆和母亲的手中时而盘旋，时而停歇，与红色的宣纸深情相吻，于是那红纸上就留下了一道道弯弯折折的吻痕，一张张好看的窗花就诞生了。炕火温暖了屋里的空气，红纸上的合欢花一簇簇艳放，北国春意入旧年。

整整一个下午，没有多余的对话，只有外婆时不时抬眼看一看母亲，只有母亲一直安静地陪外婆剪着"岁岁合欢"的愿望。我愈是看得痴了。

屋的那头，父亲立于外公左后方，默默地为外公研墨，看他一遍遍书写"阖家团圆"的大字。笔管游走于楮生，诉说着牵挂；松烟划过寒泓，留下了今春窑洞中的陪伴。

晚上，父母将年夜饭端上餐桌，全家人在陕北的大桌前围成了圆圈。外婆的手抖着，一小口一小口地品着饭粒，眼里噙着泪花。母亲微笑着看外婆慢慢地一勺勺吃饭，为她端着陶碗，没有一丝厌烦。桌对面，父亲同外公小酌着自酿的浊酒，东一句西一句地聊着陈年往事，谈笑风生。缺席多年今回家，长思陪伴终团圆，一家人的欢乐说也说不尽。

待天色黑得如墨晶一般，屋内的广播与屋外的爆竹齐响。怕吵的外婆在母亲的陪同下回屋里去了，母女俩一同坐在床头给亲戚们写着封封家书。昏暗的煤油灯加重了外婆脸色的苍白，母亲倚在外婆肩头，轻声哼着陕北的民谣。父亲随外公出门贴春联了，在忽明忽暗的天幕下，两人一高一矮的剪影投在地上，随着月影移动着。

何为陪伴？就是回到老人身边，同他们或谈天或无言地一起做着最家常的事情吧。人在，心在，情也在。而今年陕北的这个小窑洞中，陪伴满屋，暖暖的。

我收拾完碗筷，蹭到母亲和外婆中间，看屋外的烟花划亮屋脊。我兀自暗许：此后的每一个年，我都要回来陪陪外公外婆，让陪伴回家。

"五谷里那田苗子，唯有高粱高……"我和母亲一起唱啊唱。

教师评语：这是一篇考场作文，选材不算有新意，但是文章读来很有意境，让人自然而然地就走进了那间陕北窑洞。作者有很深厚的驾驭语言的功底，用词讲究，造句也饶有深意。在她的笔下，陕北的黄土地有形有色，外婆和母亲手中的剪刀有灵有魂；研磨写字是画面，围坐闲谈有情境……她的笔墨是五颜六色的，是细腻灵动的，是带着爱的温度的。

（指导教师：宋美娜）

让老北京的吆喝回家

初 1508 班　李祎琳

　　北京，虽不是我的故园，却是一个我愿意称之为"家"的地方。十五年，我见证了这个家越来越宽敞、美丽和现代化，却越发觉得家里缺少了些什么。追忆良久，竟发现记忆的源头是一种声音——老北京的吆喝，是了。

　　那是儿时遥远的回忆了。我守在一扇排满了爬山虎的防盗窗后，等待下午三点随风而至的吆喝。"磨剪子嘞——戗菜刀！"从一个矮壮的中年男人口中传出，翻越了老公寓的楼板，穿透了玻璃，直直击中我的耳膜。我被这富有穿透力的嗓音震慑了，许久呆立在窗前，回味着那绵长的气息和戛然的尾音。它们像晴天里西山的余脉，跌宕而绵延，一波三折中藏了太多故事。半晌，我回过神来，看见妈妈已经拎着两把锃亮的剔骨刀进了门，边走向厨房边念叨"又说找不开钱少收两毛"之类的惯常话。说完，她又一如既往地笑了。我知道，这声吆喝已经在我们心里住下了。它，住到我家了。

　　但是回忆遗憾地止步于此了。我搬离了老公寓，再不曾重逢那声摄人心魄又听来亲切不已的吆喝。爸爸说，这些吆喝买卖的手艺人大概因为城市重建失去了生意，纷纷流散了。于是，我开始暗自期望北京腾出点地盘，让他们安家，让吆喝回家吧。

　　这个心愿真似实现了。坐公交回家的傍晚，车窗外闪现出一个骑着三轮板车等待绿灯的老人。隔着玻璃，我依稀听见了"废品……以旧换新"，却觉得有点异样。细看，原来是他佝偻的身板旁边立着一台小扩音喇叭，机械地聒噪着男声。没有了气息起伏，没有了骤然收尾，只有单调的波频，就像老人脸上木然不动的皱纹。我转过脸去，好像被什么刺痛和欺骗了。人固然安了家，但吆喝没有回家。这是对家的嘲弄吧。

　　我这才知道：要回家的不只是人，甚至不只是吆喝，还应该是吆喝中一些非常美好的东西……

　　我找到它了。当我偶然间看到一段北京人艺花甲大师在 80 年代录制的吆喝表演时，我知道我找到它了。那里有卖驴打滚、绿豆糕的，有修鞋的，当然还有磨剪子菜刀的。时而女声流利婉转，时而男声沉厚悠扬，最终一切声音杂在一起，一个市井红尘的北京扑面而来。那是一个脱去钢铁外衣的北京，一副赤子模样。恍惚间，我又回到那老公寓，成为一个窗边伫立的孩童。我回家了；吆喝，也回家了；还有吆喝中最丰润美好的温情——回家了。

写到这里，我仿佛看见了当年磨剪子菜刀的中年男人推小车离开的背影。西斜的太阳将他的影子拖得很长，很长。我好奇他的家在哪里，他是否以北京为家。

于是再次许愿——北京啊，给他们一个温暖的怀抱，让他们安家，让吆喝回家吧！

教师评语：这篇文章的选材很不一般，摆脱了常见的亲情、友情等生活日常，将视角拉向所生活的城市以及城市文化。它关心社会，关注城市文化发展，更关怀小人物。因此，一声再寻常不过的吆喝就成为作者关于城市的记忆，成为她的牵挂、她的追寻。作者的写作视角和人物关怀以及对于城市文化发展的思考，都势必会带给读者更深的思索，这应该是本文最可贵之处。

（指导教师：宋美娜）

题目21

《五台山的白杨》第14段写道："打开，才能够张眼看天地大美；打开，才能够看透世道人心的良善。"是啊，打开，能让自己看到别样的世界，体会温厚的人情，获得灵动的创意，领悟深刻的道理。其实，打开，也能让他人了解你的品性，发现你的才华，助你实现心愿……请以"打开"为题，任选角度，写一篇记叙文。

打 开

初1510班　顾可嘉

打开一窗，或许看到灿烂的阳光。打开一门，或许看到心灵的模样。

去年夏天，我曾和家人行至瑞士，领略大美的自然风光。一日清晨，几缕阳光温柔地洒在床格，屋外鸟儿婉转地啼唱，我便知道新的旅途已然开启。因特拉肯，是瑞士东北边一个古朴的小镇，两湖之间，四面环山，雾气氤氲，碧空如洗。偶有朵朵纤云映在湖中，那意境便自然而然地来了，仿佛打开了人心里向往着静美的那扇门，令人陶醉其中。

上午，我来到了火车站，准备坐车到达少女峰的山顶。一辆辆红皮快车穿梭于黑白相间的雪山群中，似一抹俏皮的色彩，渲染了庄重的山峰。上了车后，我拿出相机，准备捕捉沿途风光。车开始缓缓向上开去。起初，山峦间仍存有零星的绿色，牛羊三两只地吃着牧草，悠然自得，好不自在。然而几分钟过后，眼前的景便不同当初了。车窗外凝结了几粒霜花，草地渐渐消褪，只剩下皑皑的白雪。

我忙记录下这纯净的景象，不禁感慨自然竟是如此奇妙。洁白的雪遮盖了原本裸露沧桑的岩石，虽显得略微单调无味，却给人以静谧平淡之美感，恰似打开了常被遗忘的纯真之门。我不禁联想到儿时童话中令人向往却求之不得的"仙境"。

车又向高峰前进了几百米，我的耳朵渐感不适，四肢也有些乏力。我放下手中相机，也无暇顾及窗外景致。我蜷缩在座位上，心里既遗憾错失了美景，又自责身体竟在关键时刻掉了链子。

然而，时间终究磨平了一切。我尝试着克服高原反应，调整身心状态，不觉中便来到了峰顶。下车后，冷风刺骨，仿佛已然将世界冻住，与山下的花香树荫截然不同了。打开瞭望台的玻璃门，我逆风而上，步履维艰地爬到了竖有旗帜的最高点——那里可以眺见山与山的擦肩，倾听云与雾的私语。雪和山融合为一体，光和影交织在一起。我睁大眼睛，想要将眼前雄伟的景象永远记在心里，却越发感到不真切。从山脚对宁静的憧憬，到途中经历高反的考验，再到山顶震撼人心的胜景，想来我也算征服了三千多米的高峰吧！深吸一口气，虽然空气稀薄，但仍清新洁净，也混杂着一丝令人清醒的寒意，心中积攒的烦恼、困惑顿时尽消，浮躁之气也随之而去，只留得渺小的人和这磅礴的雪山缄默地对视。

回到旅舍后，我仍然留恋于顶峰上"一览众山小"的快感与幸运。古人云："读万卷书，行万里路。"大自然的魅力，终于打开了我心灵之门，告诉我苍穹之下天地大美，无需和不愉快斤斤计较。而我也将带着这份美丽，继续探索，打开未知的门。

教师评语：文章以"门"为线索，紧紧围绕"打开"来构思行文，主题鲜明：既有打开静美之门后看到的大自然奇妙的风光，以此获得平淡、纯真的美感；又有大自然雄伟豪迈的景观驱除了内心积攒的烦恼和困顿。全文由大自然的魅力打开了恬淡乐观的心灵之门，逐层挖深。此外，文章入题很快，描写细致优美，条理清楚，值得学习。

（指导教师：向东佳）

打　开

初1512班　李明阳

大槐树下，一大一小的马扎上坐着一老一少。姥姥戴着银色的顶针，拿着绣花针，看着花圃中的一朵淡紫色的小花，手指上下翻飞，针也在那白布上进进出出。小小的我坐在姥姥身边，看着那紫色的小花在布上渐渐浮现，顿觉神奇。平日里一朵不打眼的小花，在姥姥手中变得灵动舒展，娇小美丽。再抬眼一看，那淡紫色的花蕊伸展着，阳光下，浅粉中带着微紫的花瓣像是姑娘美丽的裙摆，随风轻舞。那时的我，渐渐打开了绣花的大门，透过一针一线，感悟到了天地生灵细微的美丽，将那美丽打开，放大，再放大，看到了一朵小花的大美。

光阴的流转和翻飞间，年轮斗转，转眼间，小小的我长大了，步入了初中，即将面临中考的检验，常常在试卷的题海中迷茫，迷失在初三的生活中。烦躁的心情也说来就来，只是偶尔在周末的闲暇之余，打开针盒，戴上银色的顶针，铺开绣花布，罩在笼环上。坐在小区的长椅上，我盯着那花丛中不起眼的小花，手腕上下转动，进针，出针……一针一线中，将身心打开，感官打开，心中的烦躁竟也就淡化、消融，整个人沉浸在花的世界中。阳光透过树隙照下来，在我身边形成了一个个摇晃的光斑，照在那淡粉的花蕊上，浅白的纹路格外清晰。花瓣淡得有些透明，显得有些娇娇弱弱，但它却淡然地面对着大自然的洗礼，倔强地仰着头。随着布的翻转、针线的转换，我不时地抬头看着它，眼里只剩下了它在丛中茕茕孑立的身影，剩下了它在天地间铺展、绽放。打开绣花的大门，让我停下了追逐名与利、功与尘的脚步，让我感悟到了世间万物生灵那细微的美丽，抛开凡事的桎梏，追随心灵，发现一朵小花的大美。

从小小的我到现在的我，从笨拙的一顿一顿的入针到现在手指的舒展灵动，时间的洗礼和不断的练习，让我打开了绣花的大门，走入了绣花的世界，能够定神去看一朵小花，去发现、去琢磨它的美丽，让其在绣花布上绽放。打开绣花的大门，让我远离繁华都市的喧嚣，像是回到了曾经的大槐树下的时光，寻找那童年时的无忧，带着本真的灵魂去感受天地生灵间那细微的美丽。打开绣花的大门，让感官打开，感受一花一木的品格与精神，学着像它们一样倔强地面对生活，感受属于生命的大美！

教师评语：打开绣花布，打开的是一个美丽的花花世界，更打开了作者超越功利、感受天地大美、追求本真的内心世界。这篇文章可谓于小事中见真意，于细微处品人生，这应该得益于作者感受生活的细腻和真诚吧。文章娓娓道来，平和舒缓，在绣花的故事中体悟人生至美。

（指导教师：宋美娜）

题目22

将"一次_____的选择"补充完整，构成你的题目，写一篇文章。不限文体（诗歌除外）。

一次释怀的选择

初1613班　潘澄萱

南京街角的老巷，清早的雾气在微微支起的小窗上染上一片朦胧。老人怔怔地透过浸湿的空气，那一日似乎也是这样一个冬日的清早……

老式的电视机里在播着庆祝改革开放四十周年的系列节目，旧时的录像和如今祖国的发展在电视里呈现。老人不厌其烦地坐在客厅那把木椅上看着，端着一碗苦茶，过了一个晌午。

翻开桌角的台历，过几日又到了每年的那一日了。昨天女儿打来电话说要带着外孙女回来住些日子，不用说，自然是担心她那一日太过伤情，每年总是回来同她一起。

12月13日的南京，不绝的阴雨和长鸣的警钟交织在这座城市千年的古韵里，在天边诉说着这座城市不绝的回响。街上的人多是黑白的颜色，撑一把伞，没有平日里的闲适，孩童也不再嬉闹。

公祭园里人很多，有在雨中站得笔直的官兵，有着黑色西装的政府官员、排成队列的学生，以及更多的老人和市民。老人的女儿和外孙女陪在她身边，三个人一路上都默不作声，生怕惊扰了思绪。老人一直都在表现着她的平静，不像那些哭得撕心裂肺的人。在公祭的人群中，老人矮矮的，混在黑白的颜色里，并不起眼。70多年之前，她还是家中最年幼的孩童，太长的年月几乎冲淡那一日冲破家门带血的长刀在她眼前的刺痛和恐慌。她回过神，没有落下一滴眼泪。

回家的路上，老人、女儿和外孙女，缓缓行走在黑白的行人中。雨渐渐变小，残阳透过重云映在了古巷的青砖上。街边的报亭里，她取下一份今日的报纸。回家后，点上桌上泛黄的灯，报纸整齐地铺在桌上，她抬起悬着线的老花镜，一字一句地读着报纸上的大字——"不忘不等于仇恨，铭记是为了未来"。她小心翼翼地将报纸折好，和每年这一天的报纸一起在木箱里放好。

女儿和外孙女走进屋里，还没等她开口。

"妈，其实我们这次回来，是想找您商量一下——"女儿有些担心地开口，"小雅申请了东京的医学院，学校不提供住宿，我也请求调去日本分公司……"

老人眼里闪过一丝恍惚和失落，挤出了和蔼的微笑："东京的医学院一定很好吧？我在报纸上看到过日本留学的告示，医学是很好的专业呢，小雅要好好学啊。"

外孙女有些迟疑地说："外婆，妈妈担心您年纪大了，也没人照应，去了东京以后就没有时间总回家看您了。"

"妈，要不您就和我们一起去东京吧。"

老人沉默了许久，木窗外的雾气已经散去，慵懒的斜阳射入屋里。她抬起头，停顿了片刻，微笑："也行啊，年纪大了，也该出去看看了。"

老人坐在斜阳下的木椅上，微暖的苦茶中渗出了丝丝甜香。

那个她半生没有勇气做出的选择，终在这一天得以释怀。

"不忘不等于仇恨，铭记是为了未来。"

教师评语：最难得在立意深刻。文章以一家人的选择，写家国情怀大主题，有现实而深刻的思考。"释怀"最难写，而潘澄萱同学巧妙地选取典型日期做背景，将人物内心矛盾冲突集中凸显。同时，通过外在环境、内心回忆、人物动作等，巧妙地表现了人物的心理变化，又借用报纸上的典型话语促成了内心矛盾的解决，并点明题旨。深刻的思考，巧妙的设计，成就了这篇习作。

（指导教师：赵　岩）

一次随性的选择

初 1608 班　丁禹诺

三只近乎一模一样的猫透过笼子看我，我也努力地扫视着它们，试图找到任何一只的不同。结果是什么不同也没发现。

"那就随便选一只好了。"

选择得那么随性——我甚至不知道它的性别，更别提性格。刚与它相处了十分钟，它就一爪抓破我的手背，当作是给我的见面礼。

之前我简单查过些资料，却不知道猫中有这样顽皮的存在：整日埋伏在家具后面，趁你转身之际，像受惊的山羊一样"哒哒哒"地冲过来，猛一蹦，这十二斤重的家伙就直接扑上了大腿。傍晚回家若是没见它像往常那般冲来看热闹，而是故作没事地走过，便一定能够在厨房看到一双被拆散一地的棉拖鞋。起初我相当苦恼，尤其是在朋友家看到她在猫舍把每只猫都抱了一遍才选择的猫后，甚至开始后悔当时自己为什么如此随性就下了决定。

且不说它顽皮到近乎惹人厌，它惊人的依赖性也是我选择时不曾预料到的。它刚到家里时，我照常关门睡觉，凌晨一点，我听到敲门声，竟发现是它在门外伴着颤颤巍巍的哀叫砰砰撞门。愤怒又无奈中，我让它进来，它就一跃上床，热乎乎一团盘在我头顶度过了黑夜，占去大半个枕头。我常常靠在床头读书，它便毛茸茸一坨蜷在臂弯里。我听说过有些猫咪在主人失落时会舔舐人的眼泪，于我而言那未免太过夸张，但每当它的温度接触我的肌肤时，我的确能够暂时忘记它难以细数的罪行以及我先前失算的选择，被它疗愈几分。

我常对它讲话，冬天时讲"你真幸福,能穿皮草",忙碌时讲"你真幸福,只管睡觉"。像用一个买错款的本子写日记，渐渐不再那么后悔自己一时的随性，因为我用自身的故事填满了它，款式好像不再显得有多么重要。

我没想过如果当时选择的是它那两个兄弟姐妹，现在的我会有什么不同。或许一只更加温柔，一只更加猖狂，那都不重要。我知道的是，我们浪费在彼此身上的时间，让我们变得如此珍贵。

是那一次随性的选择，让两个生命成为彼此不随性的存在。

教师评语：文章先抑后扬，于波澜起伏中，立意渐显！作者一上来就写这次对猫咪的选择是多么随性，紧接着写自己"甚至开始后悔"如此随性的选择，但随着与猫咪的接触以及"浪费在彼此身上的时间"，彼此"变得如此珍贵""两个生命成为彼此不随性的存在"。结尾自然而富有深意。

（指导教师：杨　玲）

题目23

中华民族精神是中华民族在漫长的社会历史发展过程中逐步形成的，它是中华各族人民社会生活的反映，是中华文化最本质、最集中的体现，是各民族生活方式、理想信仰、价值观念的文化浓缩，是中华民族赖以生存和发展的精神纽带、支撑和动力，是创新社会主义先进文化的民族灵魂。民族精神虽然是一个大概念，但是其实可以从具体的生活实践中感受到。请选择一次综合社会实践活动或研学考察课程，记述你的所见、所闻、所思、所感。请以"窥见民族心"为题，写一篇文章。

窥见民族心

初1609班　刘昱彤

我常常听说这个词，也常常自己说起，却在猛然间被问起的时候不知所措了。什么才是"民族心"？

我又想起，那一天爬泰山时，我在一阶阶望不见头、时陡时缓的墨黑石级间被纷乱的思绪淹没，再也抬不动脚。向上望，石阶几乎没有顶端，只在不甚清楚的云雾中隐没。不知有多高、多远，似乎每一步不过原地踏步。我原先的坚持已经在这石阶前分崩离析。

就在这进退维谷、不愿再踏一步时，我遇到了挑山夫。尽管曾听闻许多关于他们的诗篇，但我第一次看见他们时，仍然震惊——他们走得竟然这么慢！是的，慢。那只历经风霜、瘦而泛出铜褐色的脚，缓慢而坚定，轻轻地放在上一级石阶上，从脚跟向脚尖缓缓下落、抓牢、直起身，再移动下一只脚，脚趾、脚腕，角度细微的变化都无比清晰而稳健、执着而有规律、缓慢而坚定。这双脚抚摸着泰山每一块石头、每一个凹陷与凸出。这双脚的主人从来不加快，却也不停息，眼睛直直地望着石阶在云雾间隐没的地方，仿佛燃烧着火焰。

我呆下来观看，看他无比细致，有节奏地一步一步，像一个无声的巨大钟摆在敲响，在平缓的路上敲响、在陡峭的山崖上敲响。不论是在风雨如磐的时日，还是在歌舞升平的年月，都在以不变的速度坚定前行，没有停息，不为平缓的路而扰动心境加速，不为陡峭的路而惊惧减慢。

我透过这样的"钟"，窥见了我们中华民族的灵魂，她何尝不像这脚步一般，走过时代的潮起潮落，走过兴盛衰亡的岁月，走过平原高山、长江黄河，却不因时代与环境而消亡或变质，永远这么坚定，这么沉着稳健，向至善至美的终点走去。"不以物喜，不以己悲"，不浮躁，不放弃，只是不断坚持，坚信每走一步都离终点更近一分。

那个挑山夫仍然在向前走，只留下背影与足迹。我深吸一口气，跟随着他的节奏与步伐，执着而坚定地走去，带着民族心、带着那不被困难扰乱的坚定之心，向前走去。

教师评语：本文作者的取材令人眼前一亮。面对"民族心"这样宏大的主题，必须巧妙选材让它"落地"。作者为民族心选择的"落地点"是泰山挑山夫的脚步。这是真实的场景，又是一个细节场景，这就真正做到了以小见大、见微知著。真实而具体的事件和场景，才能真动人。

（指导教师：周若卉）

窥见民族心

初 1610 班　林子祎

初夏黎明时分，我们已经在赶往长城的路上了。车窗外是连绵的群山，想象着长城如同匍匐盘踞于这山中的巨龙，蜿蜒万里望不到尽头，我激动万分！长城，中华民族的象征，我要为你写诗！

车停了，我第一个冲下车，搀扶着爷爷，大声吆喝着同行的亲戚朋友们，走了一小段山路，天已经大亮。"到了，这就是长城！"随着一声叫喊声，映入眼帘的是一片灰色，冰冷的灰色！在这缤纷的初夏，所有的色彩都是欢乐的，光鲜明亮的，可是眼前这个叫作"长城"的地方，杂草丛生，破碎的沙砾盖住了泥土。灰黄的砖块组成的两堵摇摇欲坠的墙，沿山坡蜿蜒而上，夏日的阳光照射下来，却没能温暖这里。阳光刀一样大胆地削出它的轮廓，细长而棱角分明，像巨型动物的白骨，就那样被镶嵌在山坡上。

这就是长城？这破败不堪的废墟就是传说中的长城吗？我脑海中那蜿蜒飞腾于群山之巅的长城呢？我看着眼前破败的残垣断壁，万分失望。这样一堵小小的破墙，让我曾经对长城的遐想与憧憬全部破灭。

一旁的爷爷眼中却满是欣慰与感动。"这才是真正的长城呀！"他缓缓地说，"想当初，它挡住过匈奴的千军万马，这么多年是它保卫了华夏的儿女啊，经历了那么多风雨沧桑，也该歇息一下啦。"

听了爷爷的话，我沉默了，闭上双眼，微风吹过我的耳畔，我仿佛听见了千军万马的厮杀声；再看长城，当年的战场仿佛就在眼前，万箭齐发，枪林弹雨，长城就那么静静地矗立着，伤痕越来越多。眼前的野长城，经历了多少年的风霜，挺过了多少浩劫，却仍然坚毅。组成它的每一块砖石，都浸透了先人的智慧和战士的血汗，每一寸残缺的城墙，谱成的是华夏儿女的精神图腾。几百年，铁马金戈的喧嚣和硝烟弥漫的茫然承载于它，使它如今天这样苍老。我不禁为之动容，心中不知不觉充满朝圣的心情，再次看它的眼神，已如同虔诚的朝拜者，我深深为我们中华民族骄傲和自豪！

傍晚，转身离开，走远时回头再看，山峦已是黑色的剪影，太阳贴着它下落，照亮了深处的野长城。野长城，像极了一条金色的巨龙！

教师点评：初见文章题目，感觉题目很大不容易把握，可聪明的作者却将文章的选材锁定在万里长城。那通过万里长城又怎能窥见民族心呢？作者又通过爷爷的讲述，展开一番联想后不禁为之动容，心中也充满了朝圣的心情。当再回望时，象征着中华民族精神的长城就像一条金色的巨龙一样，蜿蜒曲折地矗立在中华大地之上。作者实在是高明啊！

（指导教师：王丽丽）

题目24

"中国人在征服了南极、北极和珠峰高极之后，又成功地进入地球最深极。马里亚纳海沟：中国人来了！"这是报告文学《第四极》中的一段话。其实，每个人都会有自己的"第四极"，它或许是你某一方面的极限，或许是你为之奋斗的一个目标，抑或是你最向往的某个地方……请以"第四极，我来了"为题，写一篇文章，不限文体，诗歌除外。

第四极，我来了

初 1505 班　戴馨瑶

我为之努力的第四极：

第一次给你写信，但你住进我心里已有几年的光阴了。今天，我以光洁无瑕的形象，带着中华陶瓷文化的高洁坚贞，终于能在这里骄傲地告诉你，我来了！

是的，几年前我是中华大地上一捧灰黝黝的陶土。这里的人们勤劳质朴、心灵手巧。他们常常自豪地告诉不起眼的我们，要努力成为最好的建盏，向世界展示中华独一无二、源远流长的陶瓷文化。"一盏功成万盏枯"。我深知这条路上充满了曲折与残酷，要接受的考验不计其数。对于大多数建盏来说，诞生就意味着埋葬。但我却坚定信念，将你深深地埋进心灵深处。

从此，在这片中华土地上，我舒展身姿，从大地汲取着营养。风吹日晒，云卷云舒。我将滂沱的大雨当作自己的养料，将火辣辣的阳光当作磨炼自己的机会。终于，人们捧起了我："看呐，多合适的陶土，可以拿去做上好的建盏。"

一道道烦琐复杂的工序、一层层严密精致的加工后，我成为一块有光泽的成泥。"啪"的一声，一个老爷爷将我拍到石案上，一阵眩晕从我头顶袭来，还没等我缓过神，那双有力的大手将我按住，用力地捏着我。石案也毫无防备地、疯狂地旋转起来，加水、旋转、加水、再旋转。那双有力的手拖住我，一点一点地将我逐渐软滑的身体塑造成一盏精致的茶碗。我强忍着眩晕，感受着自己的成型，心底如蜜一般甜。

晾置后，我和同伴们被推进一个大炉子。滚滚火焰在木柴上翻腾，热气从身下升腾，包裹住我的全身。釉料在烈火中升华，身旁偶尔传来揪心的破裂声。我渐渐被烤得失去了知觉，只感觉身体一点一点变得坚不可摧，我奋力吸收着热量，享受着一点一点的蜕变。

不知过了多久，人们把我和上千个小伙伴从炉子推出，将他们一盏盏摔到地上。碎片飞溅，如土龙隐伏在山峦间的龙窑仿佛一座葬场。一只手拾起我，我咬紧牙，绷住身体，"啪"，头疼欲裂的我小心翼翼地睁开眼，匠人们举起完好无损的我，左看右看，满眼尽是欢喜。

现在，平凡的陶土早已磨圆了棱角，带着独一无二的纹样，古朴内敛得宛如固体的时光，静静地讲述着一片陶土、一枚匠心、一方水土的故事。一片生机，一片肃穆。闪亮的玻璃罩外，是前来参观的络绎不绝的外国友人。他们将我以及与我相连的九百六十万平方公里的土地，称之为 China。

第四极，我终于来了。我是华夏文明中最美最真挚的陶瓷文化，我是忠贞高洁、不屈不挠的中华精神。建盏莫言，其厚重如山石，沉淀了文明；建盏无声，其深沉如大海，书写了传奇。第四极，你看到了吗，我终于来了！

一枚世界展馆中的建盏

2018 年 5 月 30 日

教师评语：本文用书信体的形式，以建盏的口吻叙述了自己从泥土到艺术品的艰难历程。形式十分新颖，语言生动丰富，描写细腻，可读性强。而且学生将中华文化的深邃精神凝聚于一枚建盏之上，结尾提到"他们将我以及与我相连的九百六十万平方公里的土地，称之为 China"，一笔宕开，设计巧妙，不仅升华了主题，而且以小见大，引发读者共鸣，格外打动人心。

（指导教师：徐　利）

第四极，我来了

初 1514 班　李雅轩

夜深了，身旁传来室友熟睡中安稳而均匀的呼吸声，我的手指在键盘上犹豫地敲下几个字符，又匆匆删去——这注定是一个辛劳的夜晚。

明天就是模拟 APEC 大赛的总决赛了。所有的奋斗与咬牙坚持，只为了一个目标——拿到大赛总冠军，获得出访越南 AEPC 会议的资格，站上更高的人生舞台。

凌晨两点，电脑屏幕发出的微弱白光愈发刺眼，我的双眼已然倦怠，呼吸也滞重起来，却仍然对明天即将提出的方案的最后一部分毫无头绪。经过无数个白天和夜晚的奋战，此刻的我疲倦不堪，几乎沉沉睡去。可夜晚的寂静冰冷到极致，便生发出一种燥热与不安，我在这冰火交融的刺激下，不禁打颤，猛一下清醒过来。

"人的生命就像琴弦，拉紧了才能弹好，弹好了就够了。"一本时刻放在手边的《命若琴弦》，在我奋斗途中最迷茫倦怠时，仿佛又一次幽幽开口。

这是史铁生先生在坎坷命运中的思考与奋斗。那么我呢？我曾一次次拉紧自己的弦，征服属于自己的"南极""北极""珠峰高极"。这一次的目标，即使再困难，我也定要用奋斗拉紧自己的弦，征服这"第四极"！

第四极，我来了。

我用冰水抹了一把眼睛，重新打开参考网站和各种文档。指尖在键盘上的泥泞中蹒跚、跋涉，不放过任何一丝灵感。深吸一口气，我感受着肌肉的发力，感受思维和身体的弦一点点被拉紧。渐渐找到了属于自己的节奏，指尖敲出奋斗的乐符，我在无数方案中挖掘着，享受着，沉浸着，忘我着。头顶的一豆灯光陪伴我在不知不觉中一步步走向第四极。心，在这个属于奋斗的夜晚，强烈地收缩着。

凌晨五点，终于确定了方案，我顾不及雀跃欢呼。一遍遍演练着，拉紧人生之弦，只为在到达第四极时，奏出最响亮的乐章。

清清喉咙，整整衣冠，我信步走上舞台——第四极，我来了。

此刻的脚步轻快而不轻佻，沉稳而不沉重，所有的奋斗都化为我站在台上、站在人生任何一隅发声的自信与力量。

"我宣布，此次大赛的冠军是……"冠军奖杯捧在手中，台下掌声雷动。刹那间，珠峰上寒风沸腾山巅，海沟里暗流亲吻深渊。站在人生的第四极，我的弦奏出了响彻云霄的乐章。

终于，我用奋斗再次拉紧了自己的人生之弦。属于第四极的乐章已然奏响，属于第五极的凯歌，定然不再遥远！

教师评语：本文对自己的第四极——挑战模拟 APEC 大赛总决赛的过程，表达非常细致，截取了连夜准备比赛的场景，通过自己内心的想法来折射自己的状态。文章从引用史铁生《命若琴弦》中的一句话开始，形成状态的转折，积极备战，勇敢地战胜困难，不断地"拉紧自己的弦"，形象地展现了小作者无限接近属于自己的"第四极"的过程。全文引用表达非常突出，并且融进情节，反复出现，情感真挚，一气呵成。

（指导教师：张　彪）

题目25

新年以来全国各地流行《我和我的祖国》的快闪，人们用优美的歌词、动听的旋律、别致的形式表达对祖国母亲的热爱。这首歌歌词中有这样两句：

我和我的祖国，一刻也不能分割。

无论我走到哪里，都流出一首赞歌。

你曾经走到哪里？看到了，听到了，感受到了什么？请你以"赞歌"为题写下让你铭记于心的经历，完成一篇记叙文。

赞　歌

初 1602 班　吕欣乐

　　我愿高唱中国地铁建设事业的赞歌。我的歌声终汇入清河并奔向太行山，如星辰银河里的彩云，飘荡在中国大地的上方。

　　我生长在首都北京。回首过去的岁月，是一网错落有致的车站与路轨。母亲牵我稚嫩的手乘地铁 13 号线，列车时而跨过大桥，时而钻进隧道，时而在轿车面前显示威力，时而同高傲的绿皮火车比试赛跑。蹲在宝座上极目远眺的我，望尽流动的清河在向后涌，远处太行山如起舞一般，余晖在车窗倏而远逝。"地铁好快！"我不禁拍手高喊。母亲制止我的失态。然而她手机中一首《召唤》响起："祖国召唤我们勇敢的心……"幼小的我听着这赞歌，朦胧中定下了为祖国设计地铁的理想。

　　渐渐地我成长了。从绘本《地铁是怎样建成的》《地下铁道》，读到杂志《地下城》，再到教程《地铁与轻轨》《地铁文化与艺术》，尽管文字内容很多只是略述一二，但是，我读出了中国和世界地铁的伟大变革。我多想将对地铁的热爱，寄托在祝福祖国的歌词中。

　　那一年在武汉乘地铁，洪大奔腾的长江拦在眼前。从汉口徒步跨长江大桥恐怕要一个小时，渡船很少，到达对面的武昌是很难了。我钻进汉阳路地下站匆匆上车，一分钟后竟传来了广播："地铁跨隧道横渡长江，历时仅三分钟！"得知这样的喜讯，我立即离开座位手扶车门前扶手，渴望见到大江从周围涌进。然而除了黑暗隧道里的依稀灯光，我什么都没看见。到了积玉桥站我钻上地面。嗬！依然是长江，依然洪大奔腾，只是它怎么在我后面了呢？我奔上大桥高唱《长江之歌》，歌声里大抵表达了我对跨江地铁技术的赞美吧！

　　除此之外，中国其他城市也跨入了"百铁齐绽，万线争春"的时代。我难抑住心中激动，游历诸多城市，乘着地铁穿过大连的山岭，绕经苏州的泽国，划掠成都的紫壤，直抵香港的码头。赞歌响遍中国，直抵亚非那些中国在地铁方面给予支援的国家。

我当然也自己规划过地铁了，朋友家在双鸭山，我寄给他一张《双鸭山地铁远景规划图》。他激动地说："我要把它给邻里们看看，以后祖国离不开你这'铁匠'啊！"我笑了，尽管规划不能成为现实，但一条条线路不断涌现在神州大地，时而跨桥，时而入隧，时而在国际尖端显显威风，时而同发达国家比试赛跑。我想高唱："地铁已成为中国社会主义前行的磨刀石！"望着家乡清河涌动，我重拾地铁梦，又一次高唱赞歌：

"我愿将天边五彩的祥云化作条条地铁线路，在太行山的宝塔上方缠绕，织成线网轻抚星河！"

教师评语：作者在歌颂祖国发展这一宏大的主题下，选择了一个很小的切入点——中国地铁建设的发展。以自己接触地铁的经历为线索，从小时候坐地铁，到长大后读地铁方面的书、在武汉乘跨江隧道地铁、其他城市甚至国家的援外地铁发展，最后到自己尝试规划地铁。以小见大，中心突出！

（指导教师：杨　玲）

赞　歌

初 1612 班　刘湛渊

脚下的山石急速后退，眼前的云雾扑面袭来。透过缆车玻璃窗，峭壁上的苍松仿佛在向我们一车人招手致意。这个端午，我与黄山邂逅。

在半山上的玉屏楼酒店存了行李，我轻装向黄山最高峰——天都峰挑战。石级经过多少年的踩踏已倾斜滑脚，栏杆被多少人牵拉却愈发锃亮。苍松在我疲惫时伸出援手，怪石在我失足时稳稳托住。转过一个又一个弯，蜿蜒的山路将我引至著名的鲫鱼背——一道陡峭山脊上的长长石棱。山风呼啸，仿佛在劝我回头，但我怎可不战自退？我猫下腰，握住栏杆，一刻也不停地向上攀。当脚踏上坚实的山路后，我不禁庆幸自己的坚持。待终于登上最高的那块岩石后，我浑身说不出的欢喜，就像登仙一般畅快。四面的山林云鸟一览无余，阳光照在身上，其喜洋洋者也。

夜里，我站在酒店前的小片平地上仰望夜空。山上的空气清新凉爽，壮丽的星河分外清晰，几片黑影显示着山峰的位置。再向远看，古来繁华的徽州今天也闪耀着万家灯火，黄山用她的气韵滋润着她臂弯环抱的屯溪古城。

第二天，我在朝霞中出发，在黄山上四处游览。曲径通幽，我无意来到了一座博物馆。自古以来多少文人对黄山吟咏，多少勇士梦想登上天都峰？可天不尽如人意。攀登天都峰的人九死一生，那道鲫鱼背上不知有多少人丧命，有些人更是因此家破人亡。但是石阶铺成了，栏杆架就了，新中国成立以来更是修建了酒店、缆车等便捷设施。从此天都峰不再沾满鲜血，黄山终于不再凶险。

在鳌鱼顶上建有一个气象站，高耸的雷达塔楼下即是山上难得的饭店。在这样一座高山上，不但水无限量供应，饭菜也是极为可口多样。这些食材都是辛勤的挑山工日复一日运送上山的。如今在黄山上受到这等优待，我自是心满意足。

徐霞客曾说过："五岳归来不看山，黄山归来不看岳。"黄山代表了我国人民自古以来的奋进挑战精神，体现了"世上无难事，只怕有心人"的高昂旋律，这恰恰是给黄山最美的赞歌！

教师评语：作者按照时间的写作顺序，写出了登上黄山时所见的壮观景致。借景抒情也是本文一大亮点，作者借黄山壮丽之景赞美了我国劳动人民身上具有黄山一样奋进挑战的精神。这不就是华夏大地一首最美的赞歌吗？

（指导教师：王丽丽）

题目26

一位著名学者曾经说过这样的话：任何一个多少知道自己国家历史的人，都应该对本国过往的历史心怀敬意。历史不仅书写在浩瀚的史籍里，也沉淀在众多的历史古迹和历史文物中，面对它们，你一定有很多感怀。请你任选一处古迹或一件文物，将"面对_____，我心生_____"补充完整，构成你的题目，写一篇文章。

面对西泠印社，我心生宁静

初 1602 班　吴姊彬

景

穿过里三层外三层的旅游团，绕过西子湖畔，沿着一面长长的白墙走了很久后，终于到了西泠印社。它竟是那么不起眼，一扇小小的圆形拱门被随意停放的自行车簇拥着，匾牌上刻着的"西泠印社"清秀字体也是那样不露锋芒，周围的旅客更是看都不看……

在不确定中我叩开了大门，迎面袭来一股氤氲水汽，里面俨然就是一个世外桃源般的小园林！像是发现宝贝，赶紧关上木门，隔开外面躁动的人群。里面的游客寥寥可数，都是慕名而来的，所有人都小心翼翼地，生怕扰了这片宁静。

西泠印社是傍孤山山脚而建的，占地面积很小，但因其特殊的地理位置，纵向发展的空间很大，因此西泠印社的布局是不同于传统苏杭园林的。

进门后可见一池绿水，周围满是布满青苔的大石头，池子虽小，却在上面郑重其事地架了一个一米左右的小石板桥，便是有模有样的。

净

站在小桥上去看那绿水，清澈见底。碧绿的池子里游着几条红色小鱼，倒是有点"皆若空游无所依"的感觉。环顾一周,周围的环境也同这水一样,竟然都保持着较为原始的状态,大概是访客少的缘故,没有看到任何"杂质",整片园林像是一块"完璧"。

走过石板桥,便有一座小型古建筑,透过雕花木窗,可见到几个人正坐在里面一笔一画地描摹着什么。跑上前去趴在窗子上向里观望,原来是在进行雕刻创作。他们之间没有过多言语,也没有注意到我的到来,都沉浸在那一刀一抹之中,他们背后窗子里的绿意几乎要溢出来,他们早已融入这青山绿水之中了,成了画中人,只留下我一个画外人在原地默默观望,在心中默默思索。

这像是一种洗礼。我不断深深吸气,努力将脑海中对西泠印社的一切记忆留得再多一些,让西泠印社所带给我的这种从未有过的平静与安定再在我心中存留得久一些。

境

往上走,登上一节节小巧的石阶,可依稀在布满爬山虎的石墙上看到一段段金石篆刻,大约是古人先在石板上刻成、后镶上去的吧。停下脚步,细细去品那笔画间一横一顿的韵味,想到原印社的主人们即便是身居乱世,却仍能够在这一小片清净之地中找到心灵的寄托,使用自己所喜爱的方式,和一群志同道合的好友无须顾忌地抒发自己的情感和所思所想。这又何尝不是一种"苦中作乐"的心境呢?当时的具体情况我已无从考究,但我相信,他们的那种精神,是永远也不会改变的,像那石桌上的棋盘,像那刚劲的篆刻。

走出西泠印社,走出这片宁静之地,回归喧嚣。我不指望能够带走什么,更不敢奢求能留下什么。

——只希望自己的那片"西泠印社"能够永存于心。

教师评语:文章设计巧妙,由三个近音字"景""净""境"构成每个部分的小标题,观西泠印社之景,感周围环境的洁净,想其中人物在这一小片清净之地中找寻自己心灵的寄托,达到"苦中作乐"的心境。层层深入,情感自然生发，充分地体现了题目中的"心生宁静"。

（指导教师：杨　玲）

面对长城，我心生敬意

初 1609 班　　由伟恒

车子行进在盘山公路之上，群山跳跃着从窗边掠过，我的心随着那连绵起伏的山脉跳动着，激动，向往，期待。猛然间，一条起伏于云际的灰白线条映入眼帘，我的精神为之一振。啊！长城，我终于看到你了。

沿着一级级台阶，我艰难地登上了长城。"望长城内外，惟余莽莽"，层峦叠嶂之中，绿意漫山遍野，直通天际，颇有"上下天光，一碧万顷"之意。山峦之间似乎也被绿意缀满了，交织成一条轻盈棉带，在阳光下，伴着清风舞动起来，蜿蜒到天边。——我敬长城的宏伟奇观！

收回目光，我扶着城墙继续向前行走。一块块巨大的岩石城砖，都有着千百斤的重量，抚摸着它粗糙的石壁，如出生婴儿抚摸年迈至亲的皮肤，上面仿佛还残留着修建者的温度。我似乎看到了无数工匠肩拉、背扛、前拽、后推着块块巨石，听到了他们粗重的喘息，感受到了他们身上迸溅出的汗珠……是你们筑造了长城，勤劳、坚毅被你们刻进这厚重的城砖之间，熔于民族血脉之中。——我敬修建长城的工匠精神！

奋力前行，一座孤零零的烽火台映入眼帘。它是那么孤单地伫立于此，布满尘埃，处处裂痕。岁月沧桑，朝代更迭，或许只有它和那些战死边疆的战士默默地在这里守卫着，筑成永恒。烽火台的墙面上有一道道深深的痕迹，那是刀痕！阳光划过，刺痛了我的双眼，我眯起眼睛，似乎在这黄昏的阳光中看见了那个士兵。在烽火台前，他将利剑横于胸前，挡住了敌人的致命一击，顺势弯腰，让侧面的一刀重重砍在了城砖之上。这记刀痕便永远留在长城之上，他的背后狼烟四起。这刀痕是侵略者的刀痕，更是守卫者不屈的见证。——我敬为国献身的英勇烈士。

长城是无数的先烈用他们的血汗筑造的，那一块块古老的城砖，见证着无数保家卫国的勇士们的英雄事迹。千百年来，长城就像一条巨龙盘亘在连绵的山脉之间，它是龙的传人创造的奇迹，是我们中华民族勤劳、智慧、勇敢的象征。风可以吹去长城上的浮土，雨雪可以化去城砖的棱角，但长城所蕴含的顽强不屈的灵魂，却随着时间的推移，历久弥新，让无数人景仰！

长城，我敬你的绵延万里，敬你的雄伟壮观，但我更敬建造你的匠人，敬那些在长城上戍守边疆的勇士，是他们筑造了不朽长城魂，铸就了中华民族的伟大精神。

面对长城，我心生敬意！

教师评语：长久以来，长城被视为中华民族的象征之一，本文作者把自己对长城的敬意具体化了，并且分层次地清晰地表达出来：一敬筑造奇迹的勤劳坚毅的匠人，二敬为守护国土而献身的烈士，中华民族的伟大精神就体现在他们的身上。由此，作者找到了宏大主题的"落地点"，并把长城作为其象征物来写，这就使文章切口小、立意深。

（指导教师：周若卉）

题目27

2019 年中华人民共和国成立 70 周年，电影《我和我的祖国》演绎了 7 组普通人与祖国大事件息息相关的经历，以小人物见证大时代，献礼新中国成立 70 周年。2049 年是新中国成立 100 周年，假设你是电影《我和我的祖国Ⅱ》的一名编剧，请你展开想象，编写一个故事，也以小人物见证大时代，反映从新中国成立 70 周年到 100 周年间的伟大变革和辉煌成就，献礼新中国成立 100 周年。题目自拟。

礼　物

初 1911 班　夏文峥

"我们家为什么没有全息电视啊？"小明问爸爸。

"家里的 24k 高清电视不是挺好的吗？"爸爸看小明一脸不高兴，安慰他说。

"可是小张小李他们家 2045 年就换全息的了，我也想要。"

爸爸眼神闪烁，无奈地对他说："等爸爸挣够了钱，一定给你买……"

小明的爸爸是一名普通的工人，挣钱并不多，一台全息电视需要花掉他几年的工资，而他还要供小明上学、负担全家人的生活。一台全息电视对他们家算是奢侈品了。

在八月里的一天，爸爸突然接到了任务，上级要求在北京市最高的建筑上安装一台全息投影机，以夜空为幕，在"十一"当天，转播新中国成立 100 周年国庆庆典，让全北京的人仰望天空就都可以看到欢庆的场面。爸爸喜出望外，欣然地接受了任务。他的工作就是完成整部机器的组装，并要安装到指定位置。但在成功播出之前，这是一项保密的工作。

这段时间，小明突然发现爸爸变得忙碌了起来，不光陪自己玩的时间少了，还早出晚归，披星戴月地加班到很晚，有几次小明等得都睡着了，也没有见到爸爸回家。小明自责地对爸爸说："爸爸，我不想要全息电视了，你别这么辛苦，能早点回家陪我玩儿吗？"爸爸用手揉着小明的头发，对他说："放心儿子，爸爸答应你一定让你看上全息电视。"

接下来的日子更忙了，距离国庆节还有十几天，全息投影机还差最后一道工程——安装。作为安装工人，爸爸要把庞大的机器设备固定到建筑的最高点，他在对讲机的指挥下，按照预先设定的步骤，一点一点精细地工作。时间一分一秒地过去，当全部安装完成，已是华灯初上。在北京的最高点，爸爸俯瞰着整个城市，看着华彩的街道洋溢着节日的气氛，昏黄的灯火透露着万家的温馨，脸上露出了满足的笑容："这是我为祖国的献礼，也是我送给儿子的礼物！"

祖国 100 周年国庆当天夜晚，爸爸把小明带到楼顶的露台上，小明立刻被穹顶之上的全息影像震撼了，他看见欢庆的人群、游行的队伍，一张张笑颜绽放在天空中。爸爸骄傲地大声说："儿子，你现在看到的，也有爸爸的功劳，虽然不能给你买个全息电视，但是我让你和全北京的人都看到了全息天幕。"小明惊讶地张大了嘴："爸爸，你太厉害了，你是我最崇拜的人！"

教师评语： 本文作者从普通人的生活入手表现大时代——新中国成立百年大庆。作者以一对父子间的矛盾作为故事主线：儿子想要一台全息电视，可是爸爸只是一个工人，收入有限；后来，爸爸受命为百年国庆大典建造天空"全息投影仪"，儿子也在"十一"那天看到了爸爸亲自参与建造的全息投影。在矛盾的发展和解决中，慢慢带出了时代与个人相互成就的主题，十分巧妙。

（指导教师：周若卉）

云　帆

初 1914 班　黄子涵

"妈妈，妈妈，爸爸什么时候回来呀？"

"很快，他很快就会回来的。"女人总是这样安慰孩子。

背后的新闻联播正在传出资讯："……'登上火星'舰队已经返航三个月，预计半个月之后归航地球，那时'登上火星'计划将于今年 10 月圆满完成……"

"今天，2049 年 9 月 15 日，播报完毕。"

女人悄悄拭去眼中的泪花，他终于……回来了呀。

2019 年 70 周年国庆大典，2020 年实现了卫星在火星的"绕""落""巡"，2039 年"登上火星"计划正式启动，计划里有他的名字……他们的女儿才两岁，但是为了国家，他不得不去。今年，2049 年，星舰返回；同年，

100 周年国庆大典。

三十年的历程，三十年的艰辛，三十年的奋斗与复兴，不都在这火星计划中吗？她一次次遥望天际，浩渺星海，希望能看到他，听到他笑着对她说："我回来了。"

成云帆……他终于回来了。

"紧急播报：舰 103 遭遇紧急情况，情况暂不明，已与舰 103 失联，播报完毕。"

操控室里瞬间安静，但他们没有慌乱，已经开始排查是哪里出了问题。只有一个女人，呆呆地看着眼前的屏幕，屏幕上是失联前最后一刻的成云帆。她正是成云帆的妻子，安慰孩子的女人，她也在这里工作。可是……为什么要出这样的岔子，让她看到希望又失去了希望？

"报告，载人舰外表被陨石破损，预计一小时内氧气耗空，须紧急把人员转移至备仓。可是备仓只有四个载人位，本来是……"

"知道了，你下去吧……"成云帆打断他。

备仓只有四个载人位，可舰里有五个人。

"让你和那三位科研人员去吧，我留下。"

"可是，您是舰长……"

"正因为我是舰长。去吧，科研人员还有你，都比我更重要，你们才是国家的希望，时间不多了，你们走吧。"

滴，滴，滴 ……一种特殊频率的声音出现在舰 103 的信号接收器上，但这长短不一的声音又不像是摩尔斯电码，只有成云帆的妻子听出来了，这是他和她之间联络的密讯声，她尽可能地快听、破译……

备仓已启动，云帆留守，为了祖国。

"新中国成立 100 周年……同时舰 103 备仓返航，给我们带来了丰富的……其中，一位成员牺牲，请铭记他的名字：成云帆……今天，2049 年10 月 1 日，播报完毕。"

"妈妈，爸爸是不是再也不会回来了……"

"是，但是你要记住他的名字，长风破浪会有时，直挂云帆济沧海。他会成为星海中的云帆，为未来的科学家指路。记住，他是为祖国而牺牲。"

教师评语：考场上小作者合情合理地展开想象，给我们读者呈现这样一个感人的故事。故事的取材毫不违和，像成云帆这样舍小家顾大家的时代英雄，在新中国成立以来数不胜数。文中的故事情节设置一波三折，生动感人，很值得大家借鉴和学习。

（指导教师：王丽丽）

题目28

如意金箍棒，是孙悟空保护师父去西天取经的制胜法宝。你也想拥有具备特殊功能的超级法宝吗？拥有它，又会发生怎样的故事呢？请发挥想象，自拟题目，完成一篇作文。

爱 的 丝 线

初 1605 班　陈守和

在我创业那年，我的手机芯片修复与更新业务破产了，在家里无所作为的我，苦思冥想今后的出路，但一个快递改变了这一切。

"叮咚……"门铃一响，我便立刻开门，以为是家里给的补贴。"您的快递。"一位黄衣小哥一晃而过，我却没有看到他的脸。相比之下，我这个不爱网购的人会收到什么才是比较重要的。包裹中有一把剪刀，旁边的纸上写着："这是一把可以剪断情感的剪刀，握住它，你就会理解了。"

我半信半疑地来到大街上，握住剪刀，我看见了每个人身上牵着不同颜色的丝线，上面还有字："爱情、朋友、父母、婚外恋……"我用剪刀小心地走到两个正骂得喋喋不休的人身旁，轻轻剪断了两人之间那个愈发粗壮的矛盾黑线，两人竟然握握手，问了一声好，径直离开了。

于是，我成立了痛苦矛盾解决事务所。日复一日，年复一年，我生意红火，口碑良好，资产也飞速增长。

有一天，一个男人匆匆来到我的办公室："求您快帮帮我的女朋友吧！她的母亲快病逝了，她都一天没吃饭了！"

我来到医院，看到了互相依偎的母女二人，母亲肝癌晚期，女儿又极为孝顺，这一幕虽然温暖，我却不忍看下去，因为女儿的黑眼圈与脸上不干的泪痕使我心如刀绞。

我破门而入道："女士，我知道您的身体已经撑不住了，请让我来减轻你的负担。""不，她是我的生母，我不能忘记她，我要一直陪她！"她坚定的眼神直射我的内心。"那我削弱一点您二人之间的爱吧！不会伤及关系的！"我实在不想让这个孝顺的孩子再继续受苦了，她终于微微点头了。

我手握剪刀，穿过无数密密麻麻的丝线，找到了母女红线，左手握住，右手握剪刀，一刀剪下。我耳边出现了金属碰撞的声音，我定睛一看，我的剪刀竟出现了裂纹，我"唉"了一声，道："您二位的母女情固若金汤，祝二位共度最后时光。"我若有所思地离开了。

有爱便会有心痛、有离别，但爱让心痛缓和，让离别温暖。有爱，世界更美好，爱的丝线，是永恒，是剪不断的思念。

教师评语：本文构思巧妙，文笔简洁。小作者围绕人和人之间的感情这一主题展开自己的想象，写出了一则清新脱俗的小故事：拥有了一把可以剪断情感的剪刀，让在家无所作为的主人公的生活大为改观，在为一对母女解决感情痛苦的过程中，剪刀竟然失效，由此，主人公对情感的体验进一步升华。

（指导教师：王丽君）

镜

初 1611 班　辛奕颖

难以置信，我真的拥有了一件超级法宝。

虽然外表只是一面普通的镜子，有些泛黄，但只要将它放在一件物品旁，它便会将这物品最灿烂辉煌的一面呈现给你。对于我这个文物遗产爱好者来说，拥有它简直如获至宝。我抚摸着这面镜子，跃跃欲试。

我来到文化博物馆无人一角，那里有一件唐朝瓷器，上面的花纹依稀可见，只是残缺不全。镜子有了反应，镜面逐渐清晰起来，细细查看里面竟映出这件陶瓷的原本模样：淡青色渲染于瓶身如云翳般朦胧，一朵青花印于其上，似是天仙不小心落于人间的花，瓶身优雅的弧度像是正在跳一曲霓裳雨衣舞女的芊芊细腰。我在心中默默感叹，一时离不开眼。

此时面前是残零的圆明园，镜子再次有了反应，我的眼前一黑，再睁眼时，高高的大水法正矗立在我眼前，精致得无可挑剔，骨子里是皇室的庄严肃穆，夕日欲颓，红光映着的每一朵云与每一块瓦都熠熠生辉。明灯亮起，不远处能听到宫殿中的奏乐，能看到那舞姬摆动的纱裙与甜美的笑靥了。我迈起步子，像是走在人间天堂般，一步一景，一景一叹，突然眼前一黑，回到现实，大水法零落的石块落寞地躺在台上，像个沧桑失落的老人。

一个震惊世界的消息，戏曲的最后一个继承人去世了。

我手中紧拿镜子，向他的尸棺走去，旁边是几位非遗专业人士，他们神色都十分沉重。镜子中突然传出一出戏曲，眼前一黑，我与那几位人士同时出现在一个不大的戏台前。台上是那位去世的继承者，他穿的戏服，在淡黄灯光下反着华光。眼眸红色微醺，似有泪珠。

是一曲《霸王别姬》。

歌声传入每一个人的耳朵，衣摆拖地，依依不舍那霸王，婉转凄美，悲痛欲绝。

我的眼睛湿润了。

韵腔在脑中回旋，而这神韵歌声，从此再无。

突然景象破碎。

尸棺仍静静地躺在那里，镜片碎了一地。

我知道那是他用灵魂为我们唱的最后一曲。

我知道，

所有的一切将消失在历史的长河。

教师评语：本文神奇的想象和深刻的内涵融合得极其自然。镜子能展示事物灿烂辉煌的一面，那复原的瓷器，那复原的圆明园，那复原的《霸王别姬》……然而镜子终究是碎了。一切美好的事物都有消逝的一天，这是一个客观事实。那么本文意义何在呢？我想是要引发我们对遗产保护与文化传承的反思吧。

（指导教师：邱晓云）

题目 29

化学是我们初三开设的新学科，元素周期表是学习化学的重要工具。周期表上不同位置的元素有着不同的性质，每个元素都有自身的特点。如果这些化学元素有人的情感，有人的性格，在化学的世界里，会发生怎样的故事？从元素周期表中选择一个元素，将"我是_____元素"补充完整，构成你的题目，发挥你的想象，写一个故事。要求：既符合元素本身的化学特点，又有现实生活寓意。

我是磷元素

初 1610 班　贾怡凡

我们白磷是终日待在水里的。

并不是谁规定一定要这么做，也没有谁知道为什么，只是从前辈那里听说过：暴露在空气下的话会很危险，很危险。

于是我便终日羡慕着隔壁的红磷。红磷是无毒无臭的，而且更加稳定，即使是暴露在空气也不会发生任何变化，优秀的红磷还会被制成火柴。而我们白磷只会被用于军事与战争，人们惧怕我们。

我向往着外面的世界。

我开始渴望做出些什么来改变现状，可又不知未来会发生什么。

红磷笑了，她们说我是危险品。

可我还是在偷偷计划着终有一日能够离开这窒息的水，水面就在不远处。

那是一个平凡的日子，白磷们仍在水中发着呆，而红磷们成了火柴。我也发着呆，躺在她们的顶端，没有告诉任何一个同伴，我执意要走。

但是我很害怕啊。

水面就在不远处，但世界却被这简单的水面一分为二，生活在水底的白磷安逸着，却永远也不会知道到达了外面又会如何。

并不是谁规定一定要这么做，也没有谁知道为什么。

那就由我来打破这一切。

鼓起了全部勇气的一跃。

我睁开了眼，外面真美。

红磷的嘲笑僵住在了这一刻——

我笑了。

我带着对未来的恐惧与向往笑了出来，

笑出了泪光。

浑身燃烧了起来，

很痛，非常痛，触于空气的部分跃然灼出烁烁火苗。不知是什么在炽热中舞蹈，试图去燃尽黑暗将光明释放。却又可怜在过于渺小，不久便熄灭，仅此一瞬，星火迸发、撕裂、散落。化作无生机的漆黑色块重新湮没于水。

教师评语：作者通过白磷想要改变现状、到鼓起勇气冲破现状、再到自己瞬间化为漆黑的色块这一构思，进行了合情合理的想象。同时也告诉我们读者想要改变自己，就不要恐惧，要勇往直前。哪怕自己很渺小，哪怕美好只是一瞬，那也是值得的。

（指导教师：王丽丽）

我是钠元素

初 1614 班　许　易

我是钠元素，元素周期表中的第 11 号元素。我有 11 个电子，在最外层的电子只有 1 个。

这个电子就像一张洁白的纸上的墨滴，一件精美的工艺品上的裂纹，一块完美的玉石上的瑕疵——它使完美的我变得不完美。只要我丢掉这个碍事的电子，我就会变成完美的 8 电子稳定结构。我为自己被迫拥有这个电子而惋惜，我发自内心地厌恶它。

为了丢掉这个电子，我表现得非常活泼。我愿意和其他任何元素结合成化合物，只为将那一个多余的电子推给他们。我试过和碳酸氢根化合，生成的碳酸氢钠却受热易分解；我和氢氧根化合，生成氢氧化钠又有强腐蚀性。也许是因为我太活泼了，我形成的化合物性质都比较极端。

直到有一天，我遇到了氯元素，他的名字我早就听说过。他恰好缺一个电子就可以变成稳定结构。我们一见面就心有灵犀，他想要抢走我的电子，而我想要扔掉我的电子。一拍即合，我决定将我的电子送给他。

当然这个过程需要在水中进行。在一杯水中，我失去一个电子，成为一种新的粒子——钠离子。我心满意足——我的心愿终于实现了。我转身要走，刚走几步就撞在了一堵看不见的墙上。我向其他方向跑动，依然是四处碰壁。我明白了，那是水的边界——离子无法离开水。

我被困在这几立方厘米的水中，再也出不去了。我想要和其他元素结合，像以前一样，是再也不可能了。我叫来我的朋友们——碳酸根、硫酸根、硝酸根，我试图和他们结合变成沉淀，进而摆脱水的束缚，但我失败了，因为我为了丢掉电子而养成的过于活泼的性格，使我没法变成沉淀。我后悔了，后悔不应该和氯化合，后悔不应该如此活泼，后悔不应该丢掉那个电子。我多想拿回那个电子啊！我多想变回原来那个自由的不完美的钠元素啊！

我醒悟了：我失去了电子才会珍惜电子，我失去了自由才会珍惜自由，我失去了自我才会珍惜自我。

也许，只有我失去时，才会懂得珍惜。

在那充满水分子的杯子中，我却觉得很空……

教师评语：这篇文章由化学原理巧妙地推导出人生哲理，实在巧妙！难能可贵的是，本文并不是化学知识背书，而是生动有趣的表达，即便对化学学科知之甚少的人，也可以理解。钠元素厌恶、窃喜、后悔、醒悟，心理变化剧烈，代入感颇强。待到结尾揭示哲理之时，自然而然，水到渠成。

（指导教师：邱晓云）

题目30

随着5G网络、物联网、大数据等技术的发展与成熟，人们的工作、生活和学习方式发生了很大变化……这些变化将会改变你的学习生活，假如你可以选择在未来的学校学习，也可以选择在家里学习，你会如何选择？会有怎样的奇遇与惊喜？请你展开想象，自拟题目，写一篇关于学习生活的故事。

时代变化中不变的东西

初 1709 班　李京玺

时代在飞速地发展和进步，一切也都飞速地改变，疾奔着向前，蓦然回首时恍然发现，哦，原来我们已经改变了如此之多。可总有东西是不会改变的。

比如我的学业。即使已经进入了5G时代，人们仍然需要通过学习才能获取知识。作为一名学生，我的主要任务仍旧是学习。不过我有了更多的选择。我可以选择在家中上课，也可以到学校听讲；我可以让人工智能为我计算出个性化的教育，也可以听老师讲课。我选择了在家由人工智能授课。

在家中，我可以更加自由、便捷，人工智能的授课也能更加贴合我自身的情况。如此做出选择，不是很理所应当的吗？可令我惊讶的是，更多人选择去学校听老师的课，"老师"，这个我本以为会被取缔的职业保留了下来，繁荣依旧。

抱着疑惑，我开始了新的学习旅程。

人工智能的声音是机械合成的，带着奇异的金属质感，没有起伏的语调显得冷静而精确，一卡一顿，有着机械独有的韵律。它让我想起了旧时的机械表，卡卡地运转着，分毫不差。它布置给我的任务也正如它的声音，精准而严格。

一个月就这样过去了，这个月我过得昏天黑地，高效而茫然。在经过大量的试题训练后，我的理科成绩有所提升，但却陷入了瓶颈，再难前进；我的文科甚至有所退步，我的语言变得和它一样，一卡一顿、精确、冰冷，失去了丰沛的情感与天马行空般的想象。我一直没有出门，除了必要的生理需求之外，我再也没有做过与学习无关的事。睁眼是它，闭眼还是它，我达到了曾经梦寐以求的、理想中的效率，但我的生活除了学习已经什么都不剩了。

明明获得了大量的知识，我却感到一无所有。昨日与老师和同学的欢笑恍若隔世。这样的训练造就的只是机器，不是人。无论过去多久，机器总是无法取代人类的。

我返回了学校，心中的疑惑已有了答案。如我所料，我的学习成绩不降反升。我的生活又充实丰富了起来，情感活跃起来。只有加入集体，融入人群，我才能算作是"人"，不是固有程序造就的机器，而是有自己思想感情和生活的人类。人类也因此可爱、可贵。

人与人的交流情感正是这时代变化中不变的东西。

教师评语：想象文不好写的原因是很难做到既有故事性又有思想性，本文作者却非常轻松地解决了这个问题。作者想象自己在未来选择了在家以人工智能授课的形式学习，结果生活非常高效而茫然，感觉自己成了学习机器，丧失了丰沛的情感和天马行空的想象，最后选择回到学校，才解决了心中的疑惑，最后认识到人类正是有了感情和思想才可爱可贵，结尾点题，水到渠成。

（指导教师：张　锦）

芯　人　类

初 1706 班　张家维

"人类在 18 年前掌握的技术，现在可以投入使用了。"我出生的那一天，整个世界便对"芯人类"这个词不再陌生了。

"芯人类"是正常人的人脑被植入芯片、然后将目前已知的所有知识载入进去的一类特殊人群。这类人只需要上学三年就能参加考核，考核通过就可以投入社会工作中。然而我是市级重点中学"芯一中学"唯一一个没有植入芯片的异类，课业勉强能跟上那些"芯人类"。只是相对于他们越发飞速的进步，我学得越发吃力。

"张低，来一下我办公室。"这一天刚刚下课，某个好似来自地狱的声音从教室门口清晰地传入了我的耳朵里，我低着头跟着田老师走进了她的办公室。

"这次考试……"——还是那个熟悉的声音，我也依然没有抬头。

"全年级，"她停顿了一下，"倒数第一。"什么！我猛地抬起头看向田老师手中的试卷，一个可怖的"67"分在我眼前渐渐放大，随后被泪水模糊……

在我冲出办公室的前一秒钟，我好像听到田老师说道："张低，你为什么不装一个芯片呢？"嗯，是啊，为什么呢？我也在心里问自己。

那天我哭着跑回了家。被卫星包裹起来的天空上没有一丝月光漏出。

147

我没有影子，像个鬼魂一样在阴暗的街道上游走。"我明明已经很努力了。"我愤愤地想着，"都怪老爸，要不是他说为了保证我'自然人类'的属性而坚决不给我装芯片，我现在肯定能拿正数第一！"

正想着，我到了家。老爸像往常一样开了门，我冲进门，猛地将门重重一摔。布满血丝和泪水的眼中没有一点理智。

"我要装芯片！"我对着老爸大吼。"不行！"老爸立刻回应，他的脸上虽然没有怒意，但是我能感受到他坚决强硬的态度。

"你要知道，那样的人就不能称之为人了。"老爸慢条斯理地说，我感觉他早就料到了会有这一天的到来，"我们是人，是因为我们会学习，能传承祖辈的知识与经验。但更重要的是，我们会在学习的过程中感到迷惑，在收获知识时感到欣喜，在理解知识后受到启发。"我忽然怔住了，由于不敢直视父亲的眼睛，我将头低了下去。

父亲似乎是看了我一会儿，然后走过来抱了抱我："好了好了，这次考试的错题还没整理吧？"我又怔住了，突然不好意思地挠了挠头，抬起头来响亮地回答："这就去！"随后，我以迅雷不及掩耳之势背着书包窜上了楼。

"嗯，学习的过程，这是我的同窗们所无法经历的，不要浪费了才好。"我拿起笔，笔尖指向洁白的纸面。

在这个芯人类的世界，我需要加倍努力才行！

教师评语：本文善于制造冲突，在碰撞中发展情节。同窗冲突是伏笔、是开端，接下来师生冲突是发展，最后父子冲突把故事推向高潮，父亲最终改变了"我"对植入芯片的执念，让"我"明白没有过程体验，没有循序渐进，芯人类不如真人类。文似看山不喜平，想象文尤其要展开想象，用巧妙的冲突推动情节的发展，让故事生动好看。

（指导教师：周小玲）

自由随笔

随笔的概念自古就有，可是它真正成为一种包罗万象的文体，要追溯到现代的文学革命。鲁迅先生所翻译的日本学者厨川白村著作《出了象牙之塔》里谈及这一类文章，说："如果是冬天，便坐在暖炉旁边的安乐椅上，倘若在夏天，便披浴衣，吸香茗，随随便便，和好友任心谈话，将这些话写在纸上的东西，就是 essay。兴之所至，也谈些不至于头痛的道理吧，也有冷嘲，也有警句吧，既有 humor（诙谐），也有 pathos（感愤）。所谈的题目，天下国家的大事不待言，还有市井的琐事，书籍的批评，相识者的消息，以及自己过去的追怀，想到什么就纵谈什么，而托于即兴之笔者，正是这一类的文章。"这是说，随笔的内容和表达方式可以是多种多样的，随笔的灵魂，在"任心"二字。

"任心"本就是一切文学的追求。人们天生有倾诉的需求，当我们拧起眉头思考，当我们的心灵为感情所震颤，我们总会想表达自己。文字摞成文章，记录着我们曾经走过的路，这就是随笔。随笔的优劣，不在篇幅长短，不在形式如何，只要它拥有自由而真诚的灵魂，就是好文章。不同于考场作文的戒律森严，随笔也许是门槛最低的写作样式之一。你不需要绞尽脑汁去博取读者的欢心，你可以把自己当作唯一的听众；也不一定需要起承转合，如果高兴，你甚至可以写成语录体；闲适谈笑很好，挥斥方遒亦佳，只要真诚，便值得尊重。

随笔写作，更是为日常生活赋予意义的一种方式。未经思考的生活像指缝间的沙子一般流淌下去，携带着不能重来的时间——而写作能够使时间永生。文字可以给那些我们用心里的眼睛观察过的事物、场景赋形，收藏随笔，也就收藏了我们的生命。若干年后，翻开泛黄的随笔本，它将润泽我们风干的记忆。

随笔是自由而真诚的灵魂。

开始写吧，朋友！

现实写作

秋　天

初 1901 班　闫曦雯

秋天来了。

她漫步在每扇窗边，每一条路旁，每一名学子"沙沙"飞舞的笔尖上。

起初，你只能在家里感到她微妙的气息。早晨，她从没关紧的窗缝中钻进来，寒冷的空气充斥着房间，带来丝丝清凉。睡梦中的孩子在床上翻了个身，往被窝里缩了缩，不愿起来。秋天悄悄地躲在角落里"咯咯"笑着，伸出冰冰的小手，搔了搔孩子的鼻头。孩子冻得打了个喷嚏，忙坐起身来。而秋天还是躲在角落里，笑得更欢了。

几天后，街道上便也能察觉到她轻巧的步伐。傍晚，银杏在沙沙作响。秋天悄悄走过来，抬起手，为黄叶贴上一层薄薄的金箔。而在小径旁，则满是枫树，秋天在黑夜偷偷放了一把火，将枫叶烤得大汗淋漓，一个个都涨红了脸。第二天清晨，她又悄悄躲起，一张笑脸露在外边，观察着。路上行人熙攘起来了，邂逅了满城美景，无一不啧啧称赞着。

又过了些许时日，她似乎变得悲伤了。透亮的车窗上覆着一层亮银，用手一触，却是冰冷而湿的。男孩子们本想坐在地上，但蹲下后又猛地站起。"地上有露水！"他们叫着。这也许是她的泪？我不知道。但只觉得它很纯净，让人心中泛起一点敬畏。

而现在，已是深秋。人们身上的衣物多起来了，厚重起来了。少许树木已经光秃秃，裸露着枯槁的枝子。在繁华的城市里，偶尔也能感受到一丝郊野才有的空旷。这个时节的秋天，有点像个挺直腰板的小伙，精神极了。

总有人把春和秋相提并论，但二者实则有着巨大差别。秋天是美的，却又不同于春天。她的美中还有一丝轻快、硬朗，蕴藏着百味，这才是她最迷人的地方。

教师评语：作者通篇多处用拟人修辞表现秋天的气质，笔调灵动，极富特色，可以想见，作者是一个活泼而敏感的小姑娘。我们描写景物的突破点就在这里，既要能避免平淡无味，也要不落入陈词滥调，这需要我们用心观察景物的特点，把自己的性情和趣味融入文字之中。

（指导教师：周若卉）

假如我是一条鱼

初 1902 班　黄诗然

自打我记事起，周围的一切就是简单明了的。鱼缸、饲料、打氧器、被网兜悄悄掠走的同伴、来回奔忙的服务员，好像一个循环一样围绕着我。我渐渐明白，自己的命运就是任人宰割，最终成为餐桌上一道滋滋冒油的烤鱼，或者香喷喷的清蒸鲤鱼，抑或是撒上番茄酱扭得妖娆的松鼠鱼。

命运的终点是那么令人生畏，但是作为一条习惯饭来张口的餐馆鲤鱼，暴风雨来临前持久的平静又是那么令人舒适。每天吃上几口饲料，摇头摆尾游弋几下，或者隔着鱼缸玻璃跟傻看着我的人类小孩对视，平静怡然，足以让我忘却最终的恐惧。

除了鱼缸里的水好像越来越浅以外，一切都是那么井井有条。但这天却突然反常了。平常忙得不可开交的服务员正聚在一起窃窃私语，该打扫卫生的拖布也没有令人眼花缭乱地来回晃动。叮叮咣咣的桌椅不停地吵闹，就连鱼缸的打氧器也不规律地嘟嘟响着警报。噩梦似乎就要开始了。骤然间，百年不移的鱼缸被抬了起来，恍惚中，我被倒进一个小小的、挨挨挤挤的罐子里。一切变化得太快了，以至于我都来不及看清周围的样子。

汽车的马达声响了片刻，剧烈的颠簸让水波托着我摇上摇下，几个同伴和我一起，在痛苦和未知中煎熬着。

就像是被放到了虚空里，我随着水流被倒进混着泥土和水草的混沌中。茫然间，水流快了起来，望不到底亦望不到边，这大概是传说中的河流吧，一切都是如此陌生……

原来，因为城市长期缺水，餐厅再也找不到一缸净水来存放我们、难以继续经营而停业了。我被好心的服务员放归自然，成为这条河里的"插班生"。

崭新而艰辛的生活开始了。"插班生"可不是那么好当的，一群群张牙舞爪的"大块头"与我擦肩而过，在同伴被这些大家伙一口吞掉之后，惊恐万分的我才有了"天敌"的概念，意识到了自己的弱小。但很快我就明白了，对我而言，最大的威胁并不是大鱼，而是工厂排污，它让我头晕目眩，腹痛如绞，生不如死。

我忍受着眩晕和剧痛，跟着一群虾米、河蟹逃遁，尽可能远离那连着管道的大烟囱，但污染物就像无处不在的恶魔，散发着一言难尽的臭味，一路尾随，让我们无处躲藏。

不少大鱼因为化学元素过量堆积而悲惨死去。天敌渐少，但危险却越来越多。人类净化水资源的设备也开始摧残我们。水草里混杂了一些破碎而尖利的网格，不时挡住我的去路，划破我的鳞片。

因为体型劣势，我这条小鲤鱼脱离了仅剩的几个同伴，落队了。情况变得更加糟糕，河水更加浑浊，水草也被化学污染物侵蚀得残缺不全。小虾米们挣扎着，在我面前一个个死去。整条河流奄奄一息。我时常回忆起餐馆的平静生活，比起现在的百般磨砺，那时的生活真是如今梦寐以求的。

一切都是混乱而迷茫的。冥冥之中，我又被一个小盆打捞上来了。没了氧气——天旋地转，几近窒息，我挣扎着，扑腾着……突然，犹如梦境一般，一股清澈的水流浇了下来，久违的凉爽和舒适浸满了我，好像心灵的伤痕都被抚慰和治愈了。

"别浪费干净水了，等奶奶回来才能杀鱼呢，别摆弄啊，让我看看是不是条肥的……"耳边传来一个粗哑的女声，浓重的乡音与餐馆那边截然不同。我这是漂到哪里了？

"妈妈，好好玩啊，可以不吃它吗？"稚嫩的小女孩吸着鼻子央求着。

"这么小一条？把它放了吧，爸爸会捉条大的。听话，快……"两个人影出现在盆的上方，一个高大健壮，另一个瘦小轻盈。不不不，我想，千万别，就算马上被做成一道菜，我也不要再回到可怕的恶魔手里。

但事与愿违，我还是被轻轻地放归到一条从河流岔开的小溪里，浑浊的水流和那股熟悉的恶臭立刻让我喘不上气来。我无力挣扎，随着水流漂泊而下……

太阳越升越高，污浊不堪的溪水不断升温、蒸腾。视线里一切都暗淡下去，污染物大概把我灼瞎了吧，我想。几时污染物才会松开拳头，放我一马？水流越来越缓，泥沙把我的皮肤磨得生疼。几时才能找到一股清泉，洗去这周身的苦痛？

我渐渐动不了了，意识也越发模糊……我幻想着我的终点，不是现实中这个泥潭，也不是当初惧怕的那张餐桌，而是一个被放生的生灵，在小溪、在河流、在湖泊、在无处不在甘甜纯净的水流中，无忧无虑地体会着生命的快乐……

教师评语： 这篇随笔于合理的想象情境中展开细致的描写，画面感很强。比如"'妈妈，好好玩啊，可以不吃它吗？'稚嫩的小女孩吸着鼻子央求着。"作者对小女孩的语言描写很符合小孩儿的语言特点，而"吸着鼻子"的小动作更是让充满稚气的小女孩形象跃然纸上。我们在写作时不妨偶尔"慢"下来，用细致的描写呈现出更加生动的画面。

（指导教师：胡月明）

暖

初 1905 班　马璟仪

生活中，有很多种暖，温暖的阳光，温暖的体温。而我的暖，是从苹果中嚼出来的。

在我十岁那年，爷爷生了重病，这对爸爸妈妈是一个沉痛的打击。从那一天开始，家里人变得忙碌了。平常忙着工作的爸爸与忙着刷剧的妈妈都停下了手里的事，开始了每天的医院旅程。

时间飞快地流走，爷爷的病情有了好转，但医生说要每天都吃苹果，这样能保持健康。

"一天一苹果，医生远离我。"这虽然帮助爷爷的身体保持了平稳的状况，但也使爷爷变得更唠叨了。

一开始，我觉得挺好玩儿的，所以每天都和爷爷一起吃苹果，我也让爸爸妈妈参加进来。每天晚上，一家人都聚在一张桌子上吃苹果，多么幸福啊！可是好景不长，因为时间紧，我也有海量的作业要写，所以，我退出了"苹果时间"。渐渐地，人越来越少，直到最后，就剩下爷爷了。

爷爷希望我们和他一起吃，但时间紧，所以爷爷就来问我们，给我们切苹果。面对爷爷每天的"灵魂拷问"，我渐渐地变得不耐烦了。

"桃桃，吃苹果吗？""不吃。""啊？不吃啊！吃一点吧。""哎呀，不吃就是不吃！"这时候，爷爷总会默默地离开。有时候，爷爷还是会给我切一块，可我就任由它待在那里，隔了一夜，也就坏了。

那一次，爷爷的病情突然恶化，住进了医院，那一段时间，家里的苹果突然就不见少了。我总觉得少了什么，这时，我才发现，爷爷的"灵魂拷问"已成了习惯，我发现，我少不了它。

爷爷回来后，依然坚持着吃苹果，而我的桌上呢，已不再是一个干巴的苹果，而是一个平静的苹果核。

冬天，有了"灵魂拷问"，就不再寒冷了。

一个苹果，有人吃出酸，有人吃出甜，而我，吃出了暖。我吃的每一个苹果，都是爷爷的爱。

教师评语：暖是个抽象的词，从何下手表现"暖"这一主题？作者巧妙地找了个抓手——苹果。此文以形象的苹果为线索，从全家一起享受"苹果时间"到因为被拒绝而放干巴的苹果，再到只剩下苹果核，串起了爷爷两次生病的经历。苹果背后是爷爷的爱。有了苹果的线索，表现"暖"这一主题便举重若轻了。线索是叙事的抓手，写作的时候巧设线索，能使情节连贯、中心突出。

（指导教师：高国丽）

毛 毛

初 1908 班　丁子清

　　从小到大，我养过许多灵动可爱的小动物，什么小金鱼、花仓鼠、巴西龟……我都非常熟悉。可偏偏最普遍的家养宠物——狗，我却从未接触过。

　　在儿时的印象中，大狗威风不已，小犬活泼招喜。况且别人家都养狗了，我没理由不养一只！如此渴望时，我不过十岁。

　　在我的百般央求下，爸爸妈妈在一段时间后真的领回家一只大狗。虽然只是寄养两三天，却足以让我兴奋不已。它叫"毛毛"，初见时，我们彼此都很怕生，它用金色长毛下湿漉漉的眼睛盯着我，看上去就像一个偷吃了糖果的小孩子。而我跃跃欲试，想要靠近它，却又总是举步又止，若即若离。

　　渐渐地，经过一天的观察、抚触、喂食和遛弯，我们逐渐熟悉起来。洗澡是每天照顾"毛毛"必做的功课，也是我与它亲密接触的最好时机。

　　"毛毛，过来！"伴随着一阵犬类特有的呼吸声，毛毛乖巧和顺地寻声走进了浴室。我也为了迫切向爸妈证明自己有照顾好"毛毛"的能力，自告奋勇独立担负起帮毛毛洗澡的重任。刚开始时，我把水温调到了合适的温度，小心翼翼地冲湿了"毛毛"那泛着亮光的金色长毛，一切如我所愿顺利地进行着。可好景不长，正当我全神贯注地挤洗发水时，毛毛冷不丁地将全身的毛抖了起来，从脚到身再到两只灵活的大耳朵，都高速地在空中打着转儿，晶莹的水珠霎时甩溅到我的身上、脸上，以及浴室的镜子、墙壁上，我则猛地将手上的泡沫抹到"毛毛"的身上，手指不停地游走在白色泡沫与金毛润滑的交融中，指尖轻柔的触感、湿热的水雾下，我享受着那无比惬意美好的时光。

　　大约半小时后，这个大型"毛绒玩具"终于变得干干净净了，那蓬松的金毛更焕发出诱人的色泽。我正为我的"杰作"沾沾自喜时，毛毛忽然像发了疯一般挣脱我的束缚，直奔拖布桶而去。"毛毛，别去！毛毛……"

我心疼地大喊起来，"毛毛"好像充耳不闻，用力蹬着后腿，头却直往拖布桶里钻，喉咙里还时不时发出粗重的喘息声。我恍然大悟，或许它是想喝水？来不及考虑那么多，端起桌上的一杯水就搁在地上，不时用手拍打着地面，并呼唤着："毛毛，这里有水！过来，这里有水！"毛毛也完全听懂了我的话语，急忙调转身来，如愿以偿喝干了杯中水，心满意足地趴到我的面前，注视着我。而我却筋疲力尽地瘫坐在沙发上，瞬间感到"养狗太难！太难了！"。

自此之后，那个被"毛毛"舔舐过的杯子就一直被束之高阁在书柜的一角，成为我的珍藏和回忆。那湿润而又澄清的黑曜石般的眼睛，也时刻浮现在我的眼前。而那对宠物一如既往的热爱、幻想也一直充斥在我的内心，却再无行动的勇气。我爱"毛毛"，也爱我所钟爱的各种动物们，更爱那些如呵护孩童般呵护动物们的爱心人士！他们用自己的热情、友善和责任为动物生灵们撑起一片蔚蓝的天空！

教师评语：本文叙写了我与毛毛之间亲密相处的难忘经历。给毛毛洗澡和喝水的场面描写细腻生动、真切动人，故事情节中的小波澜设计，别开生面，扣人心弦，不仅写出了毛毛的自然天性和活泼可爱，而且还写出了它带给"我"的独特体验和认识，表现出"我"对毛毛的喜爱之情；进而赞颂那些关爱动物、善待生命、与动物和谐相处之人，情感质朴自然，中心突出。

（指导教师：陈丽芬）

残 墙 挽 歌

初 1508 班　李祎琳

这里白蒙蒙的，秋意深了。

空气中浸着汽油和雾霾的味道，闻上去很复杂。让它更加复杂的是一束束穿不透的目光。它们化成了白色的、茫然的一团，迷失了方向。

我无言而立，揣测这些目光是来自身后的胡同，还是胡同中的人？那被隔挡的远方是德胜门的箭楼，还是一个玉殒香消的幽魂？我好像知道了，这是已消逝的城墙母亲又一次在秋天被她的孩子们怀念。

一

有些人为了哄抬北京的历史价值，为它配上了燕都、金都的尊名，但其实北京并不需要这些名号。它真实可考的身份已经足以把一切浮华看老，把一切喧嚣看静。它是元大都。

公元 1272 年，元朝建立次年，忽必烈率千骑来到城墙下，但这一次不是攻城掠地，而是一个蒙古政权以和平的形式重新占有他们曾毁灭的美丽。如今，那种游牧民族式的粗砺被儒家的规矩打磨得端庄，金都也变为了华夏的京城。这一切都在一个士子的微笑中反映得清清楚楚。

这个人名叫刘秉忠，是一名汉臣。他是元大都的设计师。

这在当时几乎是不可能发生的情况。蒙古人一向对汉人吝啬刻薄。忽必烈甚至不惜任用外国官员来平衡皇权与汉人职权。但是刘秉忠却如此幸运。

他的幸运恰是生不逢时。若在唐代，他的才能定在科举中助他一举夺魁，但只能让他做一位贤相；若在宋代，他的灵性大可容他研习理学精髓，却可能拘束他的思维。他生在一个儒学和理学的空白时期，在一个战火将熄未熄的朝代。在历史的夹缝里，他被迫扔掉了一辈子坚守儒家的观念，转求佛道。

正因为如此，元朝的开国君主才会给予他深厚的信任。他相信，他眼前的是一位真正的中华学士。这个书生是中华文化的剪影。他将有一天来修剪中华文明的形状。

从此而始，近 800 年的文明长路，在一个汉人笔下蘸着一个王朝的自信，徐徐勾出。

二

刘秉忠的一幅大手笔留给世人的是一座叱咤风云的都城。它的美丽之下是威严。这威严是不容侵犯也无法侵犯的。

北京城经过元、明、清三朝形成今天的城楼、箭楼、角楼的规制。其中最令人称道的是内外两道宽阔、坚实的城墙，可容军队在其上侦察，行走畅通无阻。

可叹的是，这三朝皇室都惧怕剑气，从未在京畿设重防。在八旗之前，京城唯一的藩篱便是那古老而忠实的城墙和不过万余的兵马。这兵、这马经常睡去，唯余城墙在寒夜中清醒。

烽烟四起，战事吃紧，将军尚远，而敌兵渐近。于谦，又是一名中华文士，挂帅出战。这一次，战场不再是边疆，而是北京的城墙。

誓与北京共存亡的于谦竟然战胜了精锐的俺答大军，打胜了他一生中唯一的一战，北京城保卫战。

于谦怎么可能赢呢？

或许他确有些军事谋略，对于十六座城门的防御工事煞费了一番苦心。但文人毕竟是文人，斯文面对野蛮只能束手就擒。

我想，他的胜利下面透着历史从容但微敛的笑。历史一定还记得二百年前一副挑起北京大气象的文弱肩膀。如果她可以改变一点风云，她或许会垂青这些文质彬彬的坚毅灵魂。至少，她会在于谦耳旁喃喃："最后一次吧。"最后一次，你们还背得起这城墙的分量。

后来，清军入了关。后来，列强攻了国。后来在炮火声中，北京外墙轰然倒地。

三

和北京城墙相遇的最后一位文人，是梁思成。

他和刘秉忠一样，生不逢时，但这对他是十足的幸运。若他生在古代，即便战火纷飞，他也能放胆如于谦，背城一战，因为那城墙永远是他的庇护。但是，他生在了新旧交替的年代，目睹了一幕历史惨剧。这种悲惨不应由他——一位杰出的建筑家，一位纯粹的中国学者——来亲历，来考量。但是，几百年的文明重担，一个微弱的声音如何力挽狂澜？

1953 年，中央决定拆墙。

梁思成立即反对，称城墙完全不会阻碍北京的发展。反对先被搁置，后来梁思成同意拆除一座城门，这反对便失去了分量。

很多人笑梁思成浪漫而不现实。诚然，谁会想到在城墙上种植花草、开辟书屋呢？谁会考虑让护城河成为夏日泛舟、冬日滑冰的去处呢？谁会在意火车站在不在北京城的中轴线上呢？旁人不会，中国文人才会。

梁思成是一位典型的中国文人，不迂、不烈，只是执。这种渴望保护古城墙的执着被错解为守旧过时，气得梁思成痛哭失声。手执利刃护盾的梁思成冲下城门，却看到千军万马任他刺砍立地不动，只是呆若木鸡。一瞬间，支撑他孤身奋战的力量不由自主地散了。

斯文面对野蛮尚有胜算，而斯文面对斯文只有屈服。输得一败涂地，伤得体无完肤。

梁有言："五十年后，历史将证明我是先进的，你们是落后的；我是对的，你们是错的。"如今我们像个犯了错误的小孩一样不敢抬头，指责苏联设计师的"方案"，对于这一点，历史自有定夺。

四

现在，北京还剩下什么呢？

一座正阳门，被装裱供奉；一座永定门，是林徽因口中的"假古董"；一座德胜门箭楼，孤独地对视着七零八落的胡同；还有一座东便门角楼，散落在京城的某一角落。我已不愿深考。

城墙，还剩下天安门的一段、元大都遗址一段和明城墙遗址一段。

中国人讲"气"——它是一种不可视的灵魂存在。古城墙的"气"正在于城墙与城楼的珠联璧合。如今，人去楼空，北京，隔了一层白雾，究竟在哪里？

不仅这座由文人建筑、由文人捍卫又由文人祭奠的老城不知所踪，连为它哀悼的文人都无处寻觅。

这一次，北京的挽歌是寂静。

写于 2016 年 10 月 2 日

教师评语：这是一篇读完令人沉默的文章。作者替北京城墙发声，也是替刘秉忠、于谦、梁思成画像，刘秉忠——城墙的设计者，于谦——城墙上的守国者，梁思成——城墙本身的守护者，"执"是他们共有的特质，也是他们所代表的中国文人的精神内核。他们心血所钟的北京城墙终究是香消玉殒了，这是历史留给我们的遗憾，令人沉默。作者的思考深刻独到，文笔简练老辣，这是一篇不可多得的随笔佳作。

（指导教师：周若卉）

后 花 园 记

初 1912 班　王俣晰

　　花园其实并不种花，几年前的夏天，牵牛花常爬得到处都是，人们因此把这里唤做花园。我曾顺着牵牛花藤找牵牛花根，发现根部落在十几米外的柿子树下，随着柿子树渐渐长大，牵牛花也就因营养不够而渐渐枯萎了，自那以后就没有牵牛花光临这个小花园了，但因叫惯了，人们也就一直叫这里"花园"了。

　　花园并不是我们家的，主人是一个六十多岁的老奶奶。说来也奇怪，园门上总挂着一句"请自便"，意思是随便使用，但因地方特别偏僻，光临的人倒也不多。后来，渐渐和奶奶熟了，了解到那后花园本是她为了退休后找点事干而开辟的一片菜园；但随着年纪增长，无法管理那么多地，荒着吧有点可惜，种地用吧又怕身体吃不消，真是"鸡肋"，后来才想到"请自便"的妙招。

　　花园没有什么心机或争夺，这里只有一种纯真的美好：黄瓜愿意结个黄瓜就结个黄瓜，愿意开个黄花，就开个黄花；狗尾巴草愿意长到墙那么高就长那么高，愿意变成啥就变成啥，都没有人会追究的。等春天来了，桃花、李花、杏花争相开放，白的、红的、粉的十分好看。（或许这也是被叫作"花园"的原因吧。）闲来没事，随手摘下一根黄瓜吃，或手捧一本闲书坐在秋千上，闻着花香，嘴里还啃着西红柿，真是惬意。

　　夏天来了，这树上桃儿、李儿也已经基本成熟了，只是摘一个吃，味道还有些酸涩。满地的瓜蔓上结着大大小小的南瓜，葡萄架上挂着青青紫紫的葡萄，辣椒苗上长着绿绿红红的辣椒……偶尔，你还能在某个角落里发现一个晚熟的西瓜。在这里每个人脸上都挂着喜悦。我常常在压力大的时候来这里转转，摘个番茄，酸酸甜甜，所有的不快与压力都烟消云散。

我常常会想，人如何才能快乐？在这里，我找到了答案。

教师评语：为什么后花园能成为孩子们的乐园呢？因为后花园春夏秋冬景致不同，后花园还能让孩子们像那些花花草草一样自由自在做自己想做的事情……如果你读过萧红的《呼兰河传》，一定会和老师有同感，作者笔下的后花园和萧红笔下的那个园子有着相似的味道哦。

（指导教师：王丽丽）

母 亲

初 1211 班 叶盛坤

灯光打在了商场的每个角落，穿着光鲜艳丽衣服的模特假人不知把视线落在了哪里。英文字母的商标被罩上最闪耀的颜色，最潮流最昂贵的气息把每个爱美的女人脸上渲染出最享受的笑容。

镜子中映出一个连维纳斯也逊色几分的女人。她时而转动纤细的身子，时而皱起淡淡的细眉。每一条线条，都无比完美地显现，犹如夜晚城市的霓虹灯泻进海洋后在微波上勾勒出的弧线。当她披上黑色的皮衣，领子的绒毛围着她微微泛红的脸，高贵的贵族气质便不由自主地溢了出来。

"您瞧您身材多好啊，孩子都那么高了。在这个年纪很少有女人没有一点儿肚子的，姐姐这是怎么保持的啊！来来，再试一件……"

那个女人看了看我，笑了。我几乎认不出来，她就是我的妈妈。她原来可以如此的年轻，如此的迷人，所有的一切都可以在她面前黯然失色。

"不试了，我们走吧。"她轻轻脱下皮衣，每一寸在她身上的光芒都渐渐熄灭，转眼间她变成了——准确地说是变回了——一个落魄的贵族。

不过，那是她自愿放弃的吧。

离开了那片灯火通明的世界，我们回到了家。妈妈卸下了妆，换上了松松垮垮的家居服，那上面定格着好多一模一样的小熊，模糊而没有任何光泽。她系上一条洁净的围裙，围裙上挤满了排列整齐的灰色方格子。一个一个的小熊，围住了她优美的曲线；一个一个的方格，困住了她高贵的气质。

厨房开始有了动静。水流的声音，油烟机的声音，锅与铲的声音，甚至还有隐约的断断续续的歌声，都熟悉地舔过了我的耳膜。有些模糊的灯光下，她淡然而又满足的微笑，却清晰地映入了我的眼帘。厨房的灯光，不闪亮，却温暖；厨房的声音，不动心，却暖心。

世界并不是那么美好，维纳斯再美也无法再次拥有双臂，你拥有了，便意味着你会失去。

但，那是她自愿放弃的。

放弃了美丽的羽衣，放弃了浪漫的礼物，放弃了青春，拥有了家。

她把菜端了出来，摆在了餐桌上，冒出来的热气正抚摸着她的脸庞。从天花板上洒下的暖暖灯光，落在她有着少许皱纹但却美丽的脸上。

教师评语： 母爱是常见的写作主题，母亲也是常见的写作对象，如何俗中见新，这篇文章作了很好的示范。一是没有刻意卖惨，单纯渲染母亲多么苍老，而是额外点出母亲的美丽；二是没有泛泛而谈，眉毛胡子一把抓，而是选择"衣服"这一真实而明确的细节。除此以外，细腻的遣词造句，也为文章增添了色彩。

（指导教师：张　伟）

那一次，我真开心

初 1906 班　刘佳慧

"加油！加油！"一声声呐喊从舅舅的鱼塘传了出来。哦！原来是在进行比赛呀！这可是难得的一次摸鱼大赛。我倒要试试，看我能不能给今天的晚餐加一条大鱼！

"三，二，一！开始！"我们如同离弦的箭一般冲进了鱼塘。同我一组的，还有我们村里的另外四个小孩，看上去都没我大。哈哈，这次我可赢定了！

不曾想，这四个看起来瘦弱的小孩，论捉鱼，那可是真有一手啊！只见那个最小的，猛地往泥里一捞，一条二三十厘米长的鱼就被捉了上来。而那个在塘中扑来扑去的"老大"，则是百扑百中，厉害着呢！

我可就不服气了，我在舅舅的这个鱼塘中还捉到过一条大鱼呢，我还不信了！这次我一定要再捉一条。

我屏息凝神，等待着大鱼上钩。

"哎呦！"我突然扑倒在了泥里。原来是有一条大鱼将我绊倒了。我气极了，"连鱼都欺负我，我就不信了，看我今天不捉条人的！"正想着，突然发现前面的泥水中有个东西在动，泥水荡起了一圈圈的波纹，"这肯定是条大鱼，看我不将它捉住！今晚有蒸鱼吃了，哈哈！"我心中窃喜，于是我也学着那个百扑百中的孩子那样猛地一扑。结果——扑歪了。但我仍不死心，心想着再扑一次。哈哈，这次我终于扑中了。我兴奋极了，高兴地将这条"大鱼"从泥里"拔"了出来，定睛一看，妈呀！一条"蛇"，我吓得魂都飞了，随便将它一扔，飞一般地跑上了岸。看着我那狼狈的样子，岸边上村里的人都哈哈大笑了起来。

后来妈妈笑着告诉我了那条"蛇"的真面目——黄鳝。天哪！我的一世英名竟然败在了黄鳝手中。

现在，每当我想起那件趣事，想起我那狼狈的模样，我也会哈哈大笑，那一次，我真开心。黄鳝，从此我与你势不两立！

教师评语： 写作讲究胸有成竹，这篇文章叙事流畅完整，素材新颖又有生活气息，小作者一定是生活中的有心人。文章中心理活动的转折起伏也是极为吸引人的，小看同组的对手，被对手老练的身手惊到，被鱼绊倒的气愤，捉到"蛇"时的魂飞魄散，发现自己捉到的是黄鳝，最后村里人的大笑和自己的开心，又是精妙点题之笔，非常出彩。

（指导教师：王丽君）

一个错误

初 1903 班　李朝熙

错误，像是一颗颗星星。有一些会永远地在夜幕中闪烁，有一些却会一去不返，再也无法挽回。那一次，我就犯了一个无法挽回的错误。

我的 KET 考试逼近，忙得焦头烂额。但我养的荷兰猪"卡夫卡"却生病了。在成绩和宠物之间，我选择了前者，而把照顾卡夫卡的任务撂给了同样忙碌的妈妈。

时间一天一天过去，卡夫卡也越来越没精打采……

还有三天就考试了，我正在聚精会神地复习，妈妈抱着卡夫卡推门进来了，卡夫卡很瘦很瘦，能看见若隐若现的骨架，黑色的眼睛大而无神，茫然地盯着妈妈，我的心莫名揪了一下，赶紧低下头去看单词。"朝熙，它都病成这样了，咱们现在就带它去看医生。"妈妈抚摸着卡夫卡耷拉下来的皮。"咱们？"我重复了一遍，妈妈似乎感到很惊讶："你爸爸下周才出差回来，送它去医院，我必须得有个帮手。""行啦，行啦，我还有三天就考试了，要我说拖几天也死不了。"我不耐烦地说，妈妈听完后，嘴巴张开又闭上，像条吐泡泡的金鱼，随后叹了口气，离开了房间。

终于到考试了！凭着这几天的复习，我拿到了一个令人满意的成绩，可回家的路上，右眼皮跳得厉害，我的心好慌，感觉有什么事要发生，不然路边的狗怎会冲我不怀好意地"汪汪"叫呢？

总算到家了！妈妈用一种陌生的沉重语气对我说："卡夫卡死了。""不可能，我早上还看它在笼子里散步呢！"我推开妈妈，奔向卡夫卡的笼子，它正以一种侧卧的姿势，甜蜜地睡着，我松了口气，转过头对妈妈说："它没死，它正睡觉呢。"妈妈悲伤地看着我："它死了，你摸摸它。"我的心顿时凉了大半截，手颤颤地打开笼门，战战兢兢地摸了卡夫卡，我的脑子一片空白，手所触之处冰凉凉的，坚硬得像大理石，毛也刺刺的、枯枯的。"它死了。"妈妈的声音很飘渺，好像从很远的地方传来，我努力站起来，咸咸的眼泪滴进嘴巴，把我的声音变得又哑又涩。"它死了。"我空洞地重复，"因为我。""对，因为你。因为你觉得它比起你的成绩根本不算什么，因为你没有对它负责，所以卡夫卡死了。"妈妈的话，每一句都掷地有声。我强迫自己说话，却只发出一声呻吟。

卡夫卡的死教会我许多。生命应该被尊重、被敬畏、被呵护。不论它是一株小草，还是一棵大树；不论它是一头大象，还是一只蚂蚁……

教师评语：对一篇文章来说，结构是骨架，语言是血肉。这篇文章读来觉得血肉饱满，因为作者的语言很细腻，并有大量优质的描写。作者以第一人称视角捕捉到很多生动的细节，有人物动作的、神情的，也有微妙心理的，可知他定是个善于观察的人。要强化描写，除了观察，另一个可行的方法是给语言添加修饰成分，使之更具体可感、更形象。

（指导教师：高国丽）

老 家 游 记

初 1508 班　张同和

盈盈月儿　濯我睡意
盈盈月儿　濯我衾衣
盈盈月儿　濯我四宇
盈盈月儿　万物也寂

十四弹指一挥间　遥忆年岁何时传
几度闻道亲人语　而今难以复重现
娘娘初与阿爹嫁　阿爹携娘回婆家
燕尔新婚酒席置　好友亲朋竞相夸
自此五千一百朝　乳儿诞下始咿呀
雷云风雨大千变　佳人才子

已成执手黄昏望天涯

阿爷家中木已朽　几台雕花

上布两三灰白记年华

忆起那　小女西邻方学话

我与阿娘去

笑靥门前同聚　梢月宴方罢

悉数来　东邻小哥舞勺儿

重逢今未至

乡路遥遥几许　秋至不还家

阿爷闻来肺伤病　举家震动心不平

阿婆起初竟相瞒　只身一人为其伴

谢天谢地除大恙　千里之外心神安

每念此景此情境　怎知几何重来临

一眼送去天地别　恕予无胆去思也

爹娘与我运河头　阿伯老家运河尾

神州莽莽千里远　萦萦心绪总相连

爹娘与我同归家　爷婆椅上笑如花

旧时额前旧乌发　梦中哪惧岁染画

山水与共遍游去　欢歌徜徉历天涯

乘鹤遨舞九重天　叹尽众灵吟春夏

裂崖断壁三千丈　直入天宫金殿上

金殿仙人伴童子　祝我家人皆吉祥

仗剑倚霞秋色晚　动地钱塘泄入荒

沧浪一笑动云冈

风起云涌沙漫天　银沙吞月屋舍拔地起

九天星辰斗转移　黄花落落凋满地

觉来已是寒夜袭　卧木椅　庄园愁

园中小仆细步递　　碧螺茶水浸心脾

小仆可知身何处　　幽幽暗暗　此何地

竟忘却自家府邸　　您老健忘矣

忽如一声惊雷起　　水中模样已白鬓

余晖霞堕拂黑林　　风叶零落流入泥

残红纷纷洒天地　　也无风月也无宁

新月凝成湖中影

庄园孤寂人少居　　旧事哪堪从头叙

闻得家人早已去　　只留我辈自回忆

把酒看花还江月　　聒蝉也为尘事寂

悠悠江水濯我心　　带回老家归梦里

我住漫漫星河尾　　君住迢迢星河稀

愿此亲爱飞千里　　不惧山长水阔雷雨疾

生离死别天上意　　天意注定终团聚

教师评语：这是一篇格式很特别的随笔，作者把一次回老家的经历与感怀写成了长诗，他模仿歌行体，以七言为主，掺以杂言，这让诗歌表达的容量得到了扩充。当然，从歌行体形式的把握、词汇与意象的创造上，这首作品与唐诗名作还有差距，但这并不影响我们为作者的勇气与才力所折服，创意总是可贵的。

（指导教师：周若卉）

光

初 1807 班　黄哲雯

大城市里没有夜晚，霓虹灯火，色彩斑斓。

黄昏是个观察生活的好时机，这时候的人们总是会露出自己最真实的样子，脸上是心里最深处的神情。随着路灯亮起，夜晚开始了。人们在回家的路上总需要一点光。

公交车上挤满了人，一个高中生被挤到了窗户旁边，她看着路上的行人，不知道在想些什么。距离真正成人可能只剩一两年，她的脸色看起来很迷茫，背包里的练习册多得写不完，不知道以后会成为什么样的人，是否会像他们一样一天到晚麻木地在路上奔波。她的眼睛却神采奕奕，透着对未来的向往。她像巢里的雏鸟，即将体验人生第一次飞翔。她正处于人生最美好的年华，还有无数的故事在等待着被她发现。她知道，只要坚持下去，未来是一片光明。未来像光一样，成为她成长的力量。

旁边的小轿车里是一个年轻的白领，穿着西装，他单手把着方向盘，看着眼前的红灯，不知道在想些什么。他的眉间透着疲倦，职场中总会发生让人不快的事，无法躲避，措手不及。不管怎样，这都是人生中需要经历的台阶。他站在人生的铁路上，不停地走啊走，时不时会绊一跤，但梦想的车站就在不远的前方，他不能停下。他的眼里还有光，他还年轻，有足够的资本去尝试，去拼搏。他懂得，要以梦为马，不负韶华。理想像光一样，指引他前进的方向。

路边的肯德基店里坐着一位外卖大叔，他苍老的手拿着一张照片，不知道在想着什么。他脸上岁月留下的痕迹证明了他的饱经风霜，明明已经到了可以过舒适生活、静静享福的年龄，却不知为何还要在外面到处奔波养家糊口。他就那样坐在忙碌的城市里，一动不动，像一幅画，一幅令人心酸的画。那张照片应该就是原因吧，他看照片时暖暖的微笑是不会骗人的。家庭是他最后的港湾，所以无论多么劳累，只要是为了家人，他都拼尽全力，无怨无悔。爱像光一样，照亮了他回家的道路。

我也到家了，打开门，从里面洒出一道光，那是家人在等着我回家。"我回来啦！"我叫道，心里暖暖的，像太阳回到了大海的怀抱。

大城市的夜晚充满了光，不只是灯火，还有人们心中的光。

教师评语：黄昏到夜晚的光，不仅温暖了这座城市，更温暖着人们的心。作者选材精炼，视角独特，笔触细腻，为读者呈现出三幅充满温情的画面：公交车上的高中生，未来像光一样，成为她成长的力量；小轿车里的年轻白领，理想像光一样，指引他前进的方向；肯德基的外卖大叔，爱像光一样，照亮了他回家的道路。最后，作者以家人的温馨时光作结，余韵悠长。

（指导教师：郭林丽）

致我"幼稚"的姥爷

初 1814 班　王安奇

亲爱的姥爷：

　　您好！我是您的外孙女"欢仔"。今天我写这封信，便是要您好好反思一下：作为一位年逾古稀的老先生，您是不是太幼稚了？

　　每次遇到您，您都要给我出题，不论奥数、英语，还是上下对联，我们都知道您渊博，过目不忘，那一箱一箱上世纪发行的绝版书就是铁证，可您没必要跟我们炫耀呀！而且，您还较真儿得很。我记得有一次，您考了一句"闲人免进贤人进"，被我对了出来，您便一下午将自己关在书房里，一定要找出更好的下句。一旦我答不上来您出的题目，您便洋洋得意，冷嘲热讽地挖苦几句，什么"哟，您就这水平呀？连我都不如了嘛？"，等等。更可气的是，您还总是说"就知道还是我更厉害，嘿嘿！"您真的不觉得这样幼稚吗？

　　不仅如此，您还是个名副其实的"老顽童"，嬉皮笑脸是常态，贪玩误事"罪"如山。记得我上四年级的时候，爸爸妈妈工作很忙，主要是您和姥姥带淘气的我。妈妈千叮咛万嘱咐说让我放学后在家好好写作业，结果您却趁着姥姥不在家，带我去了门口的公园玩，还振振有词"人嘛，玩玩没关系，快乐很重要"。您还记得这句口头禅吗？这句话对我影响蛮大呢，让我从此觉得不管做什么事情，都要快快乐乐，不能违背本心。在小升初"压力山大"的时候，您竟"不分轻重"地偷偷带我出去放风，您真的不觉得这样很幼稚吗？

　　您还是一个爱钻牛角尖的人，为了做题，您常常不吃不喝地钻研。您说，做题能带来知识和成就感，这就像个吃苹果的虫子，打穿一个洞，除了吃到苹果外，还有满足和快乐感。其实，每次您这么说，我都会想，这哪是虫子吃苹果呀，是虫子钻牛角尖吧！我记得有一本书上说，做事没有大局观，找一个点就向下拼命钻，是不成熟的表现。您说说，这不正好说明了您的"幼稚"吗？

总而言之，我从小到大，一直都觉得您幼稚，简直比我更胜一筹！但是，我觉得很不公平，为什么从来没听别人批评您幼稚和不成熟呢？于是，我去问了妈妈。

妈妈的话使我惊呆了。"安奇，你错了，姥爷并不幼稚。在我和你舅舅小的时候，你姥爷是个脾气很暴躁的人，他对我们非常严格，不苟言笑。姥爷是军人出身，有决胜千里之外的勇气和魄力，怎么会幼稚呢？"

姥爷，您是个严肃的人？不苟言笑？细思良久，恍然大悟！原来，您看起来的幼稚，是因为爱我宠我啊！有情之所出，则有情之所积，当这丝丝缕缕我从未关注过的爱一起涌来，我竟一时语噎。

父爱如山，母爱似海，而您的爱，如同海上的波涛，将我轻轻托在掌上，陪我玩耍，伴我成长……

谢谢您，幼稚的姥爷，我爱您！

外孙女　王安奇
2018 年 10 月

教师评语：本文作者通过书信体的形式，历数姥爷的"幼稚"之处，无论是"为我出题"，还是"带我出去玩"，或者是"钻研做题"，都展现着姥爷"老顽童"的样子，但是在与姥爷的接触中，"我"总是可以受到姥爷的影响，收获很多。全文运用先抑后扬的行文结构，非常巧妙地把自己对姥爷的感激、感谢表达出来，情感真挚，效果突出。

（指导教师：张　彪）

花 样 人 生

初 1415 班　吴晗熹

我家客厅的窗户旁，摆放着各种各样的绿色植物。客人来了都会夸赞高大挺拔的巴西木、小巧玲珑的滴水观音……而我独爱那盆摆在墙角的茉莉。

这盆茉莉是我和爸爸从妈妈手中"抢救"下来的——它奇形怪状，像个驼背的老朽，妈妈原准备把它扔掉，遭到我和我爸的极力反对才做罢。这盆并不美丽的花在我看来却富有生机。

它枝干稀疏，立在土中纤细而坚硬，歪歪扭扭地向上生长着，远远看过去，让人感到简洁、舒适。茉莉薄如纸片的叶子紧密地对挂在有绒毛的绿色枝条上，好似揉过后展平的纸团，又像老人饱经风霜的脸庞。

立春刚过，茉莉便迎来了新一轮花开时节。花苞和半开的花骨朵密集地并排立在枝头，一朵朵花苞犹如一只只纤细的小手托着许许多多白色的锥形小球。看，那里已经有朵盛开的花——白色的花儿很小很小，十几片洁白的花瓣簇拥在一起，像在守护着花蕊。它白得那么无瑕，惹得人都不敢靠近，怕身上的尘土沾染在上面；它白得那么质朴，它天生就是那么纯洁，毫无谄媚人们眼睛的意图；它白得又那么坚忍，那在冬季被冻得发紫的花瓣此刻又重新焕发生机。尤其在夜里，它总会散发出浓郁的清香，沁人心脾。

有人说茉莉是温室中的花朵，我不以为然。茉莉的确不耐寒，冬季花叶凋零，枝干像几把筷子一样插在土里，但它没有失去信念，不断地从主枝干上生长出细嫩的枝丫，它在积蓄力量酝酿来年春天的萌发，此后便不停地生长，直至冬季再次来临……它的生命力真是旺盛啊！

我爱茉莉，"玉骨冰肌耐暑天，移根远自过江船"，在严酷的条件下，坚忍地守候希望的来临，在黑暗中还能散发清香，时时刻刻保持着质朴、清纯，这不正是我们要向它学习的品格吗？人生应如茉莉，朴实无华却清香动人，总是给人希冀，这也是我极力挽留那盆茉莉的原因。

教师评语：被"抢救"下来的一盆茉莉花，从平凡中绽放不平凡，它质朴纯洁、坚韧顽强、富有生机。这样一盆茉莉，给了作者不一样的体验，也带给读者不一样的看花、看人生的角度。作者描写茉莉的"丑"与"美"，那么细腻而传神，用语朴实而不做作，更以茉莉花开放时的洁白清香凸显其生命之美，给人以启示。

（指导教师：宋美娜）

亲爱的姥爷

初 1712 班　王昕睿

我的姥爷常年住在哈尔滨，是一个憨厚、安静的老人。他年轻时在北京待过一段时间，在完成了电学科研后，因为想念哈尔滨淳朴的传统节日和俄罗斯式的建筑及冰雕，又回去了。我们春节常去那里，与亲戚团聚。

记得我小时候，有一次在姥爷的家里，我随意哼了一首儿歌，是一首传统节日的顺口溜。姥爷从惯常的睡眠状态中醒了过来，很好奇地问："这首歌叫什么？真有趣。"他露出了一个无知的孩子探索世界的表情，很单纯。我觉得很惊奇：大学教授怎么会对儿歌感兴趣？我很得意，就又把儿歌背了一遍。他拿出一个用胶布缠得很牢才不至于支离破碎的小本子："你等等，我要记一记。"于是，他像个认真的学生一样，我说一句，他记一句。"正月八，喝腊八；正月九，蒸馒头……这写得真好！"他很专注地念着歌词，他最喜欢中国传统节日了。

春节到了。姥爷领着我去逛街。"这么繁华热闹的大街，你们北京肯定没有！"他急切地往前赶，急于给我展示哈尔滨专属的春节景色。只见大街上挂满了明亮的红灯笼，耳边回响着"噼里啪啦"的鞭炮声，仿佛像一只喜庆的鼓，在欢迎节日的莅临。夜空中炸开璀璨明亮的烟火，道旁的冰雕中嵌着五颜六色的霓虹灯，闪耀着梦幻般的色彩，整个街景与城堡般的俄式现代大楼交相辉映，相得益彰。这里很冷，我一呼气，眼前就会出现成团的白雾。"这个，给。"一个沉甸甸的冰糖葫芦被塞进了我手里。我本来不想吃东西，但一回头看见他善良的、朴实的脸，两只温和的眼睛里射出"快尝一尝，这可是特色"的光芒，我瞬间觉得心里一热，就转过头去，对着那些饱满红亮的小圆球，轻轻地咬了咬。它们被冻得又冰又硬，我只好用舌头舔。我的头发竟飘了过去，紧紧地被黏住了。我赶快把它拿走，舌头上粘着费了这么大劲得到的一点淡淡的甜味，回头温暖地笑了笑："嗯，真好吃。"我们一路走着，他仿佛要把所有好东西都塞进我嘴里似的。大冬天，他却举着一根冰棍："这是最好吃的马迭尔冰棍，北京尝不到的。"我不情愿地尝了一口，这种富含奶香的丰实口感让我心里一惊，这确实是在北京吃不到的。"你不吃吗？"我回头问他。"我不吃了，我……我高血糖。"他小声地说。我们继续走着，我突然感到，在这鞭炮声中，红灯笼下，一踩就嘎吱作响的积雪上，有一种以前从未感受过的、回归朴实的中国传统气息的熟悉的感觉，即使我以前从未在这种传统气息中生活。

妈妈说，姥爷是个节俭的人，一生都省吃俭用，有了钱也不花。他从不爱张扬，静静的，像一炷香，没有激烈的火花，却一直在平凡中，长久地保留对生活的热爱。

教师评语：一幅传统中国的年画，一部舌尖上的哈尔滨，一个隔代亲的"传说"——没有一点是不好的，没有一点是假的——当"美好"和"真实"并存，还有什么比这个更棒呢？昕睿的文字非常细腻，语言的敏感度非常高，有文学的天赋。

（指导教师：刘　慧）

不能团圆的中秋夜

初 1915 班　李静明

"螃蟹！大虾！黄鱼！"

我正在吃晚饭，忽然听到楼下传来这个熟悉的声音。他是常年在小区卖海鲜的大叔，总是骑着三轮车在小区里叫卖，也经常出现在我放学回家的路上，无论春夏秋冬都一如既往。

"螃蟹！大虾！黄鱼！"

也许因为今晚是中秋团圆之夜，他嘶哑的嗓音里面夹杂着期待和疲惫，也透着些许的沮丧。

这不是他第一次这么辛苦地卖海鲜到晚上了。几乎每天放学，我都能看到他在路边，坐在折叠椅上，面前摆着几盆海鲜，有时是鱼、虾，有时是扇贝、螃蟹。他还不时向过路的熟人挥挥他那双粗糙、布满皱纹的手。

他深色的外套很长，上面不均匀地沾满了水、白色的粉末和地上的尘土。他的脸颊很瘦，瘦得不自然。他的收入好像只够自己的一日三餐和房租。他的口音属于异地，在那里，他还有一个家庭要供养，可是他除了过年几天，几乎从不回家。

我想，他一定也很想回到家里，陪陪年迈的父母，或许还有孩子。但是他为了给家人挣更多钱，给他们更好的生活，他不得不一直待在北京……

今晚是中秋团圆之夜，千万家庭终于团聚，他们吃着刚买回来的中秋螃蟹，享受着团圆。可他们是否想起，卖给他们螃蟹的那个人依然没有回到家人身边，依然身处异乡，为几个月后才能到来的团圆辛苦奋斗呢？

今天是中秋，他没有回家。不只是他一个，还有城市里成千上万的外卖小哥、服务员、警察、保安、保洁……他们中秋都回不了家。他们为今晚所有团聚的家、团聚的人们的静好岁月在负重前行，为他们的家在奋斗，为其他人的幸福在奉献。他们才是真正伟大的人。

云雾慢慢散去了，一轮圆月平静而明亮。今晚，我们能在上面看到那些在团圆之夜为幸福而奋斗、为他人而奉献的人们……

教师评语：有人说："悲悯是文学高贵的灵魂。"我觉得本文最可贵的地方就是小作者悲天悯人的人道主义精神、深沉的人文关怀。在中秋团圆之日，小作者悲怜不得团圆的普通工作者，赞美他们负重前行、甘于牺牲。真心的悲悯和真挚的赞美决定了这篇随笔的思想高度。

（指导教师：邱晓云）

清河旁的那条路

初 1915 班　梁博研

从五年级起，我来到了圆明书院上学。家住清河附近的我，每天的上学路上，都要经过清河，走过清河旁的那条路。

春夏秋冬，四季轮回。从秋天的层林尽染，流到冬天的寒风刺骨；从春天的万物复苏，流到夏天的烈日炎炎。流着，流着，如今，已是我走在那条路上看着清河流过的第三个冬天。

每天早上，爸爸送我上学；每天下午，爸爸接我放学。我们常常一路听着摇滚，一起在没有人的时候纵情高歌，有时又激烈地争辩起问题。那条路，一边是绿树成荫的河堤，一眼望去，一派美丽的自然景色；一边是五环路，车水马龙，喧闹不止。两边天差地别，但，只隔了一条路和一排护栏。爸爸时常说，这是最有摇滚味的路。

记得不知哪一年的第一场雪，爸爸接我回家。在路上，他突然停下，伸手抓起一把雪，将它用力地扔出去，回头看着我，让我下车玩。纵使那寒风呼呼地吹，在欢乐的玩耍中，我也十分温暖，感觉不到任何寒冷。

就这样，这条路，见证了亲情。

又是一个冬日里的大风天，只不过，路两边，由于修路，被围上了蓝色的施工棚板。风强劲，一阵阵地刮在那看似弱不禁风、一吹就倒的板子上。板子震动着，发出巨响。过路行人又惊恐、又担忧，生怕那板子被风拔起，变成杀人的武器。我和爸爸也不例外，一边嘀咕着，一边加快了车速，只想赶紧冲过去。

那板子左右摇晃着，真是可怕。只见这时，一位头顶黄色安全帽的工人突然冲出来，他一边沿着路边艰难地逆风行走着，一边紧紧顶住板子不让它被刮倒。他就那样屹立着，对着路人示意让他们快走。由于距离过远，我没有太记清他的长相，只知道那是一个平凡的工人。但，那是我那天在风中见到的最勇敢的人。

这条路，见证了勇敢。

清河里每年冬天都会有一批鸭子。它们仲秋到来，入春离开，没有人知道为什么这条河会成为它们冬天的栖息地，为什么它们从来不多逗留一段时间。每天早晨也总会有一条大狼犬和一只小柯基，也没有人知道为什么他们的主人每天早上都要带它们出来。但无论如何，早上上学的我，晚上归家的我，看到这些熟悉的生灵时，心中便有了生机，有了希望。

还有那抽绿的柳条，枯黄后又重新变绿的草地。看着那河中倒影由灰色、棕色，转为蓝色、绿色，我再糟糕的心情也会重新被点亮。

这条路，充满了生机。

前些日子，我粗略地算了算，这条极普通的路，还将伴我两年多。它的的确确是极普通的，但在我眼中、在我心中，它象征着亲情、象征着勇气、象征着生机，它是不平凡的。

教师评语：线索能贯穿全文，使文章浑然一体，使结构完整严谨。本文巧妙地把上学路作为线索，串联起了生活中的人与事，为抒发感情找到了一个很巧妙的切点。亲情、勇气、生机，看似毫无关系，但因为这条路的串联，便成了有机体，融会在作者的人生和生活中，让人感慨，给人启迪。

（指导教师：邱晓云）

因 为 慢

初 1105 班　陈思琪

每一秒、每一天、每一次季节的更替，或许只有慢，我们才会去留意。我，因为慢，失去过、迷茫过、感悟过。

我喜欢慢，作为一种心境。时间如白驹过隙，而我却喜欢把每一分钟都拆开，细细品味，享受那一瞬所带给我的惊喜。曾经有人催促过我，让我不要太在意那些细枝末节的东西，要快一点。而我却认为，那些细节才是最重要的，是它们共同组成了生活。

我曾经和家人去过家乡的一条老街。那条街并不显眼，知道的人不多，不似北京的南锣鼓巷、烟袋斜街那般闻名遐迩，或许它连一个名字都没有，只能唤它"老街"。而我，是一次在街上漫步时才发现了隐匿在建筑物中的它。老街并不长，短短十分钟便能从这头走到那头，街两旁的店铺卖的是只有在家乡才能见到的小吃。身旁时不时有小孩子嬉戏着互相追赶，而我慢慢地走在这古朴的青石路上。

突然，我的视线被吸引了，踱过去，看到一个人正在做梅花糕——我最喜欢的一种家乡的糕点。店家正在调着面糊，他的动作很缓慢，仿佛在对待一件艺术品似的。虽然我喜欢慢，但却不会在这种事上白白浪费时间，对于他的动作，我甚是不解，不禁问："为什么要调得这么慢呢？很浪费时间的，不是吗？"店家闻言，抬起头，笑了，操着一口家乡话说："只有慢，才能把这面糊调匀了啊，才能有最传统的味道，怎么叫浪费时间呢？"他顿了顿，又说，"我虽然是做买卖的，但还是希望每个人都能吃出家乡的味道。"淳朴的笑容，却让我有些感动。我静静地站在原地，看着他把调好的面糊小心地倒入炉子上的模具里。这期间，我们没有再交谈，而店家似乎也如同忘记了周遭一般。我还保持着原来的姿势站在那里，盯着炉子，看到那面糊在模具里慢慢变得蓬松，这是我从来都不曾留意过的。时间仿佛都静止了，感到了从未有过的平静，或许这，便是慢的力量吧。

捧着刚出炉的梅花糕，小口地吃着，味道正如小时候吃过的那般。已近黄昏，夕阳斜照在古色古香的屋子上，在地上留下斑驳的影子。我一直在老街，徜徉在回忆里，慢慢地，没有平日的急促。

我们生活在大城市中，生活节奏越来越快，但我多么希望时间可以流淌得慢一些。留一些时间给我们去回首过去，去珍惜现在，去规划未来。因为慢，我发现了老街；因为慢，我遇到了那纯朴的店家；因为慢，我尝到了久违的味道；因为慢，我被感动。

教师评语：慢，自有其宁静的力量。这道理，是作者在慢慢徜徉在老街时体悟到的。文章选材非常生活化又特别能表现主题，叙事描写紧紧围绕中心，做梅花糕的店家无论从动作还是语言都体现了"慢"，尤其我和店家的对话更是自然而然地表达了中心，让文段末的感悟顺理成章。

（指导教师：张　锦）

千里之外

初 1713 班　邬　晴

　　我们的千里之外，是哪里？这个问题似乎很好解答。打开地图，便一目了然了。只是，是这样吗？

　　汽车疾驶在海拉尔的公路上，车窗外，是一片蓝天白云绿草。车内呢？我两只手飞快地在手机屏幕上打着字，膝盖上摊开一本数学作业，有一搭没一搭地看着。左右的风景在我看来不过就是随着汽车飞驰而带过的一片颜色罢了。

　　过了一阵，有点犯晕了。我抬眼看了看窗外。天似乎还没有亮透。远处草色的尽头，与天空的交界处，还泛着些许金光。草丛中一团一团的绒毛正在吃草，牧羊人悠闲地坐在一旁；可不等我看清楚些，便随着汽车一晃而过了。

　　我不得不再撤回我的目光，继续回到我的手机之上。可奇怪的是，我看着一个字愣了半天，似乎有点看不进去了。车似乎开得慢一些了。天上的流云也随着我们，放慢了速度。草色中间，还零星地点缀着一些小野花，有红的、黄的、白的、紫的，在绿草的衬托下，展露姿色，为这里平添了一抹亮色，微风吹过，顿时形成一阵波浪，像是小溪中的波光粼粼，像是被孩子踩了一脚的小水洼。

　　我微微迷上了眼睛，享受从窗口吹进来的习习凉风，哼着小曲。周围的风景在我眼中也更加清晰了。

　　噫，车怎么停下来了？在我踏上草地的那一瞬间，清新的味道环绕在我四周。有青草的飘香，有露珠的潮湿，有清晨特有的一种清新，混杂在一起，让人忍不住想再多吸几口气，舒服极了。我不由自主地躺了下来，小草软绵绵的，还带着一些没有风干的露珠，弄得我有点痒。似乎是在我左右的不远处，有几只昆虫，隐身在草里面，只剩下叫声还停留在人的耳畔。头顶的流云从我上方飘过，自由自在。有一瞬间，我好想变成这些云，随着风去四面八方。

我猛然回过神来，突然想，为什么我们总是在纠结最无聊的问题呢？我们每天想，交通怎么样，想下一棵给我遮阴的树在哪里，却忽略了上一棵树旁盛开的哪怕一朵野花。甚至现在身在中国最广阔的草原之中，我在想什么？作业？手机？音乐？或许不管我们去哪里，心永远都在都市嘈杂的环境之中，从未离开过哪怕片刻。不过当你离开了，你就会发现，哪怕是片刻，都是多么的美好。

这，才是我的千里之外。

教师评语："千里之外"或许是每个人梦想的远方。但是，怎样才能到达？全文是一次心灵的思辨过程。作者从一个疑惑出发，叙述了自己置身"中国最广阔的草原"的一段经历，描写融情入景、十分形象。最后感悟到了我们之所以渴望远方，是因为渴望脱离尘俗的繁杂。只有拥有了一颗宁静的心，你才会感受到千里之外的美好。

（指导教师：陈冬梅）

摘抄着，成长着

初 1711 班　吴末妍

我轻轻将笔放下，用手摩挲着这泛黄的书页，慢慢地拨动，只见一行行各具特色的句子接连浮现。843 天，我正做着自己热爱的事，日月摘录，终是构建成整本世界。

最初开始积累的时候，我总有意摘写些古诗词句。我遇见了在樊笼中久居而毅然返归自然的陶潜，所以用线条勾勒出了淡雅的菊花，还有垂下青丝的翠柳，绿色晕染着嫩黄色，墨色的柳枝姿态盈盈；我采撷春兰秋菊的清雅，看见屈平的衣袂拂过，留下中国文人的清香，于是我拿起不同颜色的笔，在小小的摘录本上创造草木的世界；我还邂逅了"一棹春风一叶舟"的后主李煜，而后便用签字笔简单勾勒出小舟的形态。我一页页地翻过去，过往摘录时的感受和心得体会历历在目，我蓦然发觉在心中潜滋暗长的不仅仅是一句诗或词中蕴含的淡然的情感，更是千年来中国文人身上的清气和文化芳香，我画下了"庭前落花""清风朗月"，把它们内化于心。

大概从 200 多天开始，我不仅想窥得中国古人在舞台上的绽放，更想接纳所有，认识世界。"不能凭大小来论断你的输赢，只要你努力做到最好"，让我认识了马洛奇，我用暖色的笔在旁边记下自己的体会，和自我鼓励的话；黑塞第一次让我渴望去寻找真正的自我，寻找德米安，我郑重而谨慎地在旁边列出了"自我"的可能；《金蔷薇》则第一次让我如此真实直面人类——也就是我们的力量，"心胸开阔及理智的力量战胜黑暗，如同永世不没的太阳一般光辉灿烂"，那太阳便以最神圣的姿态披着袍子戴着皇冠被我刻在本子里。我积累了这些震撼心灵的句子，而心中世界的深度也在持续搭建，这些词句所展现出来的世界的广度，亦是我积累的初衷。

再到 700 天左右，我开始专注于对生活有帮助的积累。"少年易老学难成，一寸光阴不可轻"，朱子的告诫我牢记在心中，在旁边列出了一步一步的小学习目标，打上小勾；"心态决定生命和你谁是坐骑谁是骑师"，如今考试接踵而至，初三的学习中心态至关重要，我更加看重珍惜这句话，于是在旁边画上了红色的小星星，着重提醒自己；"写作时让内心的世界尽情驰骋，为它打开所有阀门"，所以我记下了一个又一个昙花一现的灵感，将它们扩展开而写作。这些累积下的句子也像明灯，仿佛它们背后是那些指引着我的前人们亲临教诲，这便是积累的更高级意义——实践。

843 天的坚持，不变的是词句，堆积地寸寸生长的却是跃然纸上的文化、生命、真谛和指引，也是对世界的敬畏和自己内心世界深度的构建。

教师评语：全文以时间为线索，以自己读书摘抄的不断深入为主要内容。精准的数字线让脉络清晰，作者以丰富真切的思考，在不断阅读中感受着古诗文背后的中国故事，进而"接纳所有、认识世界"，然后"专注于务实对生活有帮助的积累"——理性分析让全文理智冷静，展示了读书的收获和成长！

（指导教师：陈冬梅）

你想我了吗？

初 1713 班　陈佳妤

　　丝丝温暖积累，能织出一派春光；滴滴水雾积累，能聚成大雨滂沱。日积月累能用悲伤将人压垮，却也能用幸福融入人的心房。它可以在一天天的相处中让感情升华，却也可以一日日离别后使人之间变得漠然。

　　我们已经有一年未见了。

　　上次在一起的时候，我的心性和想法还全然不似现在这般。我"抢"你的书，你说我霸道，我却*丝毫不以为然*；我不分情况地打趣你，毫不顾忌地与你笑闹，我很开心，也认为这就是正确的姐弟相处模式。可我却没有想过你的感受，我没有意识到你脾气那么好的一个人，那时微蹙的眉头，是意味着你真的不高兴了。那个月后，分开时我还没觉得有什么不对。

　　日积月累是沉淀。

　　春天花儿都竞相开了，绕过深棕色的树，眼前一片碧色的小草轻摇，那是我们以前经常一起玩的地方，有点想你。夏天到了，我利用暑假去了趟日本，我有很多想和你分享的东西，但你为什么不接我的视频通话？很长一段时间后，秋日的凉意侵入衣袖，地上笼罩着金黄。我好像是那树上的果子，终于由青涩变得成熟了些，也终于在一天天中意识到那样对你是不合适的。我不该那么骄纵，不该事事都非要和你比上一比……不管你是否乐意。冬天，雪地沐浴着清辉，我在房间里，捧着手机，却始终摁不下你电话号码下面那亮绿的拨打键，因为我怕，我怕电话接通后只有你客气的问候，更怕这一年的分开使我们疏离。

　　时间用日复一日的积累终于让我醒悟了。一年的时光过得那样快，还有三周，你就又要来北京了。每一天里，我都是那么渴望，却又只敢小心翼翼地期待着听你越过千里、历经一年的一声：

　　"姐，我也想你。"

　　教师评语：这是一篇角度很小、素材单纯却楚楚动人的佳作。全文通过作者细笔描绘，在每一个生活场景、季节变换中，在日积月累的思念中写出内心对往昔骄纵的忏悔——《背影》就是这真诚的反思成就的佳作。本文告诉我们，最真切的成长其实往往是我们学会了忏悔、学会了珍惜自己以为理所应当的人。

（指导教师：陈冬梅）

炙

初 1705 班　孙振鹏

眼睛热得朦胧麻痒，我用力拨开眼皮，望向北京最炎热的一天。

柏油路被烤得焦亮，柏油路从不懈怠垂涎，或许这是它为柏油二字正名的少有机会。挪动一下脚趾头都伴着指甲盖上撕扯般的灼痛。许多人像忽然习了轻功，从街上猛然掠过，无疑是"长痛不如短痛"这一信条的坚定拥护者。想安抚躁动的我寻到一木质长椅，顿时如获至宝。奈何长椅顽劣不堪，不肯舒展出半分热气，刚一落座就狰狞站起，像一个被老师叫到回答难如登天问题的学生。

街中央还是车行如流，一荡一荡地像是要赶一个舒爽的地方。行人却个个怒目瞪视，车流泛出来的风像是置人于汽锅之中，更何况还扣进了汽油的恶腥味道。云在此刻变作正义之师，浩浩荡荡地讨伐太阳。所有紧皱的脸色得了缓和，湿热的衣裳如获解放。但艳阳不容挑衅，驱赶云层比赶鸭子还要急促干脆，一霎所有人又被圈进了万劫不复的境地里。

有只迷茫的狗惘然地扫我两眼，它的舌头与我眼皮颇有缘分地一同耷拉到地上，想必是被烧化了。嘴唇早已洗净铅华，呈现出超脱干瘪的龟裂，生成溢起血丝来如熔岩原料的工艺品，但观赏度还是无意中玷污了工艺品一词。绿叶虚情假意，自我感觉郁郁葱葱、反射着阳光，实则晃眼异常。不一会儿，一辆车的警报声引起了狗吠，尖厉嘈杂地混淆在一块，堪比一个键一个键地把钢琴捣碎。

我又怀疑自己是一块肥瘦相间的猪排，汗水黏附在身上如同油脂缠身。

滋滋的迸裂声成了一中午从未懈怠的背景音。与平日的不同也只是多了一个狂热而阴魂不散的追求者。忙碌仍是京城的主要基调。人一把心静下来，哪怕是凶厉恶鬼都眉清目秀。我闭目养神，刚买的雪糕点头赞同，五体投地拜在我裤子上。回去免不了一顿臭骂，我又恶狠狠走在回家的路上了。

教师评语：如何把炙热的感觉用语言表述出来？这篇文章的作者做了很好尝试，让人好像跌进夏天，感觉到酷暑的难耐。本文展现出作者高超的语言能力和独特的文章风格。可以发现，作者大量运用拟人手法，无论是"从不懈怠垂涎"的柏油路，还是"变作正义之师"的云朵、"不容挑衅"的艳阳，或是"点头赞同"的雪糕，为各色事物赋予人的情感和生命力，使文章非常生动有趣。

（指导教师：迟　旭）

北京的冬天

初 1708 班　梁时雨

冬天，向来不是一个广泛被人所喜爱的季节，只属于那些搔首弄姿的文人，用以显示自己的特立独行。而大部分的正常人，怕是避之唯恐不及吧。而北京的冬天尤甚之，是所有地区中最"臭名昭著"的。但是正如长沙人嗜好臭豆腐、湖北人喜欢臭鳜鱼一般，我一个土生土长的北京人，虽然也是日复一日地抱怨着北京冬天的种种，但跟这暴戾的冬天日子处得多了，反倒产生了一些微妙的感情。

仔细想想，这种情感归根结底，或许是缘于北方人特有的"硬汉情结"吧，正如林斤澜在《春风》中描绘的一样："北方的人爱这样粗豪的硬汉是爱到了极致。"

不同于江南人所推崇的温婉玲珑之美，北京冬天的美体现在它的棱角分明中。赫赫有名的便是凌厉的冬风。冬天的风，是所有北京人共同的回忆，每一个人都能记起那种仿佛被无数刀片割到脸上时彻骨的寒意，即便街上的行人全都层层裹着围巾棉帽，脸上仍然会泛起一阵潮红，进屋前一摸，都是没知觉的。北京冬天的空气本就干燥，像是干冰一般，空气中弥漫的只有彻骨之寒，但这空气还算是无害的，一旦风把这些寒冷的小分子鼓动起来，那可就是另一番景象了：寒风吹过窗户，留下呼啸声，街边大小的树蓦地向后拗去，人们也本能地埋身于兜帽中，街上顿时浮现出一大片花花绿绿的帽子，蔚为壮观，这就是所谓的北京特色吧。

都说铁汉柔情，北京的冬天也有着它柔软的一面，那就是雪啊。冬风刮过了，便是要下雪的前奏。北京的雪反倒不是那么致命，因为雪一下，风随之就减弱了。并且北京的雪下得不急，也不大，一晚过后地上也就是五六厘米的一层，摸上去十分绵软。我还有个最独特的玩法———把脚像印模机一样慢慢把雪压实，过程中会体会到里面空气向外面逃逸时的咯吱声，有一种捏方便面式的快感；然后将这一片脚印从雪里拿出来——恭喜你，你得到了一片完整的脚印模型！

与北京冬天的雪相比，其他地区的雪就显得不那么友好了。去年"十一"假期，我们去满洲里，遭遇了雨夹雪。雪融化后把靴子弄得湿透，再加上雨，我们便浑身都又潮湿又寒冷了，导致我在归途中就犯了重感冒，在家缓了近十天。自从经历了这件事以后，我更加觉得北京的雪是冬天特地网开一面、给我们留的一面柔情，铁汉柔情。

北京的冬天，正是这样被那些向来鄙夷粗犷的江南酸儒讽刺了很长时间。不过，对生长于北京的人们来说，冬风的痛是磨砺的象征，雪则是硬汉中夹杂的柔情，如同国画中的留白一般恰到好处。这份对寒冬的情，怕是只有真正经历过的北京人，才能理解吧。

教师评语：作者在阅读了林斤澜的《春风》后有感而发，写下了这篇《北京的冬天》。本文从两个方面着手来描写北京的冬天——凌厉的风和柔软的雪，并赋予冬天情感，认为这是"硬汉中夹杂的柔情"，可以说这样的点评是点睛之笔，让人印象深刻。在文章开头，作者并没有一上来表明自己的态度，反而用"臭名昭著""避之不及"来形容北京的天气，欲扬先抑，行文中才逐渐显露出对北京冬天深沉的喜爱之情，在结构上可谓是具有匠心的。

（指导教师：迟　旭）

显微镜与我一起探索生物学

初 1408 班　杨宇哲

那是四年前的事了，我的干爹送我一台显微镜作礼物。小学三年级的我对这个听说很神奇的仪器充满了好奇，于是，在那本彩绘的使用手册指引下，我迈进了生物学的大门。

或许是小孩子天生的好奇，我当即对这台显微镜产生了浓厚的兴趣，甚至立志要当一名生物学家，并把生物学研究当作终生事业。

如今，我已成为一名初一的学生，却仍旧保持了对生物浓厚的兴趣，那架显微镜也陪伴我到了现在。

初一开学后半个月的一个晚上，我百无聊赖地坐在桌前。又考砸了，心情糟糕极了，如同乌云密布的天空，没有一丝光亮。看着缸中的金鱼游来游去，突然产生疑问：那污浊不堪的水中究竟有些什么呢？我顿时心潮澎湃，取出显微镜，跃跃欲试。

我用滴管汲出一滴水，小心翼翼地滴在载玻片上，轻轻用镊子夹起一片盖玻片，斜侧着压在水滴上方；紧接着，轻轻拿起载玻片，放在压片夹下，开始观测！

起先，目镜中模糊一片，什么也看不清。我缓缓转动准焦螺旋，调到合适的角度，总算看清了，就连载玻片上的划痕也一清二楚。目镜中反射着明亮的光线，洁净的载玻片上没有一丝生命体的迹象，在明晃晃的灯光下显得苍白无力，不免让我感到难掩的失落。月光从窗口洒进，几颗星星对我眨着眼。秋风也推开窗帘闯了进来，多少有些许凉意，我的鬓角却泛起了细汗。我是多么渴望能看到些什么，事实上，我除了几个气泡外一无所获，哪怕是一株小藻的出现也是莫大的鼓励与恩惠。突然，一个小圆头从目镜的"荧屏"上冒了出来，赶忙伸手挪动载玻片：一个完整的、鞋底状的物体展现在了眼前。"草履虫！"我几乎是惊叫了起来，心中仿佛点燃了绽放幸福的烟火，我竟如同小孩子似地蹦跳起来，真像是得了诺贝尔奖一样欢欣鼓舞。

就这样，那台或许并不名贵的显微镜伴我走过了四个春夏秋冬，给我带来了知识与快乐以及更多的感动。或许我将来并不会成为生物学家，或许我会拥有更多的、更高级的显微镜，但那台显微镜总会在一旁注视着我、陪伴着我，探究生物学以及其他美妙的事物。

教师评语： 小孩子总是对世界充满着好奇，当他对他肉眼所见的事物厌倦了的时候，就开始对微观世界产生了好奇，本文的作者就是这样。文中详细描写了如何使用显微镜观察，语言生动有趣。他用干爹送的显微镜观察微观世界，并在当时立志要当一名生物学家，并把生物学研究当作终生事业。

（指导教师：赵　燕）

训　练

初 1904 班　郇斯枫

绝望着，绝望着，放学铃响了，训练的脚步近了。

一切都像没睡醒的样子，默默地垂下了头。训练服换好了，外场鞋换好了，教练们向田径场走来了。

队员们的眼睛向篮球馆望去，渐渐地，渐渐地，教练走近了。瞧去，队员们左一群右一群满是的。站着、坐着。跑几个四百，冲几个五十，跑一个三千二。腿沉甸甸的，脚软绵绵的。

俯卧撑、壶铃、跳箱，你不让我，我不让你，都占满了项目赶趟儿。跑得像鹿，跳得像蛙，累得像狗。田径场、力量房里带着苦涩味，闭了眼，仿佛满眼都是跑道，开始跑一圈，两圈，八圈了。足球场上同学兴奋地玩耍着，欢笑声在耳旁飞来飞去。喊名字的，叫外号的，呼唤声散布在田径场上，好不热闹快活。

"抗手凛相顾，寒风生铁衣。"不错的，像教练的哨绳抽打着你。风里带来些悲伤的气息，混合着汗味，还有泪水的咸味，都在轻度雾霾中酝酿着。同学们将足球放在器材室里，高兴起来了，与我们的哀号声应和着。他们背上各自成吨的书包，这时候也露出了忧伤的表情。

跑四百米是最寻常的，一次就是四五圈。可别笑，看，像刀片，像长矛，像宝剑，疾速地剥削体力，队员的头上全笼着一层汗，教练却精神焕发，同学们也都走没了。傍晚时候，上灯了，一点点冷清的光，烘托出一片喘气与哀叹的夜。田径场上，跑道上，球场边，弯着腰慢慢跑着的人，还有挥汗如雨的队员，流着汗，岔着气的。他们的身影，稀稀疏疏地在跑道上移动着。

跑完的人渐渐多了，跑圈的人也渐渐少了。跑道里外，做力量的，做腰腹的，他们也赶趟儿似的，一个一个都做完了。舒展舒展手脚，各做各的新项目去。"晚凉天净月华开。"快下课了，有的是希望，有的是劲头。

力量训练像刚落地的娃娃，从头到脚都是新的，都得做一遍。

拉伸训练像小姑娘，花枝招展的。

结束时我们像老年心脏病患者，拖着骨折般的胳膊和腰脚，向更衣室走去。

教师评语：这是一篇对朱自清《春》的仿写，作者身为体育特长生，除了平常的日常学习外，还要在其他同学放学后进行额外的体育训练，的确十分辛苦。作者将自己日常训练的日程与劳累，仿照《春》的行文，用一种近乎调侃的语言，描摹出来，真实贴切而又富有童趣，令人玩味。

（指导教师：杨　玲）

背 影

初 1802 班　贾雨婷

北京已冬，寒风凛冽。我孤寂地站在天桥一方，望着桥下又一辆 982 公交车远去，便忆起不久前的那日，林哥远去的那一剪背影。

那是 11 月的秋末，黄叶漫天。周三，依旧，一如既往，一切都在有条不紊地运转着。数学课依然让人心不在焉，历史课依然让人昏昏欲睡，校园的喷泉依旧潺潺作响，鸟雀蜂蝶依旧嘤嘤相鸣。

转眼到了最后一节体育课，我有些不情愿地向外步去。深秋，枯叶遍地，遮蔽了青石板路。三两个 1 班的同学走过，却未理会我的招呼，神色匆匆不同往日，唯余落叶被踏碎的步音。

绿茵场上，碧空如洗，充斥着嬉笑声、脚步声与各种球的撞击声，青草与泥土的味道。我远眺着操场另一边，二十多个身着雪白校服的背影奋力奔跑着，出人意料地整齐。

"他们又是被罚跑了吗？"我漫不经心地随口一问。

"并不是。"1 班女体委瞥了我一眼答道。林哥原是 1 班的运动担当，明天却要转走了。作为最终的陪伴，1 班所有男生便和他一同跑了 2300 米——他永远是他们的 23 号。

我再看那支队伍，心中再无幸灾乐祸。这队参差不齐的少年中，从最高大的男体委，到最矮小的男学委，都在全力以赴。无论他们是体育健将，还是体育差生，无一不默然奔跑，跑向那个似乎没有尽头的终点。

林哥的背影一如平常，高而瘦削，脚步稳健，在队伍中并不显眼。他们一同奔跑着，追逐着，嬉笑着，走过这一程。

在到达了那最后的终点时，这一队少年勾肩搭背地散着步，面上洋溢着酣畅淋漓的欢愉。是他们不因离别而悲，抑或他们以乐饰悲？

终究，下课铃还是响了，仿佛劈开了林哥与他们的世界。良久，林哥极慢地拎起书包，向西门走去。1 班男生依旧紧随其后，说说笑笑。林哥出了校门，他们也跟着出了校门；林哥上了天桥，他们也跟着上了天桥。形影相随，不离不弃，这或许就是兄弟的样子。

秋风忽起，黄叶旋舞。林哥寂然的背影，在瑟瑟秋风中渐行渐远。五分钟后，一辆982公交车开过，林哥消失了。

车子发动的那一刹那，耳畔传来"23！23！"的呼声。几个男生竟追车前行，而车里的林哥也不忍再直视。982转过弯，消失在了路口，只余半批队伍，凝望西南，久久不语。

教师评语："慢镜头"本是电影中常用技法，这篇《背影》正是借鉴了这种手法，将本来转瞬即逝的跑步和离别场景写得如同几个世纪那么漫长，使得文字细腻而情味十足。小作者首先用心感受了这场朋友间的离别，然后在脑中充分回想，延长时空的切换、分解和定格画面，同时放大了动作、神态等细微变化，加上秋风黄叶等景物渲染烘托，最终用文字将这一切动情地描绘了出来。

（指导教师：那　妮）

忙

初1915班　杨舒涵

记忆中，我的第一个朋友，是最开始住在我家对面的一个女孩。我早就已经忘记了她长什么样子、叫什么名字，但我一直记得在我们小区中的童年。

那是我还很小的时候，大家都不忙。每家的大人都会在下午把自己家的孩子带到楼下去玩。整个小区差不多大的孩子，都互相认识，一起慢慢长大。从我最早的记忆开始，我就认识他们，那个时候所有的人、所有的事都是慢慢悠悠的。我趴在阳台上看喜鹊飞来飞去、伏在窗前看楼下的迎春花的样子还历历在目，但慢慢地、悄悄地所有的事情都发生了翻天覆地的变化。

一天午后，住在我家对面的女孩和她的父母敲开了我家的门，告诉我他们要走了，因为女孩要开始上学了，所以他们搬去了天津。一只小小的黑色米老鼠落在我的掌心，这是来自于她的告别，也是来自"慢"的告别。

一个个伴着彼此长大的孩子相继离开了小区，或是因为上学，或是因为家长工作。从那以后，所有的人，都开始了形式不同但本质相同的"忙"。

姥姥、姥爷、爷爷、奶奶一辈的，大多都要看顾家里的小辈。在长椅上独自晒太阳的老人变得少之又少。所有在小区玩耍的孩子身后都跟着一个手拿小包、水杯的老人，慢慢地追着孩子向前跑。

爸爸妈妈们都很晚才回家，或很早就已出门。在孩子们的成长中缺席的反而不是其他人，而是永远在加班工作的父母。他们太忙了，疲惫于生计和升迁，无暇顾及其他。

孩子们很痛苦，过着没有机会停下来歇息的生活，有永远做不完的作业以及永远上不完的课外班。即使他们再精力充沛，也总会有疲倦下来的一天，剩下的，就是浑浑噩噩、疲于奔命的无数个日子。

所有的人都忙，所有的人都累。忙着忙着，心就冷了，脸就灰了。小区里的孩子各奔东西，再也没有任何一个邻居敲过我家的门，即使每天都会见面但是也从来不会打一声招呼。生活变成了机械化的过程，两点一线、鸡毛满地的每一天重复又重复。我们又在忙些什么呢？我们也不清楚。

果真是忙着忙着，心就亡了。

教师评语：对比手法作为文学作品的常用表现手法，在古今中外的文学作品中俯拾即是。对比往往可以使人物形象更鲜明，使作品主题更突出。作者的生活经历大体可以概括为"从前慢"和"现在忙"。其实这变化，人人都在经历。因为司空见惯，人们往往不加留意。因此，看到作者通过对比抒发"忙着忙着，心就亡了"的感叹不禁让人反思。

（指导教师：邱晓云）

乒乓球那些事儿

初 1915 班　任紫琦

霜降过后，白天变短了，风也越来越大，可午间的大太阳仍然高高挂在天边。

此时的中午，气温舒适，是户外活动的最佳时机。我从食堂出来后的情景一般是这样的：某某人高声呼"走，打乒乓球去"，于是我便心甘情愿地跑去打球，某某人和我步调一致"飞"向场地。

打球一般是在体育馆里，一是因为近，二是因为这里比较安静。刚走进去时静悄悄的，一点声音也没有；可打起球来，同学们便开始说笑，有谈游戏的，有开玩笑的，有捣蛋的，还有搞笑的，甚至还有八卦的，回声在空荡荡的馆中像涟漪一般起伏。大家的各种"逗"让人笑得前仰后合，有同学一手捂着肚子，瘫坐在地上，笑得连球也不能勉强回过去。然而同学们笑归笑，打球时绝对是全神贯注，拿着拍，紧紧用一对眸子盯着线路捉摸飞来飞去的球，好似一只饿狼在捕食将要到手的猎物。眼看球来了，接球的同学肌肉收紧，随后便嗖的一声扑了出去。此时便是最紧张的时刻，生怕到手的"猎物"被打下网。随着砰的一声清脆的击打声，我那怦怦的心跳声和眉上皱紧的眉头才得以短暂地消失。没过一秒，神经便要继续紧收，在同学们如连珠炮一般的口水、玩笑与各种"干扰"中接着打下一个球。整个馆中拍与球相撞声此起彼伏，像秋天的雨点，回响在校园的角落。

当然，有时在外面打球则有另一番情趣。

有别于室内的安静和紧张激烈，室外的球更多是有趣与欢乐。如果说在体育馆里打球的线路是"变化莫测"的，那室外秋日大风中的球路只能用"诡异"二字来形容。球的转向被风吹得忽上忽下忽左忽右，让人想起《哈利·波特》中调皮活泼的魁地奇"鬼飞球"，有时球明明没有旋转，却硬生生地被一阵迅雷不及掩耳的疾风像中了邪似地吹了回去，引来周边一阵哄笑。每每这球被吹跑之时，接球人总会一声惊呼："我的妈呀！"然后便竭尽全力地去接那不可能接到的球，随后便全身瘫在台桌上，手伸得直直的，如死尸一般，眼睛看着还在蹦跳着的被风吹来吹去的球，脸上写满了无奈与气恼，同时流露出一丝欢快又尴尬的笑容，久久不愿起身。与其说这是场在考验技巧、走位、回球、判断、反应、应变、体能、灵活性与意志力的困难重重的乒乓球对决，不如说这是友情和趣味的最美诠释。

最后，我想说：没有永远的对手，只有永远的朋友；没有永远残酷的竞争，只有永远爱着的乒乓球！

教师评语：体育运动需要在动态中完成，运动现场是生动的。可是我们写体育运动素材的随笔，往往很难写得那么生动，因为实在需要卓越的描写能力。本文在人物描写方面表现非常突出：动作、表情、心理、语言描写信手拈来，自然而然。同时，描述中还有不少幽默的穿插，让文章妙趣横生。

（指导教师：邱晓云）

岳 麓 书 院

初 1506 班　张怀婧

一

赫曦台矗立在岳麓书院门前。此台呈"凸"字形，戏台形制，青瓦、飞檐、空花琉璃脊，十分精致。可它不过是个赝品。

宋代，士大夫的天堂。理学大家朱熹来此拜谒同是大师的张栻，二人辩论学术，登坛讲学。居住此地期间，朱熹常晨起至岳麓山顶观日出。

凌晨，正是黑黝黝、冷阴阴的时刻。无人，静，唯有料峭的山风在耳边呼啸，远处的山谷里不时传来几声凄厉的狼嚎。嶙峋山石、俊朗苍松，都模糊成了夜幕里的黑影，幻化成了凶神恶煞的巨兽，摇晃着，冷不丁就要迎面扑来。而这时，一个人影缓缓地从山的那头攀上来。他中等身材，一袭旧衣，胡须密而长。他淡定自若，丝毫不惧，只等候黎明的来临。天边微微起了些奇异的光，风亦沉寂下来。不久，泛起了鱼肚白。而他，依旧凛凛地伫立着，远望天边。终于，另一座高峻的山峰背后，腾起了炽热的光；绚丽的云霞蒸腾着，变换着，一轮红日冉冉而升。

那人俯视着大地苍生，而他所占据的一方土地，便是真正的赫曦台。

二

一块发黑的石板，遭磕磕碰碰、风吹沙蚀，如今静静地躺在玻璃框架里。它依旧沉默无言，仅仅显露出一些该有的、斑驳的字迹。

岳麓书院学规

时常省问父母；朔望恭谒圣贤；

气习各矫偏处；举止整齐严肃；

服食宜从俭素；外事毫不可干；

行坐必依齿序；痛戒讦短毁长；

损友必须拒绝；不可闲谈废时；

日讲经书三起；日看纲目数页；

通晓时务物理；参读古文诗赋；

读书必须过笔；会课按刻蚤完；

夜读仍戒晏起；疑误定要力争。

低下头思索。

一袭青色长袍的下摆荡入视野。一抬眼，一儒生映入眼帘，他样貌略微木讷，呆呆地提着柄扫把。两颗黑眼珠却闪亮着，清澈又深邃。堂前，又一位学子背手持书踱着步，字正腔圆，句读清晰："子曰：贤哉，回也！一箪食，一瓢饮，在陋巷，人不堪其忧，回也不改其乐。贤哉，回也！"微风过处，伴着利落的扫地声、悠长的诵书声，树叶瑟瑟而鸣，浑厚的钟声倏而响起……

该有的，有了。没有的，是什么呢？

三

一座古老的楼阁谦逊地隐在两侧葱茏的树木之间。它宏大，它神秘，它饱经风霜。它是岳麓书院的御书楼。

天子赏赐岳麓书院一座藏书阁，建成后不久，一橱一橱的书运了进来。学子们远远地仰望，由衷地欢喜着；教师们捋捋胡须，云淡风轻地笑着。自此，几位鸿儒常在其中研究经史典籍，青衿亦常于此地流连忘返。

一百年、两百年……不知何时，好像寺庙断了香火，御书楼渐渐门前冷落鞍马稀。岁月滔滔，冲散了虔诚拜访、渴求真理的人们。在无人问津的日子里，它开始萎靡，开始衰老。

它反复叩响自己最艰涩的心门，不停把乞求的眼光传向远方，却只换来人们的漠视。一度，它心碎了。

一天，书院里来了几个人。他们身着西服不苟言笑，不停朝它指指点点。没过多长时间，它便又重新被人珍重。只是这次换成游人如织，各色人等一拥而进，太嘈杂，太喧闹；而小心翼翼地仰望与虔诚的眼神，太匮乏。它有些不知所措。但渐渐地，它明白，它的地位依旧，只是立场早已不同。

大千世界，比它年轻几个世纪的图书馆、书店如今比比皆是，且如同它风华正茂时一般，势头正盛。

可是，它该伤心吗？

时光如白云苍狗，不停向前奔却少了方向。这一秒，我在这里凝望着它；下一秒，那些它根基不深的同类可能就被迅速收录进一张小小的电子芯片中，然后湮没。

而它，等我走了，也还会在这里，却不会再叹息。

教师评语：对于岳麓书院这样有深厚历史的大选材，只有全面了解和深入思考，才能很好地驾驭。这篇文章，从景物到人物再到历史，内容丰富，引人入胜；从过去到现在再到将来，角度多样，促人深思；从细致生动的描写到深刻而独特的议论抒情，表达灵活，耐人寻味。

（指导教师：张　伟）

家 的 味 道

初 1509 班　张馨宇

进入家门之前，我需要走过一段前厅，乘上电梯，再越过左一堆右一堆的纸箱杂物，穿过一条斗折蛇行明灭可见的走廊。我不止一次地抱怨过这条路的不便，却也在心底深深爱着它，因为它闻起来正是我心中完美的家的味道。

夏天的前厅相对于外界的阳光灿烂来说是颇为阴暗的。其中的空气并不清香，像是湿漉漉的灰尘，却又带着沁人心脾的、令人想要幸福地叹息的凉爽，正如同在炎热的夏天里走近一座喷泉、躲在一棵树的树荫下，或者纵身跃入一个游泳池。这并不是空调带来的，而是一栋颇有年头的老楼中终年堆积的凉气的恩赐。

破旧的电梯四季如一，每日忙碌，上上下下地接送形形色色的人。我可以从电梯中遗留的气味来想象上次乘坐这电梯的人是怎样的。浓郁的香水、淡淡的烟草、煎饼和烤肠，还有狗一类动物的气味，这些都能让我联想起那些或许曾在电梯中有过一面之缘的同楼之邻。这让我感觉很踏实，如此的安心正像是独鱼游入鱼群、倦鸟归林时听见林中禽鸟此起彼伏的鸣叫声。虽然我与这栋楼的大多数人不熟识，但却仍然能通过电梯来维系上下层几乎断开的联系。就算没能见面，我也可以在嗅觉的认知中确认人们还在努力生活着。

出了电梯，某扇门中飘出了排骨汤的香气，随着冬日的暖气升腾着弥散在走廊，鲜美而令人垂涎。这几乎是所有人都有过的经历，我们会羡慕地耸起鼻子嗅闻，试图判断那是哪家的老人又在招待儿女，哪家的孩子又在给父母补身体。最惊喜的一定是推开自家的门，发现香气的来源正是厨房，咕嘟作响的汤正在煤气灶上冒着白烟。母亲坐在罗汉榻上盖着毯子看电视，看见我们回到家，就会欣喜地招呼，再颇为自豪地说一句："今天晚上吃排骨汤。"晚上三人围坐，父亲开瓶红酒，配合着瓜子花生米或者核桃，开着电视看新闻联播，每人碗里都有炖烂的排骨和热气腾腾的汤，舀一勺吹一吹"滋溜"吸进嘴里，鲜香的味道便充盈了味蕾，熟悉的满足与感动接着就翻涌而出了。

我回味着这日常的一切，心中赞叹：家的味道，就是这个味！

教师评语：这是一篇十分接地气但又没有落入俗套的文章。文章的选材来源于生活并不难，难的是高于生活；文章的中心升华并不难，难的是自然而然；文章的语言精致华丽并不难，难的是还能有烟火气息。这篇文章既能让我们看到作者对生活对家的独特思考，又能让我们有似曾相识的亲切感受，实属佳作。

（指导教师：张　伟）

浪花的幸福

初 1911 班　王思元

在这个国庆小长假里，我的典型循环模式是——写作业、弹琴、运动、吃饭、睡觉；期间偶尔穿插非典型模式——观看国庆阅兵和庆典活动、参观世园会、看电影……无论我处于何种模式，"我的祖国和我／像海和浪花一朵"的旋律总会在我耳边响起，流淌在心中。其实，这首歌正是我们每一个人生命的主旋律。

2007 年 3 月 29 日，对我们家而言是个值得纪念的"大日子"，因为我来了！但美中不足的是，我的爸爸没有在第一时间亲眼见证这个"重要的时刻"。彼时，他正在深圳证券交易所参加敲钟仪式，见证着证券市场的高速发展。

2008 年 8 月 8 日，第二十九届奥运会在北京举行。今天，当我回看北京奥运开幕式视频时，那 2008 面大鼓、活字印刷术、泼墨中国画的场景仍令我无比骄傲。2022 年，第二十四届冬奥会将在中国举行，我周围很多小伙伴开始以无比高涨的热情投入到了滑雪、滑冰、冰球运动中，冰雪运动迅速在北京掀起了热潮。夜幕下，冬奥圣火发射台上璀璨绚烂的灯光，仿佛向全世界爱好和平和体育的人发出最热情真挚的邀请！

2012 年，当我还埋首于《西游记》《中国神话故事》的漫画书，羡慕孙悟空能在龙王的水晶宫如履平地、来去自由，感叹嫦娥奔月的浪漫时，中国自主研发的"蛟龙号"载人深潜器已经在马里亚纳海沟创下 7062 米的下潜纪录。今天的中国已经成为高铁最发达的国家。2018 年港珠澳大桥顺利通车，被称为世界建筑史上的又一大奇迹。2019 年初"嫦娥四号"也已经实现了月球背面软着陆。不久的将来，我真的可以去深海探秘、太空遨游，曾经的那些"上天入海、日行千里"的神话都已经成为我生活中的现实，未来的我们也将会把更多的神话变为现实！

2013 年 9 月，我成为一名光荣的小学生。最初，爸爸妈妈会开着私家车送我去学校、培训班、博物馆、图书城、音乐厅；后来，地铁 15 号线延长到了我家小区门口，再也不用为堵车和找停车位发愁了；渐渐地，共享单车出现了；即使到偏远的贵州旅游，我们也能够使用共享汽车看山、看水、看寨子，能通过微信或支付宝从山民那里购买水果。短短几年，"更科技、更绿色、更便捷"的方式已经悄然渗透到生活的方方面面。

2016 年，离我家不远的"万家灯火"和"盛宏达"大型批发市场迁走了，取而代之的是规划中的宽 5 公里的绿化带。让"天更蓝、草更绿、空气更清新、人们更健康"不再是口号，而是令大海中每一朵浪花更加幸福的实干！

"浪是海的赤子 / 海是那浪的依托 / 每当大海在微笑 / 我就是笑的漩涡"，我是那一朵小小的浪花，大海给我永远碧浪清波的幸福！

教师评语：无论是否说出了口，每一个中华儿女都有着自己的"我和我的祖国"的故事。本文作者在自己成长之路上选取了几个时间点，将自己身上发生的"小事"与国家发展的"大事"相对而写，为歌词中"浪是海的赤子 / 海是那浪的依托"做了生动的注脚。其实，"小""大"之间从无隔阂，祖国"大事"构成我们每一个人生活"小事"的背景，而我们的生活"小事"，正在一点一滴地塑造着祖国之"大"。

（指导教师：周若卉）

相遇，青春
——致 2022 年的自己

初 1912 班　陈俊宇

"风可以不懂雪的漂泊，雨可以不懂霜的寂寞，沙可以不懂漠的辽阔，天可以不懂雨的落魄，泪可以不懂眼的脆弱"，但我们不能不懂童年的快乐。

六年的童年，说走就走。

你记得吗？九年前你来到了美丽的附小。这里对你来说是一个崭新的环境，既美丽又陌生，虽别致却寂寞。开学典礼上，你害怕离开家长而偷偷哭泣；课堂当中，你因为回答错问题而被同学嘲笑；课间之后，你大喊大叫而被老师责骂。你拒绝这个环境时，你却慢慢融入其中。

你记得吗？八年前你进入了金帆民乐团。这里是你向往已久的地方，你对这里一切事物都充满了好奇。第一堂课上，胡老师教你们各种乐器的名称；五年之后，你站在舞台上，绽放你的才艺。你曾想过放弃，但为了友谊，为了梦想，你选择了坚持。

你记得吗？七年前你告别了低年段使你启航的老师，迎来了中年段对你终生有益的小熊老师与小张老师。开学前，打扫教室的一日，你见到了他们两位。你感到十分陌生，回家后对妈妈说，李老师王老师多好啊，为什么要换？可这两年之中，他们对你的帮助与启迪，无形却巨大。两年后步入高年段，你的心里满怀感恩。

你记得吗？六年前你迎来了十岁的天空。那时你只是开心地吃着活动蛋糕，激动地收着父母的礼物，漫不经心地听着校长的"谆谆教导"。可六年后的你，一定感触颇深，人生能有几个十年啊，这时的你是何等稚气。由现在的你，再来阅读这份甜蜜。

你记得吗？五年前你等到了第一次离别。小吴那骄傲帅气的脸庞，在你脑海中，久久无法忘怀。你等着重逢的一日，却迟迟见不了珍贵的一面。那时的心中，有种道不出来的惆怅。花有再开的一天，人有没有重逢的一日？正处青春年华的你，还有没有此种伤痛。

你记得吗？四年前你开始了为升学而作的奋斗。每天都得挤出宝贵的时间，刻苦学习、反复求解，就连假期也无法放过。你何曾不厌倦苦恼，但为了美好的未来，你不得不选择坚持。现在的你看来，这坚持孕育着未来的芬芳。

你记得吗？三年前你告别了童年的附小。毕业典礼上，你强忍泪水，没有让它从湿润的眼眶中落下。郭老师姜老师为你系上了一生中最后的红领巾。无论是从启程走向知行，还是从知行走向修远，行走的是我们的不倦求索，流动的是我们对美好的向往。告别了一批挚友，即将迎来三年的伙伴。

回首童年，一个个精彩的瞬间，编织成一部故事书。等你翻开，等你潜然泪下，等你生敬意。

别了，童年！

你记得吗？三年前你终于收到了憧憬已久的附中录取通知书，如释重负，几分轻喜，却又豪情顿起。军训、参观校史馆、体验创客空间，你与新的伙伴们在"劳其筋骨苦其心志"的团建中融冰，共同开始新的探索。

你记得吗？两年前你成为创客空间的常客。你与伙伴们在互相"厮杀"交锋中集思广益，将一个个新奇的点子淬炼成了精品，经历多少失败，就收获多少希望。

你记得吗？一年前你回首展望，有荆棘和泥潭，也有掌声和鲜花；在师长家人朋友的关爱和包容下，探索你想探索的，经历你想要经历的，你始终相信，你会成为自己想要成为的那个人！

2022年，你拥抱着自己说，这是一段无悔的青春！

教师评语：作者行文时将回忆与展望巧妙地融合到了一起，有对自己小学六年时光美好的回忆，也有对自己未来学习生活热切的展望。文中议论抒情等表达方式使用得很巧妙，如"无论是从启程走向知行，还是从知行走向修远，行走的是我们的不倦求索，流动的是我们对美好的向往"这样的句子在文中有多处，可以找出来细细品读。

（指导教师：王丽丽）

内蒙古烧卖

初1916班　张淳昊

在内蒙古呼和浩特市，有一种特殊的本地小吃——烧卖。它是呼市人的家常便点，也是我难以割舍的家乡味道。一壶热茶、一笼烧卖、三五好友，便可在小馆中享受一天中最美好的时光。

当清晨的阳光照亮城中的每一个角落，街头巷尾的烧卖馆里已经飘出了烟气，人影晃动。这一天，我和家人迎着朝阳，走进了一家叫"老绥远"的老字号烧卖馆。不多时，一笼笼热气腾腾的烧卖就被端了上来。我在不同的地方品尝过不同的烧卖，有糯米馅的，有猪肉海鲜馅的，但是这种雪白晶莹的皮儿包着羊肉馅的烧卖却是此地独有，不可替代。

刚蒸出来的烧卖白白润润，头上顶着一朵还未褪去面霜的"面花"。盈盈一握之间，藏着无尽的美味。我迫不及待地夹起一个，在醋碟中滚了一下，便送入口中。一口咬下去，肉汁顿时爆了出来。随后，醋的酸味伴随着大块的羊肉卷入舌中。羊肉不肥不腻，十分有嚼劲，而且鲜美多汁。一些细碎的葱花也饱含着汁水，它们起到了提鲜和去膻味的作用。这种大口吃肉的刺激，哪里是一般的包子、饺子等所能满足的？最后，润滑的面皮带着麦香和丝丝韧劲，圆满收工。

如果把蒸烧卖比喻成内秀的温润少女，那么油煎烧卖就可以比喻为刚中带柔的青年了。煎到微微发焦的底面和略带金黄的面皮，在空气中散发出一股淡淡的焦香味。一口下去，面皮一改前风，酥酥脆脆，香气四溢。在面皮的衬托下，里面的馅料显得越发滑嫩。肥瘦得当的羊肉香、鲜葱的清香和面皮的焦香在嘴里混合在一处，让人欲罢不能。

几个烧卖下肚以后，难免稍稍感觉有些油腻。不要紧，烧卖的好搭档会帮助我们解决问题。小馆里都会提供内蒙古特制的砖茶。这些黑色的茶叶和茶梗一起泡，冲出的茶汤泛出美丽的琥珀色，味道浓重，又带着丝丝的回甘。热热地喝下去，油腻的感觉顿时消散。我立刻又来了精神头，可以多吃几个烧卖了。

每天清晨，呼市人就这样被烧卖的味道唤醒。在呼和浩特，烧卖已经深深融入了当地人的生活，也在我心中了烙下了家乡的印记。

教师评语：好的食物讲究特点鲜明且色香味俱全，而好的描写食物的文章则是将食物之特点准确呈现，让读者亦见缤纷之色、如闻诱人之香、似品绝佳之味。这些方面，张淳昊对于内蒙古烧卖的描写都做到了。他写出了羊肉、面皮和葱花香味混合的效果；写出了蒸烧卖、油煎烧卖或韧或焦的不同口感，或雪白或金黄的不同颜色；写出了汁水迸溅和馅料滑嫩所带来的满足……而这些都依照作者的品尝逐一展现，层次丰富却又明晰，如同一个美味的烧卖。

（指导教师：龚　卉）

爸爸的暖水袋

初 1908 班　丁子清

从前，我并不认同"父爱如山"一词，我的爸爸总是对我严厉，也不常照顾我，所以这份父爱是淡薄的。我一直以为我们对彼此的感情都不深不浅，但其实不然。

那天发成绩后，我便一直躲着爸爸。我没有考出理想的成绩，也深知他对我学习的重视。从学校到家，我没有与爸爸说一句话，我们沉默着，如往常一样。

直到一个红灯时，爸爸终于开口："今天发生了什么事儿吗？"我自然联想到了成绩，爸爸的话如冰块般砸在我耳边。"没事儿。"我逞强地说。之后，我们也没有交流。

到家之后，气氛变得凝固了一般，爸爸似乎有些反常，他用粗糙的手在公文包里来回翻找，又是到柜子里找来找去……终于他拿出了什么。这可不是平时的爸爸，"他一定是生气了，气得说不出话！"我似乎在恐吓自己。好不容易等父亲忙完了，我准备事先坦白自己的"罪行"。"爸爸！"我叫他，他只是回头，"我这次考砸了！"霎地，周围瞬间只剩下鱼缸"嘟嘟"打氧的声音。爸爸的头发有些长了，此刻我竟看不出他的眼神。他还是一阵沉默，却拿出了一个暖水袋。

他抬起头，我对上了爸爸的眼睛，陌生而熟悉。他不回答我关于成绩的陈述，突兀地说："女孩子长大了，要学会照顾自己。"他将暖水袋递给了我，我手上蔓延一片温暖，仿佛与窗外的寒风不在一个世界。我有些吃惊，心想这话什么意思？爸爸接着就说："前两天你不是不舒服吗？注意保暖，先捂上暖水袋吧！"我一下回想起不久前，因作业多而自怨自艾的情景，竟被爸爸记在了心里。我认为成绩实在有愧于他，便又闪躲了起来。我心绪复杂道："谢谢您，我下次努力考！""嗯，尽力而为。"得到了父亲的回应，一股酸涩涌上心头。我抱着暖水袋回到自己的房间，呆呆地看着天花板，原来我与爸爸早已产生了这么深的、冰霜般的隔阂。我任它雪上加霜，而爸爸却努力想用他热切的父爱打破它。仔细想来，爸爸又给了我多少个"暖水袋"？这份父爱，暖在手里，融在心里……

父爱如山，风雨不动。希望过去的隔阂永远留在过去，而今，爸爸，我想重新再爱您！

教师评语：作者通过写一次考试失利后内心的变化，由害怕躲避到勇敢坦白再到吃惊，最后心绪变得复杂，细腻逼真的心理描写表现出作者敏感的内心世界与对父爱的认知转变过程，真实感人。文章开篇不认同"父爱如山"，还觉得父女关系一般，父爱淡薄。考试失利后，爸爸的一个暖水袋和一番暖心话，先抑后扬，突出地表现了父亲细腻、深沉的父爱和独特的教育方式，横亘在父女间的那道隔膜瞬间被融化了，"我"也重拾了如山般的父爱，很有感染力。

（指导教师：陈丽芬）

乡　味

初 1916 班　蔡一萌

小的时候，我时常黏在外婆身边，她走到哪里，我就跟到哪里，地地道道的跟屁虫。在我四岁的时候，我的小表弟出生了，那年暑假，我亲爱的外婆离开北京回到了福建龙海，那是个很美的地方，那里的天那么澄清、明亮，天气那样的晴朗，空气那样清新，我跟了回去。

每逢周末，外婆会离开小姨家，外公会用摩托车拉着我们，驰骋十几公里回他们年轻时的家。那是一个单位的家属区，不大，更谈不上豪华，唯独富庶的是满院子的鸡鸭粪便和人情味儿。

那附近住了很多和蔼可亲的老太太，是我外婆退休前的同事。外婆喜欢热闹，也很享受闲暇的时候带着我串串门。我喜欢被她拉着小小的手，走在空旷的街道上，我喜欢在如水洗过的蓝天下悠哉悠哉地散步。

其中一个老太太特别喜欢我，我也很喜欢她。她有一张圆润的脸，和一头银灰的发丝。她喜欢自己做饭，于是就开始自己卖卖早点。我会搬一把小板凳，双手托腮坐在小小的厨房里，眼睛盯着她矮矮胖胖的身影动来动去。我知道，她卖的早点里，有我最喜欢的粽子——清香的粽叶、软糯的糯米、一块肥瘦相间的腌制五花肉、几块切片的香菇和几粒自己炒出米的花生米。

我看着她把深棕色的酱油倒进一口大大的锅里，看着她把淘好的白花花的糯米慢慢拨进冒泡的酱油锅里。糯米在那口锅里咕嘟咕嘟呻吟，等她再把它们捞出来，它们便穿了一件酱油色的深棕外套。她又支好锅，用酱油炖了预备好的五花肉和一小块专门为我准备的精瘦肉——她知道我不吃五花肉。随后抄起一沓散发迷人清香的粽叶，从盛着糯米的小碗里舀了一勺诱人的糯米，酱油的香已经足以让我垂涎三尺，加上粽叶的一阵阵清香更又让我心旷神怡。用我不曾搞懂的手法，她把料和米一起包进去，拣了一根细细的麻绳就把一个宝宝似的粽子捆了起来。她会把专门给我留的那个拿给我当第二天的早饭。

离我最后一次吃到她美味绝伦的粽子已经过去了六年。六年了，我回过不下十次的老家，可我终究没有再像小时候那样去拜访她，也没有再享受过吃她的粽子时的饕餮之乐。

六年，我过了六个端午节，每年我们都会吃各种各样的粽子，有买来的，有亲戚包的，也有朋友送的，但我终究未曾找到我熟悉的儿时味道。

去年，我在父母的对话中意外听到了那个20世纪的家属区拆迁的消息。我先是一愣，然后便释然了，毕竟那是个老破的小区。从此，我没有听到任何关于那位老太太的音信。我相信她也像我的外婆外公一样搬走了，或许和她的子孙们住在了一起。

那一片小小的家属区留给我的记忆，是刻骨铭心的美味和心中久久难去的暖流。或许，这就是乡味，家乡的水土养出的乡味。

教师评语：蔡一萌同学的作文告诉读者，有时候，所谓乡愁，不仅仅源自心里，还源自胃里。熟悉的环境、熟悉的人们、熟悉的食材、熟悉的味道，这一切综合起来，便是乡味乡情。所以她写晴朗的天气、老旧但充满人情味儿的家属区，她写银灰头发、身影矮胖的老奶奶，她写腌制的五花肉、切好的香菇粒，她写咕嘟冒泡的酱油锅、散发清香的粽叶。浓郁的味道和浓厚的感情从她的记忆漫溢出来贯穿全文。

（指导教师：龚　卉）

"万主任"与接力棒

初 1912 班　孙浩祁

"万主任"是我们班的 4×100 米接力赛选手，而我则每次训练都在旁边为他们加油，给他们计时，见证着他们的进步，我甚至有时也会跟着他们一起跑。

"万主任"虽然跑得比其他三位同学慢一点，但只要一说中午或放学后训练，他总是第一个到。他总是起跑早，但总是一直刻苦地练习。我每次看到他回班时，身上的衣服总是湿了一大片，但他什么都没说。

时光飞逝，转眼间到了运动会，"下午就比赛了，再去练会儿吧。"王老师走到我和"万主任"身边说，"他们仨都在比赛，马上就回来了，你们先去吧。"

我们来到百年校庆银杏林，"练会儿起跑吧，你之前练的时候有点起早了。"我说。于是，我充当第一个棒，冲了出去。"万主任"看准时机，只听木板轻轻地"噔"一声响，万主任起跑了。在那一瞬间，我看到了奇迹——他居然起准了！"他回家练过了。"这个想法在我脑子里闪过。我们刚想练第二次，突然后面有人狠狠地拍了我一下，我吓得差点跳起来，回头一看，我笑骂："你们有其他打招呼的方式吗？"原来是其他三位选手来了。我们一同练了几遍，满怀信心地迎接比赛。

转眼间比赛即将开始，发令枪响，一棒以飞快的速度从起跑线冲了出去，"万主任"看准时机，毫不犹豫地起跑。将起跑、接棒、冲刺三个动作合在一起，他碧绿的校服与跑道的红色形成对比，像一阵风一样冲刺，最终，在四位同学的奋斗与努力之下，我们班获得了第四的好成绩！

赛后，我问"万主任"："你回家练接棒了吗？"他只是微微一笑："为班级增光，为何不练？"是啊，为班级增光添彩，自己吃点苦又能算什么？班级的荣耀才是我们的荣耀，集体的荣耀才是我们的荣耀！

教师评语：作者对"万主任"赛前、赛后练习接力棒进行了生动细致描写，正因为作者能够细致地捕捉到这些典型的动作、生动的语言，才使得"万主任"为班集体无怨无悔争得荣誉的形象深深印在了读者心中。这就是描写的魅力，它会让文字更具有生命力。

（指导教师：王丽丽）

粉 色 发 夹

初1910班　陈紫沐

时光如流水，尽管短暂，但在这岁月中，总有人会用他们正能量的行为触及我们的内心。

一次冬天，姥姥带着我回家，沿路旁边有几家小地摊。萧瑟的冬风迎脸劈来，似乎连几件厚重的棉大衣也护不住。这样的天气，沿街的小贩们依然在叫卖。"卖发夹，卖首饰喽！买一个送给自家姑娘吧……"其中一个小贩的吆喝声格外嘹亮。"爸爸，这个好可爱，能给我买一个吗？"一个充满稚气的童声在我身后响起。我转过身，定睛一看，是一个胖胖的小女孩与她的父亲。这个女孩看起来只有四五岁，上身穿着一件起球的米色毛衣，下身套着一条不太合适的肥大运动裤。她的父亲看起来也不太整洁，总感觉有些粗俗。

听到了女儿的请求，他的脸色似乎变得有些为难，俯下身低声道："囡囡，这个太贵了，咱们再走走，看到 10 块以下的给你买，好吗？"女孩望了望那个心仪的粉色发夹，眼神中透露出万分不舍。她跺了跺脚，咬了咬干涩又有些开裂的嘴唇，似乎也知道家里困难，转身就要离去。却在这时，那小贩开了口，对父女俩的背影大声喊道："两位别走！这样吧，打个折 10 块给你吧。"父亲似乎是听到了什么不可思议的东西，猛地转过头，三步并作两步跑过来，紧紧地抓住了小贩那双历经岁月而布满茧子和皱纹的手，热泪盈眶的不停道："谢谢，谢谢……"

女孩蹒跚地跟了过来，微俯身子，将那还粘了几颗亮片和珍珠的粉色发夹别到头上。其实她并不好看，脸上长了一块不小的胎记，头发还乱蓬蓬的。但在戴上那发夹后，这些缺点好像也消失无踪了。小贩夸赞道："小美女啊，可真好看！"女孩仿佛经不起这样的赞美，羞红了脸。

待他们离去，小贩便继续招揽生意。他的衣着也没比父女俩讲究多少，他身披一件沾满灰尘的长款风衣，穿着一条打了一两个补丁的深蓝色棉裤；一双卡其色的棉靴，硬生生地被搞成了深棕色，似乎一抖便会尘土飞扬。但尽管是这样一个普通甚至有些贫穷的人，却有一颗正能量的心与愿意帮助别人的热心肠。这朴实而高尚的人格，并不是每个人都拥有。

在我短短的十几年生命中，见过无数不起眼的过客与鸡毛般的小事，唯独那小贩淳朴而高洁的心灵和那可爱的粉色发夹印在心里。

教师评语：文章通过写小贩卖发夹的典型事件，以发夹为情感触发点，推动故事情节的发展；同时采用白描的手法，寥寥几笔就勾勒出父女生活的窘迫和朴实的父爱；再用同样生活困苦的小贩"打折"的善举和夸赞的话语，不事雕琢地抒写了一段人与人之间温暖的情怀，表现了小贩淳朴高洁的品质。

（指导教师：陈丽芬）

母亲与樱桃树

初 1903 班　张舍得

母亲，在我的记忆里，总是与那棵樱桃树在一起，或许在给它施肥，或许在给它浇水，母亲也就如那棵樱桃树一般……

小时候的我，常常在院子里玩，那棵樱桃树总是给我荫蔽，长长的枝条像无数个巨大的手臂保护着我。小鸟也总是在那深绿色的叶子上，唧唧喳喳地鸣叫着，用它们的声音歌唱四季。

樱桃树下，是矮胖矮胖的葡萄藤，或许是因为营养不够，葡萄藤结出的果子总是酸酸的。樱桃树很高，已经超过了屋顶，向天空伸展开去。我也总是跟母亲说要爬到树尖上去抓星星送给她，这时母亲也总是抬头望向天空，嘴角挂着微笑。

或许是因为树长得太过茂盛，母亲用一把长长的剪刀把一根根树枝剪下来，满地的落叶，毫无规律地铺展着，母亲喜欢把它们堆成一座小山，让我从中挑选出喜欢的叶子，夹在书中。

有时候我也问正在忙碌的母亲，为什么要把树枝剪下来，而不是让它继续生长呢？母亲会抚摸着我的脸，温柔地笑着说，因为如果不修剪，樱桃树就会肆意地长，它就会长到不该长的地方，影响他人。我似懂非懂地点点头，好像明白了什么。

樱桃树是在夏天结果的，每当母亲喊着"樱桃熟了"时，我总会第一个跑到母亲身边，跳起来去摘樱桃，当我够不到时，母亲会蹲下来，让我骑到她的背上，我小心翼翼地坐在母亲的肩膀上，把红彤彤的樱桃一颗颗摘下来，在自以为母亲看不到的时候，捂住嘴，偷偷放一颗到嘴里，却不敢把樱桃核儿吐到手上，怕母亲发现。所以往往到最后时，母亲都会笑着说我的小嘴怎么都鼓起来了，我也会跟她一起笑……

母亲就像樱桃树，为我遮风挡雨，更教会我做人。

教师评语：此文乍一看是一篇写樱桃树的散文，但树后却藏着作者的匠心：用借物（树）喻人的手法，借樱桃树来表现母亲的爱和教导。这样物（树）和人便统一了起来，樱桃树其实就是母亲，这种手法细腻朦胧，含蓄隽永。常说"文贵含蓄"，写作时选取一些物象，"以象达意"，借物喻人，来表现情思，往往能达到意外的效果。

（指导教师：高国丽）

语 言

初 1513 班　熊心宜

它静悄悄地在博物馆的角落中躺了许多年。如果你愿意走近它，会听见它用自己的语言讲述它的前世今生。

青铜色的皮肤上，精心雕琢的花纹和字符显得格外醒目。这精美的纹饰便是它的语言，向我们讲起它前世的辉煌传奇。神秘的图腾告诉我们的不仅仅是当时高超的青铜冶炼技术，更是祖先的生活习惯与价值观念，他们曾经信仰什么、崇拜什么。或许曾经的某个清晨，它所盛满的清酒被洒向天地，人们用它来祭祀天地，以祈求来年的风调雨顺；又或许过去的某个午后，人们把这一杯酒敬给祖先，希望祖先保佑子孙后代的平安健康，香火永传。它的语言，记录了我们祖先生活中的点点滴滴，让我们穿越时空，走入先人们的生活，走入他们的内心世界。

如果你仔细观察，你会发现它的瓶口处有些磨损，有的地方早已锈迹斑斑。这斑驳的铜锈也是它的语言，向我们倾诉它今生的颠沛流离。自重见天日之后，它便辗转在各个国家的拍卖场之间。它站在光彩夺目的聚光灯下，可无人真正关心它内心的故事。渐渐地，时间磨去了它的棱角，岁月黯淡了它的光辉，它对家乡的记忆也不甚清晰，可唯一不变的，是它对故乡难舍难分的思念。这是一份无法阻断的情缘，是一条无法改变的血脉。它说，它生在这里，长在这里，根也自然就扎在了这里，无法动摇。叶落总要归根啊，文物也终要回到自己的家乡。它说，在这里，它才能实现自己的价值，在这里它才能变得有意义。因为它所代表的，正是这里的人最需要理解与传承的东西，那便是祖先的文化与信仰，就像它自己一样，不会因为时光的流逝而变得陈旧，反而凸显出更加浓厚的韵味。它的语言，牵动着每一个怀念故土的人的心，也教会我们如何将这些早已融入我们血脉的精神传承下去，使我们灿烂的文明在这片古老的土地上历久弥新，焕发出更加耀眼的光芒。

于是，就在它的一言一语中，我们从远古走到近代，从他乡回到故乡。其实，每一件文物的语言都会使我们收获良多。它们会在我们的心里埋下一颗文明的种子。这颗种子会发芽，开花，结果，会将文明的芬芳传播到更远的地方。所以如果未来的某一天你有幸走近它，走近它们，那么请你用心倾听，感受它们的心声。

教师评语：作者视角独特，把文物上的纹饰与铜锈定义为它的语言。这个流落他国的文物，用精美纹饰这样的语言来记录它曾经的辉煌传奇；更为重要的是，它用斑驳的铜锈倾诉它的颠沛流离，用这样的语言"使我们收获良多"，"在我们的心里埋下一颗文明的种子"，"将文明的芬芳传播向更远的地方"。

（指导教师：杨　玲）

刀之有魂　国之有器

初 1916 班　朱志文

一束雪亮的灯光从顶上射下，照在一把精美的军刀上，它上面刻着美丽别致的梅花纹，十分引人注目。锋利的刀锋似乎在诉说着它曾经的辉煌，斑驳的刀柄见证了它经历的沧桑。如今，这把战刀静静地躺在军事博物馆中，朴实无华，却动人心魄。透过展示柜的玻璃，我仿佛回到了几十年前，看到硝烟弥漫的战场上闪耀着一抹抹闪亮的刀光。

那是 1926 年 9 月的一天，国民革命军对武昌城发动了最后的总攻。第 4 军独立团团长叶挺将军，手持驳壳枪，腰插指挥刀，带领部队再次冲到武昌城下。看到高耸坚固的城墙，叶挺将军左手紧握驳壳枪，右手把自己的指挥刀猛地一下抽出，英俊的脸庞上充满无畏，坚毅的嘴角冷静下撇，大吼一声："同志们，今天我们一定要拿下武昌城！"朔风中那高高举起的刀尖，寒芒闪烁，气势逼人。

说完，他开始细致地部署任务："武昌城城墙坚固，易守难攻，我们挖地道进去！打他们个出其不意！"虽然敌人被打了个措手不及，但是回过神来的敌人负隅顽抗，三千兵力用烧、淹、熏各种方式，狙击地道中的冲锋队员。叶挺将军正是挥舞着这把军刀，身先士卒，冲进敌军队伍中，稳住冲锋队的阵脚。他左手的驳壳枪射出无情的子弹，转瞬间撂倒了身前的两个敌人，右手的指挥刀坚定地指向前方。两腿微微弯曲，时而灵活躲避子弹，时而疾步向前冲刺，带领冲锋队员像狼牙一样撕开了敌人的封锁线。叶挺将军总是冲在队伍的最前方，深绿色的军装就像一道呼啸的龙卷风，凛冽的刀光闪耀在身前。不断有战士倒下，但有更多的战士簇拥过来，前赴后继，冲向敌人。在这样的枪林弹雨中，主将奋不顾身、勇往直前的精神深深地鼓舞了每一位士兵。"就算是死，也要拉一个敌人垫背！"将军行前铿锵有力的话语回响在大家耳边，每个人心里仿佛都燃烧着熊熊火焰，每个人的眼里都闪烁着烈烈刀光。他们怒吼着，撕咬着，射击着，击溃敌人的防守线，奋勇冲上了武昌城头，以自己的行动展现出"铁军"的坚强与执着。

这时的叶挺将军，绿色军服已被鲜血染红，身上满是硝烟尘土，但目光仍然清洌，坚毅地望向远方，嘴角微微上扬，轻轻地将指挥刀插回鞘内，那泓寒光一闪而没，但刀柄上的梅花纹路却绽放在阳光之下，熠熠生辉。

枪炮轰鸣似乎还回响在我耳边，脑海中的画面已与眼前展示柜中的景象慢慢重合。战刀虽不语，英雄气长存。来路的艰辛，我们不能忘记；明日的征程，我们还要加倍努力。毕竟让这片美丽土地上的人民美好地生活下去，是我们所有人的共同心愿！

教师评语：朱志文同学观战刀而想英雄——写战刀的刀刃锋利、寒光逼人，更写英雄无所畏惧、指挥若定。所以写战刀和写叶挺，两条文脉必如两道光芒，疾速并行。在每一个场景中，有战刀被高高举起，就有叶挺屹然不动；有战刀被不断挥舞杀向敌人，就有叶挺身先士卒奋不顾身：战刀的魂魄正是叶挺的精神。

（指导教师：龚　卉）

围棋伴我成长

初 1912 班　方善衡

一个人的成长中，总有一些人或事在陪伴着他，引导着他。围棋，就像指引我的那颗北极星，使我一步一步变得坚强。

从小，我就热爱上围棋。一黑一白的两种棋子，竟能有那么多的变化，那么多的定式，让小小的我感到无比惊奇。看着高手们下棋，我总是感叹道："这手棋太妙了！我怎么就没想到呢？"日复一日，年复一年，围棋一直陪伴着我。它给了我快乐，也给了我烦恼；它给了我惊喜，也给了我失望。但无论如何，这永远都是最珍贵的记忆。

我又想起那次经历。那个围棋比赛，我到今天还记忆犹新。那时我才五岁半，心灵像窗户纸一样，一碰就碎，经不起输棋。可我还是参加了比赛。"铃铃铃"，比赛开始了。计时器一按下，我顿时变得紧张起来。由于手在发抖，连棋子都拿不稳了。布局过后，棋局进入了白热化，双方的棋子纠缠在一起，开始了激烈的厮杀，跳、飞、盖、碰。随着几个巧妙的手段，我终于把对方的大龙包围了起来，下面就比谁的大龙气长。这是关乎胜败的时候了，我的心脏"咚咚"地跳动着，大脑在飞速地运转。下了几手棋后，胜负也渐渐明了了。我方的大龙比对方的大龙长一口气！我长舒了一口气，一直飞速跳动的心脏才慢了下来。突然，对方下了一步妙棋，使他的大龙长了一口气。这盘棋我输了。

这么突然的转折，幼小的我怎么承受得住？泪珠顺着我的脸颊直溜溜地往下滴，我强忍着不哭，可眼泪根本不受我控制。我只好边哭边去找我的父亲。见到父亲，我一头撞进了他的怀抱里，讲明了经过。而父亲拍拍我的脑袋，说："儿子，你要记住：失败是成功之母。没有常胜将军，你一定要勇敢面对失败，一定要坚强！"这些话，字字都烙印在了我的心中。后面的几盘棋，我都取得了胜利。不过这不重要，最重要的是我勇于面对失败了。

之后的几年里，围棋一直在我的身边。当我心情低落时，下一盘围棋，就不再伤心；当我遇到挫折时，想起那次经历，就不再恐惧。围棋见证了我的成长。随着学习越来越紧张，我下围棋的时间越来越少了。不过，我对围棋的热爱依然没有减少，它一直激励着我，陪伴着我。

教师评语：小小的围棋从小到大一直陪伴着作者，虽有喜有忧，但让作者从中学到非常宝贵的人生经验。赛场上参加围棋比赛的画面写得非常生动形象，"布局过后，棋局进入了白热化，双方的棋子纠缠在一起，开始了激烈的厮杀，跳、飞、盖、碰……"细细读来让读者有身临其境之感。

（指导教师：王丽丽）

我 的 爸 爸

初 1503 班　郭麒翔

从我记事时起，爸爸就是一个沉默寡言的人。也不知是为了照顾"特殊"的我很累还是别的什么缘故，他甚至有点"惜字如金"。但是我的生活中却好像处处能感受到他带来的温暖，"听到"他独特的语言。

我的"特殊"在于我的大腿时常骨折，一旦骨折就会打上支具，动弹不得。记得有一次，打上支具的我因病痛腿脚酸涩难忍，无法入睡。爸爸拖着沉重的脚步来到我躺着的床边，挪上床，寻到那条腿唯一露出的脚，开始按摩。我无力地问："您不困吗？您去睡吧，别管我了！"他却说："没事，爸爸不困，你快试着睡吧！"我轻轻闭上眼，开始聆听爸爸独特的"语言"。用耳朵听，那是爸爸为我按摩时发出的一声声的"嚓嚓"声；用"身体"听，轻摁、缓压、慢搓，那是爸爸为了体弱多病的我独创的新揉法；用"心灵"听，担心、心疼，那是爸爸对我无微不至的关心和爱。不知不觉，睡意萌生。每当我再次被病痛惊醒时，我又会"听"到爸爸那熟悉的语言，用耳、用身、用心。这就是爸爸独特的语言, 悄然无声、默默付出、时刻表达着对我的爱。

等到我骨折愈合后, 又一大难题摆在了爸爸面前："搬"我上下楼。

还记得返校第一天, 天刚蒙蒙亮, 我就被熟悉的话语叫醒。叫醒我的正是爸爸, 不知何时, 他已经穿戴整齐, 做好早饭了。收拾妥当后, 爸爸准备"搬"我下楼了。我家住五层, 没有电梯, 为了安全, 每次只能由爸爸连我带轮椅搬上搬下。下楼时, 我就又能听到爸爸的"语言"。用耳朵听, 将抬时的深吸, 下楼梯时的迈步, 放下后的急喘; 用"身体"听, 下楼前的轻抬, 快下到楼底的稳步小跑, 到楼下时的缓放; 用"心灵"听, 爱护、小心、体力不支, 那是年迈的爸爸对我最真情的保护和爱。时令正是寒冬, 到达一楼后我才发现爸爸外面居然只穿着一件薄毛衣, 身上却大汗淋漓。我担心地问："爸爸, 你没事吧？"他却喘着粗气说："没事, 你快去上学吧！"这就是爸爸的语言, 不辞辛苦, 默默付出。

一个个揉搓声、一个个脚步声、一次次喘气声都是爸爸的独特语言。这种语言无声而又深刻、微小而又温暖, 无不表达爸爸对我的爱。

爸爸, 您辛苦了！

教师评语：由于作者的特殊经历, 从小"我"就在家人的细心呵护下成长。"一个个揉搓声、一个个脚步声、一次次喘气声都是爸爸的独特语言", 这种属于父亲的大爱无声的语言, 在"悄然无声、默默付出、时刻表达着对我的爱"。情感真挚动人, 最后一句"爸爸, 您辛苦了"也表达出作者对爸爸的感恩。

（指导教师：杨　玲）

天　路

初 1911 班　于　乔

我一直盼着去一次青藏高原, 看看青藏铁路, 看看天, 看看民谣中的"天路", 看看校园外的天路。

第一次听到"天路"，是在一首赞颂青藏铁路的诗中，而且这首诗已经被编成了民谣曲目。曲目《天路》和别的民谣是不同的，里边没有幸福安康的悠闲小调，却有一种很难将其语言化的壮丽及开阔。听着它，眼前仿佛便会出现白雪皑皑的高山以及上面正运转着的火车，那条铁路如绒白布上的银链一般，在苍穹下显得如此神圣而壮阔。特别是那条银链，那纤细但却坚韧的身姿让人肃然起敬。我这个对自然风景无甚兴趣的人，第一次迫切地想要去一睹这伟大风景！

再次听到的《天路》，是从我在高原认识的一个朋友口中唱出的。她告诉我，青藏铁路建造时，她的爸爸也参与了这项伟大的工程，和许多来自全国各地的人们一起在青藏高原努力工作着。这不是一条普通的路啊！这是天路——一条终年积雪、有经年冻土层的路，一条在终年高寒缺氧、需要细心呵护的脆弱生态环境下的路，是世界海拔最高、线路最长的高原铁路。当我听到，建设者们在背着沉重的氧气瓶打钻的时候；当我听到，建设者们因为恶劣的条件难得跟家里联系、只好默默地在日记中记下对亲人的想念的时候，我被深深触动了。我被我们这些质朴而坚忍的建设者们感动了。"天路"建设成功了！多少人的梦想被坚实的铁轨举起。青藏线天路，穿过了亘古沉寂的高原，穿破了"冻土不可战胜"的神话，穿行于世人惊奇的眼里……

《天路》一直是需要由女高音来唱的，全曲一直都是高潮，完全没有要舒缓下来的意思。可能这就是曲目想表达的心情吧！壮阔高原中的兴奋和各族儿女的欣喜一刻都不能平静。朋友唱《天路》时，我听到了风景之后的一段："各族儿女携手共进。"再闭上眼感受着那骄傲且欣喜的旋律时，我将那幅震撼的风景放大，仿佛看到了火车车厢内不同服饰的人们同样的笑脸，这时我才明白了，原来不是《天路》没有悠闲小调，而是他们的幸福安康已经融于这高原之上的铁路之中了。我再次开始盼望着能够去青藏高原的青藏铁路，这一次不止为风景，更是为那些笑脸！

这一次，听着《天路》，我终于也要坐上"天路"的火车了。车厢内有很多高原居民，也有平原游客，他们都对这次的旅行充满着期待。而当地居民的脸上显然更多了一丝欣慰。女高音伴随着窗外的经年积雪、巍峨的山脉、苍茫的天空持续着，真的宛若神境一般，神圣到不可言喻。"这是我们与大自然共同缔造的神话……"民谣还在唱着。看着窗外的景色，想着我们的列车在大地盘延其上的样子，我不由得也跟着一起唱起来："那是一条神奇的天路……"

走出校园，登天路，再重温一曲《天路》，更是心潮澎湃。这首民谣让我看到了自己的天地之外不同的风景，有壮阔的，有温馨的，更有自豪的！《天路》歌唱的是我们祖国的强盛、民族精神的伟大。

感受天路，我不仅仅学了一首歌，更经历了一次心灵的洗礼。

教师评语：一首好歌里，可以藏着一个世界，优美的旋律触动我们的情绪，诗一般的歌词带领我们体验另一种生活。本文作者从一首歌的联想写起，想象青藏高原上"天路"外形的雄伟壮观，再写"天路"建设者，歌颂他们不畏困难的坚忍精神，最后联想到"天路"通车后高原人民的喜悦，这是祖国发展惠及各族百姓的一个缩影。作者从一首歌中，听出了家国情怀，以小见大，所以动人。

（指导教师：周若卉）

冲　突

初 1814 班　胡寓嘉

"我凭什么要练琴？我不是已经考过四级了吗？再练我也没有兴趣了！"

"你都坚持到现在了，有什么理由不坚持下去？"

"我有什么理由坚持下去？练琴，练琴，一天到晚就是练琴。你说我还坚持？我是忍受！"

……

一阵又一阵激烈的声音在家中久久不能散去。那时的我刚上五年级，学习压力骤增，使我无暇顾及弹钢琴。在被钢琴老师严厉批评后的一天，我心中的怒火终于爆发出来。我学琴有五六年了，一直坚持到了现在。好面子的我受不住批评，又与母亲产生了巨大的分歧。

饱含怒火的语言迸发出后，眼泪再也忍不住，从眼眶一滴一滴地掉落，掉在钢琴的琴键上。双手愤怒又无奈地拍击琴键，发出刺耳的噪音。我有气无力地发誓："从今以后——我——再也不——练琴——了……"母亲看到我这样，于心不忍，默默地拿出一块巨大的红布，罩住钢琴，有些安慰地对我说："好吧。儿子，你再也不用、也不要练琴了。"

那时的我心中涌着一丝快乐感，似乎我通过宣泄终于达到了我的目的。

第二天放学回来，写完作业后，我习惯性地看一眼红布——它还在。我心中似乎一块石头落了地。终于解放了，我于是就去做自己想做的事情去了。

第三天，第四天……一个星期过去了，写完作业后的时间突然感到有些空虚。原先总是想去看课外书、画画，在每天练琴的压迫下是一种奢侈，就像一种追求；而你每天都能获得这种奢望时，似乎它的吸引力就大大下降了。我心中一阵空虚，后悔发下了那个誓言。回到家中的母亲看到我那无所事事的样子，若有所思。

不知什么时候，那块红布被揭下来了。

又不知是什么时候，一阵阵的琴声再一次传来。

那是我再一次痛哭流涕，是为我过去的一切感到自责，也是对我的母亲对于这次冲突的处理方式表达感谢。

冲突结束了。

进入初中的我，仍旧坚持着练琴的习惯。从那次冲突后我再也没有提过放弃练琴的一丝念头。练琴，对于我已经成为生活中的习惯。感谢这次冲突，更感谢我的母亲，在我濒临绝望的时候用这样一种方式使我成长。

教师评语：全文通过是否要练琴的现实场景，表现着"我与母亲的冲突"。文章开篇直接切入"冲突"场景，通过语言描写，把读者带入冲突现场，设置悬念，吸引读者继续阅读一探究竟。文中的心理刻画非常真实，自己在争取"权利"后的如释重负，然后再到内心矛盾，以及自己重新开始弹琴，整个心路历程表达非常形象。有时候，一种技能，坚持一下就会成为一生的财富，如果放弃，就会变成一生的遗憾。

（指导教师：张　彪）

遇　见

初 1506 班　何奕洁

执一支画笔，带上最初的梦想，与绘画为伴，从此不畏时光。投身于自然的怀抱，是绘画让我遇见发现的眼睛；走过世间的繁华与沧桑，是绘画让我遇见感悟的心灵；找回自我，放松身心，是绘画让我解读生命的美好。

绘画的第一步是写生。背起画夹，到大千世界中走走，拾一片深秋红枫的落叶，仔细观察那些细微的纹路，把它定格在画纸上。先用铅笔勾出叶子的轮廓，画出掌形叶片边缘的锯齿，再用水彩涂上淡红的底色，最后描绘它的叶脉，加深阴影，在叶片上添上小孔和露珠，它便蕴含了一份生机，还有秋的清冷与安静。透过那青灰石路上的一片红叶，看到无数蝶儿飞飞落落，在碧蓝的天穹里随风飞舞。大自然灵动的画笔演绎着世间万物的生长与凋亡，一切都被它绘成了无比震撼的模样。

是绘画让我张开清澈好奇的眼睛，拥有了充满真情与渴望的心。

临摹是绘画中重要的过程。怀着激动而虔诚的心，走入绘画艺术的殿堂，与大师交流，与名画对望，沐浴艺术神圣的光芒。《向日葵》，那是我临摹的第一幅作品。明亮的黄色，粗犷的线条，错杂却又仿佛在遵循着某种秩序。那向着太阳的花，是一串引领我探索的生命密码。凡·高的艺术生涯无比坎坷，我临摹他的《星空》，被画中那神秘的力量深深打动。夜空中的星星和月亮无比明亮，周围泛着光晕，好像比现实中大很多，云彩仿佛卷着梦幻一般，而夜空下的小镇平和安详。它有摄人心魂的美，充满了凡·高对人生和艺术的热情，对善良和美好的向往。凡·高的人生就像茫茫的黑夜，而他心中却有信仰的星光。凡·高，在薄情的世界中深情地活。

是绘画让我遇见深邃的灵魂中炽烈的信仰，无论夜空怎样黑暗，都有星月闪耀光明。

画画是身心的放松。闲暇的雨天，铺一张画纸，调五彩颜色，徜徉在自己的内心世界中，遇见清新的盆栽、可爱的猫儿狗儿、精致的点心、简洁的建筑，让它们跃然纸上，在繁忙的生活中享受片刻的惬意。在纸上勾出一个女孩的形象，她的白裙如梦幻般轻盈，在风中飘舞。她身边是幽暗的森林，一串萤火闪烁如星，透明的翅膀呈出朦胧的光影，绘出一个仲夏夜的梦。画中的女孩仿佛梦中的自己，思想在笔尖流淌出随性的线条，情感在画纸上泼洒出缤纷的色彩，脑海中的幻境在现实中展开，平面中的形态有了鲜活的生命。

是绘画让我重新触摸生活的质感，重新遇见自我，放飞这疲惫不堪的躯壳，给生活涂上梦的颜色。

是绘画让我遇见最真实质朴的自然之美，是绘画让我遇见指明方向的坚定信仰，是绘画让我遇见那个还没有忘记做梦的自己，以线条与色彩的形式倾诉，在绘画的世界里，遇见生命中不可或缺的美丽。

教师评语：本文重点描绘了三个片段，以细致的用词和优美的修辞，让我们看到三幅美丽的画面。同时，三个独立的过渡段，也展现出了文章清晰明了的结构。文章从自然美景写到内在情感再到个人内心，层层深入地写出了绘画带给自己的影响，让我们也能感受到绘画的深层次之美。

（指导教师：张　伟）

中　秋　月

初 1913 班　谢佳琪

那是一轮极圆的月，体态晶莹、白璧无瑕一般，只上面轻笼着些灰色的薄烟。流云在它旁边飞速地穿行着，总有一时会被它彻底点亮。月微微地发着浅白的光芒，不刺眼，很温和地照耀着万物众生。周围是一圈淡淡的光圈，起始为白，到后来则有点泛红，浅薄的水红色悄悄晕开，形成了一层小小的光环。天上云很多，没有什么星辰，但有月足矣。

月亮散发出的光辉，温柔地铺洒在匆匆的行人身上，他们或许是离家遥远朝九晚五的工作者，或许是想着赶紧回家给妻儿老小一个惊喜的人们。抬起头，就能想到故乡和亲人，一切和一切。

我和我的老朋友们小口小口地咬着月饼，含在嘴里模糊不清地赞叹："好美啊！"月光照耀在我们的身上，拉出长长的影子。我们六个人，站了很长的一段时间，云在天空中游走着，我们定定地看着那月亮。很多文人墨客赞过月，但张爱玲却说："那几千年前的月色，在三十多岁的我身上已经太沉太沉了，像墓碑一样压在我身上。"我静静地看着那几千年的月亮，上面没有嫦娥或玉兔、吴刚或桂树，但却莫名地格外安心，就仿佛能从中看到故乡和一切我喜爱的事物。真的很沉重啊，几千年的月色。

我突然明白吃月饼与赏月的习俗并不是为了吃或观景，只是希望所有人团团圆圆地在一起；也突然懂了那些在异乡看月的人心里的那一份思念。就像嫦娥奔月之后，后羿一定时常想到她。在这个节日里，我也想起了我的亲人朋友，希望他们一切安好。

在皎洁的月光下，忽而忆起曾在美国和其他地方见过的月亮，每一个都美得惊艳，但却丝毫没有心安，因为那不是我的故乡。

故乡这种东西啊，听起来像孤独时分不经意的矫情，但它确实在那里，一直都在，跨过所有的星辰大海，所有的悲欢离合，故乡一直在我身后。有时候，故乡不在这里也不在那里，它就在我们心里。我看着身边的人们和山山水水，心里有一个声音，是了，这就是中秋的意义。

我曾经踏遍山和水，从此月是故乡明。

教师评语：作者由观赏中秋圆月，引发了一系列富含深意的思考。面对这千年来文人墨客都赞过的月，作者一方面觉得沉重，另一方面却又格外安心。这是因为千年的月色背后具有它独特的意义——对故乡和亲人的思念，希望所有人都团圆。而这也是"中秋的意义"。

（指导教师：杨　玲）

自豪啊，我是中国人

——2019 国庆大阅兵观后感

初 1910 班　张隽兮

"今天是你的生日，我的中国。清晨我放飞一群白鸽……"2019 年 10 月 1 日，我们迎来了一个神圣庄严、举国欢庆的日子——伟大的祖国母亲七十华诞。

一大早，全家人便守在了电视机前，共同观看了气势恢宏的国庆大阅兵。今年的这场阅兵，是祖国近几次阅兵规模最大的一次。十五个徒步方阵、三十二个装备方阵、十二个空中梯队组成了受阅部队，十万名群众、七十组彩车组成游行方队，展现了新中国成立七十年来的巨变。七十年风雨兼程，七十年砥砺前行，换来了幸福和谐的新时代。随着大阅兵的进行，我被一次次震撼，自豪和感动涌上心头，让我几次泪目。

泪目一：冉冉升起的五星红旗

雄壮威武的仪仗队踏着铿锵有力的步伐，将国旗护送到升旗台。国歌声中，国旗冉冉升起。望着旗杆顶端那一抹鲜红，望着五颗金星在阳光下熠熠生辉，我不禁想起了天安门广场上新中国升起的第一面五星红旗。

开国大典上的五星红旗需要电动升起。可是那个时候，国家的技术很不发达，就在升旗前最后一晚，电动程序出了问题。一位老教授带着仅有的一个徒弟和一个干事忙了一夜。这一夜，有焦急，有绝望，更有感动。维修电动旗杆需要镍和锡，可是一穷二白的新中国连这点物资也没有，他们只好半夜三更拿上大喇叭在屋顶上呼喊，向群众求助。大家都争先恐后地拿出了自己家的锅、碗、瓢、盆、眼镜、烟斗等，清华大学的教授更是拿出了实验室中仅剩的一块镍标本！新中国的五星红旗啊，是多少英雄先烈用热血染成，又经历了怎样艰难的历程，才终于在开国大典上升起，映红了每一个中国人的心！

当我再次注视国旗的时候，泪眼婆娑的我分明看到了，她曾带着中国人民的骄傲，在联合国、在各大国际赛场高高地飘扬；而今后，她更将带着无数华夏儿女的奋斗，继续傲然升起在世界人民的面前！

泪目二：这盛世，如您所愿

十五个徒步方队依次接受检阅。习主席代表国家发出了温暖军心的问候："同志们好！同志们辛苦了！"全体将士的回答更是气壮山河——"为人民服务！"

随着检阅车的前行，有一个细节引起了我的关注：检阅车中一辆是主席乘坐的，一辆是总指挥乙晓光将军乘坐的，但还有一辆空车一直跟随其后。这是为什么呢？正当我百思不得其解时，爸爸提醒我观察车牌：总指挥的车牌是2019，空车的车牌是1949。我恍然大悟：那辆车并不是空的，它承载着先辈们的英魂！当年他们为了新中国的成立献出了生命，他们的牺牲不就是为了他们所憧憬的今天吗？

还记得开国大典时，飞机只有十七架，周总理说："飞机不够，就飞两遍！"如今，我们的飞机不仅数量多，类型全，而且战斗力强，长空砺剑，决胜苍穹！今天，这辆车就带着他们也来看一看，这用生命换来的新中国的未来。瞬间，泪水再一次迷糊了我的双眼……

凝望那辆车牌为1949的检阅车，我的内心有一个声音在呼喊："先辈们啊，你们放心吧，这盛世，如您所愿！"

泪目三：一幅壮阔的历史画卷

这次游行以时间为轴线，分为"建国创业""改革开放""伟大复兴"三个部分，再现了新中国成立以来祖国翻天覆地的变化，如同一幅壮阔的历史画卷徐徐展开。

最让我印象深刻的是自行车方阵。八十年代条件艰苦，自行车是最主要的交通工具。虽然每天要蹬着自行车出行，但他们的脸上依然洋溢着微笑，坚守在自己的岗位上为祖国做出贡献。方阵中的青年们用情境表演的方式展现了那份活力，展现了那种虽然艰苦却充满幸福的生活。如今，自行车已经装上了App，通过网络实行全民共享。我们家家户户都有了小轿车，大街小巷车水马龙。立交桥、铁路四通八达，高铁技术世界领先，我们还造出了自己的大飞机……普通的自行车，映照了一个时代的变迁。

当七十年的历史波澜壮阔地呈现时，我看到了伟大的祖国从站起来到富起来，再到强起来，自豪和感动又一次涌上了心头，我的眼睛又一次湿润了。

伴随着七万只和平鸽展翅高飞，七万只彩色气球直上云霄，新中国成立七十周年大阅兵圆满结束，而我的内心却久久不能平静。骄傲啊，我是中国人！自豪啊，我生在了这样一个伟大的时代！再过三十年，祖国母亲一百华诞的时候，我们这一代少年一定会成长为祖国优秀的建设者，那时的祖国，一定会更加富强。

起身眺望远方，天高云淡，阳光灿烂。

教师评语：文章以歌词起笔，揭开了祖国七十华诞的序幕，场面盛大壮阔。接着，作者按阅兵流程，精心选取了令人感动的五星红旗、检阅车辆和自行车方阵三个场景，融叙事、抒情和议论为一体，再现了祖国成立、发展、壮大的历史画卷，热情讴歌了那些为祖国建设和繁荣昌盛做出艰苦努力和无私奉献的中华儿女，自豪之情油然而生！文章构思精巧，用笔娴熟，情感真挚，思想深刻。

（指导教师：陈丽芬）

破碎的完整

——读《孤独六讲》有感

初 1804 班　卢　玥

《孤独六讲》里富有辩论性而带有美学色彩的文字，一点点把我引入了充满孤独却并不荒凉寂寞的世界。

一 "使孤独变得不好，是因为你害怕孤独"

"孤独是好事还是坏事？"这是书中开头提出的一个问题。

在当今社会，没有几个人会喜欢孤独。人不是生来如此，而是环境使然。从小，我们就生活在别人的关心之下，能体会到被人关心是件幸福的事，从而不愿失去这些，不愿意尝到孤独的滋味。我们追求"大同社会"，希望"鳏、寡、孤、独、废疾者皆有所养"。中国几千年来的主体文化便是"和为贵"，孤独便成了那大众眼中"不正常"的一方。

我相信大多数人在读《孤独六讲》之前和我的答案是一样的：不好。或许，我们早已忘了孤独的滋味到底是什么。

孤独不一定是独自一人，如同书中说的"生活中不孤独，可能心灵仍然孤独"。在蒋勋老师眼里，"孤独"指的是与众不同，是独一无二，是"独与天地精神之往来"，是一种自负的孤独。"与自己对话，使这些外在的东西慢慢沉淀，你将会发现，每一个人都可以是你的另外一半。因为你会从他们身上找到一部分与生命另外一半相符合的东西，那时候你将更不孤独，觉得生命更富有、更圆满。"这颠覆了我原本的观念。于是，我开始思考，或许孤独真的不是一件坏事。

日复一日，我们追求生活上的丰富精彩，生怕一旦慢了下来，就会被时代抛弃。现在按下暂停键，好好审视一下，你会发现其实你未必了解你的内心。有些事物一直存在，只是我们没有时间去关注。每天，我们都会遇见形形色色的人，每个人都有不同的性格与思想，每个人都独一无二。我们渴望拥有好的人际关系，不希望孤独，于是每天都学着怎么把话说得更漂亮一些，能和每个人都谈得来。一天天下来，我们都把精力放在别人身上，无暇了解自身。久而久之，你就会发现，你对身边的每一个人都了如指掌，却忘记了完整的自己。只有一个人独处的时候，才能认真地剖析自己。

我们害怕孤独，孤独便成了一个负面词汇。但当我们直面孤独，了解孤独，就会发现，孤独也没有什么不好。孤独，是破碎后的完整。唯有自己完整，才能健康地去爱其他人，去照顾和负担其他的人。

如同蒋勋老师说的一样："孤独的核心价值是——和自己在一起。"

二 "有了孤独，人才完整"

在读《孤独六讲》之前，我听了一首歌，名叫《世界上没有真正的感同身受》，里面的歌词打动了我。这首歌用直白的语言直刺每个人的内心所有，还有每个人都不愿面对的孤独。

常常听人说：拉上窗帘就是在隐藏，关上门就是在躲避，一声不吭就是在做见不得人的事……为什么我们不能留下一点隐私，留下一点独处的空间？如果真的是有无数个夜晚，在自己的房间里把一切放下，痛痛快快地哭一场，这也不失为一种洒脱。毕竟只有在这个时候，他可以不用隐藏什么，可以面对完整的自己，面对脆弱的自己。

内心的真诚热烈不是错误的，当有一些冲动的时候，不要压抑它。虽然它可能跟所谓社会里的积极印象不一样，但这才是成为"独一无二"的最重要的元素。独一无二，便是一种孤独。

值得讽刺的一点是，人们永远只能看到物体发出的光，却看不到它背后的影子。只有自己能看到这影子，只有自己知道在光芒的背后藏着多少阴暗。这阴暗面，大概就是不为人知的孤独感。但世间万物，又有谁没有影子？没有了影子，我们便不再是完整的自己。

"我相信，一个真正完整快乐的人，不需要借助别人的隐私来使自己丰富，他自己就能让生命丰富起来。"

合上书，在书中破碎的自我重新回到现实世界，脱离来之不易的孤独感，又要在纷纷扰扰的世界重整。一切在阅读过程中与作者碰撞出的思维火花随之消散，但也在脑海里铭刻上了无法抹去的印迹。从此，我不再害怕孤独，而是去完成孤独，给予孤独，尊重孤独。

我，愿意孤独；我，渴望破碎；我，憧憬完整。

教师评语：作者善于捕捉问题，层层追问，深入思考。文章以富有哲理的问题"孤独是好事还是坏事？"开篇，自然顺畅地联系自己的生活，表达自己对孤独的理解。可贵的是，作者把握住了一个人孤独与否的重要标准——人的内心是否独立。所以，作者并不害怕孤独，而是愿意去接受与突破孤独，进而完善自我。文章阐发了深层的哲理，十分难得。

（指导教师：向东佳）

忆 鲁 迅

初 1911 班　王若羲

在一间密不透风的牢笼中，困着上亿人，他们都沉睡着。金迷纸醉，灯红酒绿，在梦中交相辉映。觥筹轻轻相叩，透彻醇香的美酒在灯光下幻出彩虹的碎影。

突然，一个人竟打了个哈欠，悠悠然张开了眼，待他看清眼前衰草枯杨与结满蛛丝的雕梁时，才意识到，这才是现实。梦中蓬窗上蒙着绿纱的烟花舞池与眼前的残窗缺楹依稀重叠，徒生几分悲凉。

他望向四周，想找一个同样清醒的人，所幸，他找到了。

那个人，虽然有着白多黑少的眼球，看人有些像藐视，使他甚为不喜，但，也只有他们两个人可以倾吐了。

慢慢地，他们竟成了朋友。

先醒的那个人，每天都在竭力嘶喊，企图能唤醒那些沉睡的人。而他那个朋友，每日都注视着自己这位胡须如浓墨写就的"一"字朋友奔忙。每天，那个朋友都会看。一天又一天，那个朋友眸中的星光在慢慢黯淡。

终于有一天，那个朋友不见了。在那段日子里，那个朋友痛苦过，纠结过，也曾满怀希望，可最后却见证了那理想如泡沫般破碎——就那么轻轻"啵"的一声，就灰飞烟灭了。他终是耐不住，败在了心魔脚下。

当晚，先醒的那个人听到了自己心魔的细语喃喃，他的心魔渴求着他能再度入梦。但他拒绝了，只有四个字，分外有力而铿锵，他说："我不会的。"

直到生命的尽头，他也没有对不起这四个字。

这个人，叫鲁迅。

鲁迅，你这为后世万代所敬仰的战士，那时却确乎可以说得上是有些傻了吧。

当时的天地间，充斥着一股肮脏浊气。犹如那潭死水，清风也吹不起半点波澜。那些梦中人，虽是在梦中，却也未尝看不清这金玉之内的败絮。聪明如斯，躲回自己的梦中，时不时还奉承一两句："看，这太平天下！"而你，非要跳出来，成为舆论的众矢之的。你说过，那个开得不久的中西学堂，是当时的众矢之所向。可谁料想，如今的你，早早取代了它的位置。

所谓天下苍生，道德仁义，不过是几个字符。人人都明晓，其易言而难为，可偏你不晓。割一片肉，救一个人，人固然感激。但割得越多，人要得也会越来越多。到最后，就算把你割到只余一具森森白骨，人也不会满足。哪怕竭尽全力，倘若最后没有成功，也会被愚民辱骂到万劫不复。但如果假装毫不知情，只在最后施舍一点，却会被感恩戴德。好坏之间的界限，也许就是如此变幻莫测。事后诸葛亮，总是好做的。

这之间的是非明了，你当真就看不清吗？还是，你心中早有定论？

自始至终，不论世事如何变迁，你心中坚守的道义从未改变。

你非神，你亦是人。也曾迷惘过，沮丧过，无奈过，落寞过，崩溃过，也曾渴求过功名和利禄。人皆有七情六欲，但他人皆沉沦其中，终其一生难以自拔。唯有你，放得下，走得出。

世人皆醉而我独醒，那是怎样的一种悲哀？有多少孤寂在前方等候？又有多少沟壑待你填平？但你，一路披荆斩棘，始终无所畏惧。

抛却了满腹才情，你也是个普通人。可正是这普通，才使你不普通。

自1936年后，世间再无周树人，世间仍存周树人。

教师评语：这是一篇"非典型"的读书随笔。与其说作者在评论文章，不如说她在努力勾勒鲁迅先生投射在她心中的意象。先生的作品与生平，让作者体验到了醒悟、决心、希望、绝望、孤寂……这是一幅阴影中的鲁迅画像，但也许相对于"手持匕首与投枪的战士"，本文作者的画像更接近于先生的心相。

（指导教师：周若卉）

走进"四书"

初 1804 班　陈沫舍

　　"四书"是《大学》《中庸》《论语》《孟子》四本儒学著作的合称，经理学家朱熹的编排和注释，形成了著名的《四书章句集注》。我有幸正在研读此经典。

　　班主任兼语文老师向东佳提给我们班的班训是"重平日之习惯，养慎独之精神"和"苟日新，日日新，又日新"，这就注定了三年国学示范班的文韵飘香。语文课或早读时间，向老师一句一句地带我们朗读。读书中，我时而抬头瞄向老师手中的那本繁体竖版《四书章句集注》，上面因撕裂破损而被贴上了胶带，五颜六色的便签纸贴满了书的上方，翻页时每一页都被彩笔"乱涂乱画"，批注塞满了字里行间；低头看向自己手中这沉重的未知世界，心想，这必定是一条多彩又多荆棘的路。

　　向老师朗读"四书"时声音抑扬顿挫，温柔又磁性，眉目下注视、回味着这本他已研读过的古书。向老师在领读过程中为我们正音，还时不时地延伸出一个个经典故事。这让我想起了小时候去国子监时看到的孔子像，那是一个眉目慈祥的老者，眼眸深邃，里面装满了亘古不朽的儒家精华。

　　《大学》被朱熹评价为"古之大学所以教人之法也"。开篇就谈到"大学之道"。"明德"排在第一位，作为儒家思想的核心，一以贯之。大学也是"初学入德之门"。在做到"明明德"的几个步骤中，有一步叫作"诚其意"。"所谓诚其意者，毋自欺也，如恶恶臭，如好好色，此之谓自谦，故君子必慎其独也！"班训里的"慎独"便出于此。这告诉我们，一个人独处时，要谨慎行事，要有一定的行为规范；不要自己欺骗自己，不能同流合污。就我来说，可以从自律自慊做起。

　　《中庸》里的一句话给了我很大启发："博学之，审问之，慎思之，明辨之，笃行之。"这句话讲述了学习求进的道理："五者废其一，非学也。"要广博地学习，对学问详细地询问，慎重地思考，明白地辨别，切实地力行，将五者落实，"虽愚必明，虽柔必强"。

《论语》是所有中国人自幼就接触到的儒家经典，记载了孔子及其弟子的言行，蕴藏了孔子对仁、义、礼、智、信的诸多看法。其中《乡党》篇给我留下了极深刻的印象。此篇主要记录了孔子生活中的容色言动、衣食住行，非常生动。"孔子于乡党，恂恂如也，似不能言者。其在宗庙、朝廷，便便言，唯谨尔。"前后两句有反差很大：在乡党时谦卑逊顺，在朝廷宗庙里却善于言辞。"朝，与下大夫言，侃侃如也；与上大夫言，訚訚如也。君在，踧踖如也。与与如也。"孔子在不同的场合，对待不同的人，往往容貌、神态、言行都不同，即"夫子风采，溢于格言"。《乡党》篇里，有很多关于孔子仪态举止的静态描写和对他的个性气质的传神刻画。在我看来，相比那些孔子与弟子的对话，这篇是比较新颖的。

在读《孟子》的过程中，我发现孟子将孔子"仁"的思想延续了下去，并将其发展成了"仁政"。"得道者多助，失道者寡助"，"不以仁政，不能平天下"，都强调了君主的治国要以仁为本。此外，孟子也诠释了一个浩然正气的君子的标准。一次公孙丑问孟子擅长什么，孟子回答："我善养吾浩然之气。"我觉得，《孟子》就像一则则寓言，通过事实告诉人们一些为人行事之准则，还给君王讲治国之道。回到当今所学，"居天下之广居，立天下之正位，行天下之大道"就是君子的准则；"富贵不能淫，贫贱不能移，威武不能屈"就是一个大丈夫应有的风范。读罢《孟子》，我仿佛见一身瑟瑟秋衣、手持自己著作的老者淡淡地看着殿上的君王，眼中是庙堂，心中是百姓，胸中存浩然之气。

初次接触"四书"，生字满篇，生涩难读，但这些障碍正在老师的教导下慢慢攻克。"四书"中深厚的文化内涵正在慢慢地融入我的心中，极为亲切。本学期朗读"四书"的读书声接近尾声，但探索之路刚刚起航。真理在远方，我们仍在路上。

教师评语：作者善于思考，积极地将经典中的观点联系自己的学习生活，学以致用。比如：在《大学》中看到了班训的来源；从《中庸》里吸取了古人"学、问、思、辨、行"的学习方法；在《论语》里看到了一个鲜活有趣的孔子，被他因时而言而动的风范吸引；读《孟子》的"浩然之气"，联想到了学习过的课文。读书就当如作者般灵动有趣。

（指导教师：向东佳）

论 音 乐

——听肖邦、贝多芬、亨德尔，忽有感

初1512班　王子涵

音乐，是创作者精神的结晶，更是他自己信仰的缩影。

且看肖邦疾风骤雨般的音阶和节奏，丰富的感情和跌宕的强弱，绚丽的曲风，突变的主题和情感，激昂的、迫降的、如歌的，每一首乐曲就是一首最标准的诗；而亨德尔的《弥赛亚》响起了，庄严、宁静，像一条山溪缓缓流过阿尔卑斯的群山，安详却非死寂，小溪边人们走过，鸟儿啁啾，偶尔也会激昂，冲荡在岩石上，激起清白的浪花，又如山地一样跌宕起伏、欢愉，激动而又灵性，到了最后，仿佛是生命的极盛，汇入大江，在"哈里路亚"的大合唱中滚滚东去。

贝多芬来了！

挟着千钧巨力，排山倒海，电闪雷鸣，乌云像黑曜石包在荒古的熔岩中骨碌碌地翻滚，蓝白色的闪电直直地刺向大地，电闪与雷鸣，轰隆隆前行，如歌地行进，像阳光照耀着天下万物，明丽地拨开乌云，平和但不祥和，在这之中，分明能看到一股力量暗暗涌动，让人感觉到"世界在我的眼前似乎消失了"！

为何会呈现如此的区别呢？因为他们三个人都拥有着彼此不同的灵魂。

肖邦，波兰人，被称为"钢琴诗人"，自然，他有一颗敏感而赤诚的心，他所信仰的，是灵感！所以他的音乐就如诗一般明澈，灵捷绚丽，是灵感驱使着他；而作为一个诗人，他的思维也是诗人般的，像一块水晶砸到地上四处迸溅的音乐灵感，像《革命》《冬风》，无不是用了迸碎的音阶，此外，他还是一个天才的创作者，其不少作品中总可以看出他寂寂的身影。

至于亨德尔，与其说，他的《弥赛亚》是神性的，不如说它是人性的；虽然它所描绘的是耶稣受难而升天复活，但本质上，却是亨德尔自己，他所信仰的是人性；他曾处处碰壁，深陷囹圄，债台高筑，但命运，或说"天主"，这只大手虽把它击倒之后，又从地上将它扶起，于是，他以惊人的毅力和对生命的渴望，在身体偏瘫好转后，迸发出作曲三日的奇迹，这也是为何《弥赛亚》如此地广为传唱。

贝多芬呢？他所信仰的，是力量，"扼住命运咽喉的魄力、体力、精力、意志力"，从痛苦中长大，曾体验过死亡，他的一生是斗争的一生，像一场暴风骤雨一般，这就是为何他的音乐如此摄人。他所歌唱的，是人类的欢乐、忧愁、和痛苦；所描述的，是英雄和命运。他像在浪中沉浮的皮划艇，搏斗着急流，也目睹了"宏大"，他是一名与命运搏斗的巨人。

大师的音乐是他们灵魂的缩影，从中我们得以窥见至高的人性。

教师评语：这是一篇音乐欣赏札记，可贵的是，作者以对待文本的严肃态度去感受音乐。他把时间中流淌的音符变换为可感的形象，再用文字描摹下来，准确地复原了音乐的风格以及它给予我们的感动。作者更是不满足于对音乐本身的感受，而去探索作曲家的个性与心灵。作者真诚的思考与强大的文字表现力令人印象深刻。

（指导教师：周若卉）

想象写作

情 愫

初 1911 班　曹　原

清晨。

慵懒地睁开眼，缓慢地爬下床，轻轻地揉揉惺忪的睡眼，漫不经心地从衣柜里扯出一件衣服。

这是一件崭新素净的白衣服，在一个博物馆买的。他把衣服套在身上，看到袖口上有几个黑色的字符：

T.T.M.

他寻思着——买这件衣服时，可没有看见！

"T.T.M."，他惦记着，又爬上了床，"Travel To Museum"？去博物馆旅行？也许罢！

他不断在手心比划着这几个字符，身上的衣服却不知道为什么越来越紧……他急忙停止手上的动作，衣服却还在挤压着他……

他被黑暗盖住了。

他感受到一条信息在刺激着他的大脑：

恭喜你找到了机关！现在是 2019 年 11 月 24 日，我们将一起前往 4211 年 91 月 02 日！

他恍然大悟："T.T.M."，就是"Time Travel Machine"！这是一台时光机器！

衣服忽然变松了。他站在"人行道"上。他感受到一个不认识的世界：虽然还有公路，但是公路上的"车"已经浮在空中；虽然人们鼻梁上还架着"眼镜"，但是眼镜不再用于看清物像，而是获取信息；虽然人们还可以走路，但是"人行道"已经变成传送带；虽然人们依赖移动电话，但是手机早已灭绝，取而代之的则是随身的全息屏；虽然还有"太阳"，但是它已经被改造，可以自己调光……

他尝试着移动，想寻找一个自己熟悉的东西。他跟随着"人行道"在城市中穿行。他发现，公路的两侧几乎见不到建筑，空中的可移动房间代替了建筑的功能。

他在应接不暇的新奇物品中看见一栋孤单的房子，房子上挂着牌匾，牌匾上出现了他熟悉的汉字：

"音乐体验馆"

他怔住了。他十分困惑：在这样一个两千年后的时代，生活用品都变了样，在日新月异的发展中，音乐居然传承了下来？

他小心翼翼地蹭到房子的大门前。里面传出了钢琴声。第一个音很轻，似乎还带着颤抖，显得不怎么自信；紧接着传出来第二个音，声音变得更响亮，犹如轰鸣；停顿了一会儿，第三个音发出来了，这一次更自信，也更浑厚；随着这个音而来的则是如同海浪一般不断递进的主旋律。他晓得，这是十九世纪俄罗斯作曲家柴可夫斯基的《四季组曲》中的《十一月·雪橇》，距离现在已有两千三百年。这是他最喜欢的乐曲之一。

他忍不住了。他悄悄地推开建筑的门……

他被眼前的景象震撼到了。房子里不是一个礼堂，而是一片"雪原"：湛蓝的天空、远方的树林、皑皑的白雪、一架古老的雪橇。这俨然是俄罗斯十一月的光景！在"雪原"的中间，放着一架古典的钢琴。

演奏者又表演了一首中国的古曲《梅花三弄》。随着旋律的推进，环境也缓慢改变，在一处墙角，梅花在枝头默默开放，天上飘着小雪，梅花的香味飘散着。这首乐曲，似乎变得更加有韵味。

他拥向演奏者。演奏者告诉他，自己青年时背井离乡，来到这座繁忙的都市，没有亲人，朋友也少。演奏者童年时热爱音乐，和一名机器人老师学过几年钢琴，于是与音乐为伴，借音乐消愁，还开发了这间可以随着曲调变换环境的"音乐体验馆"，和音乐相处这么多年，增加了他们之间的情愫。

他听完演奏者的倾诉，被深深地感动了。尽管生存在智能化的未来世界，演奏者对音乐的真情依旧没有改变。人类，不管存在于什么时代，一定少不了音乐的陪伴；因为音乐，是可以永远传承下去的，每一个音符背后，都是作曲家的思绪万千，都是演奏者的百感交集。每一篇奏响的乐曲，都是两颗心灵横跨过人山人海的相遇，都是两个灵魂逾越了万水千山的重逢。音乐，仿佛能够和人类互倾情愫，人类，也愿意向音乐吐露心声。

他的衣服又缩紧了。

这一次的时空旅行已经结束，现在是 4211 年 91 月 03 日，我们要回到 2019 年 11 月 25 日。

衣服松了。

又是清晨。

又慵懒地睁开眼，又缓慢地爬下床，又轻轻地揉揉惺忪的睡眼，又漫不经心地从衣柜里扯出一件衣服……

教师评语：这是一篇含有想象元素的故事。作者设置了"穿越到未来"的情境，在未来，主人公发现从景观到人们的生活方式各个方面都与自己的时代毫无相同之处，正在这时，他偶遇了熟悉的音乐——只有艺术，被完美传承了下来。技术给整个世界带来了从头到尾的改头换面，恰恰与一脉相承的艺术构成对比，于是主人公带着感动回到了"现在"，读者也随之收获了感悟。创作想象故事，需要奇思妙想，更需要一针见血。

（指导教师：周若卉）

空 教 室

初 1506 班　桑　誉

或许，所有天马行空的幻想，终不敌一片灰白。

——题记

公元 3017 年，我——全球最著名的设计师之一——被推选参加一个世界级的设计比赛。这次比赛，决定着我在设计界的地位。因此，这次比赛，我只能赢。为此，从古籍到现当代建筑设计案例，整整三个月，我做了最万全的准备。

终于，比赛到来了。

然而比赛并没有像想象中那样，让你设计一间别致的公寓或诸如此类的东西，而是让我们设计一间教室。而当我看向设计要求时，却发现只有一个要求，甚至，算不上一个要求——让你的设计完美。

计时开始了。

我拿着空白的 C 版图纸，陷入了沉思。究竟什么样的设计，才能称得上是"完美"？我最先想到的，是自然。利用光线与立体图像，我将整间教室装点成了千年前原始森林的样子，我曾在博物馆的图像珍藏里见过，那一片生机盎然的绿，让人感到如在最轻柔的梦中一般。

心情愉悦地设计着，马上就要完工了，我抬起头，仔细审视着我的作品。

但突然想到：虽然这个主题可以表现保护环境的作用，但已经存在过的主题太寻常了，一点新意也没有。完美，应是由设计师最精密的大脑产生的前无古人、后无来者的设计。还好时间还充裕，我将房间清空，重新开始。

第二次设计，我采取了赛前制定的设计方案，以近六千年的中华文化为基础，在传统的榫卯结构上运用了最新型的材料。经过一番加工，大功告成，与我想象中 A 版的示意图一模一样。在教室里走来走去欣赏，又觉得哪里不对，但又说不出来。坐了一会，终于想到了。屋檐与建筑结构的问题使得教室的采光不好，虽然有传统文化书香墨韵的味道，却给人一种压抑的感觉。这怎么能被称为是完美呢？从头再来……

不知换了多少次风格，从浅海港湾到池轩水榭，从山间溪涧到星宿漫天，尝试了我能想到的所有风格。但是，没有一个，可以和"完美"这个词沾边。

清空了教室，四周一片灰白。不知是不是我倦了，反而觉得干干净净也挺好。

"我放弃了！"我无力地坐在了地上。

比赛时间到了，门开了，大批的记者随着一群评委进来了。当他们看到空空如也的教室时，皆是一愣。我爬起来，刚想宣布我弃权的决定，评委却先我一步："你们看看，大师就是不一样，你们看这简练的颜色，这协调的布局……"他随后的话被淹没在一片叫好声中，无数闪光灯忽闪着，我站在教室中央，不知所措，想说的话语卡在喉咙里，半张着嘴，不知是怎样一个表情。还好匆匆赶来的助手帮我解了围，把我领出了房间。

当我反应过来时，我已是站在领奖台上第一名的位置。我曾日思夜想的位置，如今，同手中金灿灿的奖杯一般，似乎有些不真实。台下，主席在赏析我的比赛作品，我看到了自己的"作品"———一片灰白。

我的手紧紧地攥住了奖杯。嘴唇动了动，终是没有说出什么。

教师评语：这篇想象文充分展现了作者扎实的文学功底。语言简练，没有华丽的辞藻，却依然让我们看到栩栩如生的画面。情节曲折，在不断的起伏变化中，层层推进，引人入胜。立意深刻，通过比赛这一常见的内容，展现了关于权威、关于名利、关于人性的思考。

（指导教师：张　伟）

数 字 校 园

初 1506 班　许骁骅

作为生活在二十二世纪的学生，接受教育无疑简单了许多。

他已经不再去线下的学校上课了，实际上，在这个时代，也没有多少人还去那种老式学校。他所要做的，只是打开电脑，登录数字校园，轻轻地点一下鼠标，便会有线上的人工智能给他讲课。这个人工智能连接着云数据库，讲课时绝对不会有一点儿差错。

就这样，他在数字校园的教导下度过了八年的时光。他也听说过，在一百多年前，有个职业叫老师。"可老师又比数字校园好在哪儿呢？我在数字校园上想学什么就学什么，想什么时候学就什么时候学……"他总是这样想。

可到了第九年，他觉得有些厌倦了，因为上课时旁边没有一个人，他总觉得缺了点什么，于是他决定去乡下的曾祖父家散散心。

曾祖父家的晚上很安静。借着月光，他发现房间的角落里有一只木箱子，他小心翼翼地打开它，发现了一些从未见到过的东西：几张发黄的奖状，一摞满是黑笔和红笔印迹的作文纸，一本他看不懂的书……"那是我爸爸的东西。"曾祖父突然在后面说，"那时还没有什么数字校园，那时还有学校，那时在学校啊……"他听着曾祖父的回忆，脑中勾勒出了许多陌生却好像又有些熟悉的景象。

他仿佛看见，一位老师站在讲台上，饱含深情地读着："被酒莫惊春睡重，赌书消得泼茶香，当时只道是寻常。"他仿佛看见，在行将离别的最后一课上，老师近乎哽咽地说："孩子们，我会永远地记住你们每一个人。你们每个人在我心中，都不会变成'他们'这样的代词，因为你们每个人都是独一无二的。"他仿佛看见，在毕业典礼上，校长对一批踌躇满志的毕业生疾呼："同学们，为往圣继绝学，为万世开太平！"……

他再次醒来是在他家，他也不知道刚才的场景是自己所想还是梦境，但他已经下定了决心，把鼠标放在了电脑桌面"数字校园"的卸载选项上。

可他突然又犹豫了，他真的愿意放弃这一切吗？他真的有勇气独自一人，去完成这个很难完成、却又必须完成的使命吗？

过了很久，他拿着鼠标的手，终于，终于动了起来。

教师评语：这篇文章是一篇想象文，但很好地表现了一个现实的问题，那就是学习方式变革的利弊。什么样的学习方式是好的，个人该如何面对如何选择，作者对这一系列的问题进行了思考，并用生动的画面和起伏的情节精彩地展现出来。从人物、情节、环境三个方面综合来看，本文是一篇值得学习的想象文。

（指导教师：张　伟）

假如奶奶去旅行

初 1805 班　董乐水

毛主席有骑马去旅行的愿望，我有，奶奶也有。不一定是骑马，还可以坐船，坐飞机，坐火车，坐高铁……假如奶奶去旅行，我想，她会比现在更加快乐和幸福。

我小的时候，奶奶来过几次北京，我们也一起度过了一段令人难忘的时光。奶奶来北京时，帮助爸爸妈妈照顾我。奶奶非常温柔体贴，每天睡前，都会给我讲故事。虽然就是那几个故事，一遍又一遍地讲，我却怎么都听不腻。我很喜欢奶奶，她没受过什么教育，我就教她写名字。奶奶没过多久就学会了，我们别提有多开心。可几天后，奶奶就离开了北京，从此也再没有回来过。之后的几年，我常常回老家看奶奶，问她为什么不来北京了。奶奶说，她老了，坐不了飞机了……我不知道该怎么回答，只有沉默。

我观察奶奶在老家的活动：每天早早地起床做饭，买菜，做午饭，维护菜园，做晚饭，接着又是睡觉……我觉得她的生活很是无趣，就更想带奶奶去旅行了。

坐不了飞机，我们可以坐火车和高铁呀。假如奶奶去泰国旅行，便可以看到金灿灿的塔，体验民俗风情的亲切；就可以骑在大象的背上，看动物表演的奇妙。我可以告诉奶奶，他们驯化动物背后的故事，奶奶也会深深地进行思考。假如奶奶去杭州旅行，走到西湖，奶奶便能看到湖面上的美丽景色；走上苏堤，便能感到柳荫密布，微风拂过的美妙。我还能滔滔不绝地给她讲我最崇敬的大诗人苏轼，还有"欲把西湖比西子，淡妆浓抹总相宜"中的无限趣味。假如奶奶去成都旅行，我们可以去火锅店体验麻辣的感觉；去逛太古里，让奶奶感受购物的爽快，还有大熊猫和都江堰水利工程。这会是多么有趣呀！如果还有时间，还可以去厦门、去拉萨、去内蒙古，还有许多许多的地方。旅行能给生活带来新的挑战，为生命增添新的活力。可是，上天将这些美好的畅想锁住了。我从电话的这边得知，奶奶病了，不能进行长途跋涉了，这去旅游的希望也就更加渺茫，我不禁黯然神伤。

我每次回去看奶奶，她还是那么温柔体贴并且坚强，她依然讲着那几个故事，守护着自己的菜园和小家。我渐渐明白，随着人逐渐老去，上天会将人们生活的范围一点一点地缩减，最终化为一点。奶奶也是这样。

不知道，没能去旅行的奶奶会不会有遗憾，但没能带奶奶去的我，一定是遗憾的。

假如奶奶去旅行，又会怎样？

教师评语：作者开篇提了一个愿望：带奶奶去旅行。然后回忆了小时候和奶奶相处的经历，又对旅行内容进行了充分的畅想，一个孩子的纯真与孝顺跃然纸上。可是结尾笔锋一转，写到奶奶再不能去旅行，遗憾与不甘和前文的快乐成鲜明的对比，格外打动人心。全文文笔活泼，叙事流畅，字里行间中流露出作者的真心与真情，十分可贵。

（指导教师：徐　利）

我想回到宋朝

初 1902 班　王天奕

　　"歌舞楼台事可夸，昔年曾此善豪华"，北宋汴梁的繁华是很多人都想体验一番的。而我也不例外。正如《将进酒》中所说："人生得意须尽欢，莫使金樽空对月"，北宋的吃喝玩乐我来啦！

　　"民以食为天"，宋朝的百姓们也不例外。走在汴梁的街道上，到处都是餐馆里传出的吆喝声和杯盏的碰撞声，还有那令人无法抗拒的香味。"走一走看一看了，我们家酒楼的厨师熟知烹、烧、烤、炒、爆、溜、煮、炖、卤、蒸、腊、蜜、葱泼等烹饪技术，千万不要错过啊！""客官来看看嘞，我们家的入炉羊和炒蛤蜊可是这条街上最好的……"热闹而富有特点的三层酒楼加上诱人的香气，使我不由自主地走进了这家汴梁最著名的酒楼——樊楼。我一到门口，小二就拿着纸笔迎了上来："这位客官，请问您要什么菜？我们这儿有鹅鸭排蒸、葱泼兔、炒蟹……味道都是汴梁数一数二的！要是您不想要炒的，我们还能给您烹、烧、烤、炖、卤……""诶？你们这里菜的做法都可以随便替换吗？"我瞪大了眼睛。"当然，您不是城里的吧。我们这里客官们的要求都不一样，当然可以随便换了。"点完菜，我惊讶地看着胳膊上各堆着好几个盘子的店小二们走来走去，还没一会儿，我点的炒蟹就被端上桌了，那特有的香气正是来自桂皮和檀香，味道就更不用说了。

　　吃饱喝足之后，玩儿当然是少不了了。我在樊楼打探了一下哪里卖地图之后，就买了地图，去旁边的旅馆租了马车，直奔金明池而去了。路旁小贩的叫卖声依然很热闹，"冰镇冷饮嘞、冰雪荔枝糕嘞……"我顾不上夏季专有的小吃，早被北宋精致而独特的地图画风吸引了。地图上面不但标注了各个好玩的地方，还画上了地标性建筑以及客栈。马车到达金明池，我迫不及待地想要体验一回大宋的游园乐趣。金明池池型方正，四周有很多围墙，听老百姓们说宋太祖还曾在这里的龙舟中设酒席。水波粼粼，池中映照着一座巨型拱桥——仙桥。桥有三拱，"朱漆阑楯，下排雁柱"，行人来来往往，映衬着仙桥特有的古韵。

　　游园后我回到刚才的大街又逛了一会儿，之后到孙羊正店斜对面的"久住王员外家"民宿定了一间房，天色就渐渐晚了。我又去和悦楼点了葱泼兔和金丝肚羹美餐了一顿，之后就加入了北宋的夜生活。

虽说是晚上，但叫卖声一点儿都不比白天逊色。"夜市直至三更尽，才五更又复开张"，街头有叫卖姜豉、莲花酥、羊脂韭饼的，算卦的都打着"广告"。当然，最热闹的就数酒楼了，有表演杂技的、跳舞的、唱戏的……简直比白天还有趣。

但民间热闹的同时，皇宫却清冷空寂。皇帝望着闹市的方向，对着疑惑的宫女说："若是宫里那么热闹，外面就冷清了啊。"

教师评语：本文围绕"我"在宋朝的"吃"和"玩儿"展开想象，文中出现的景点、菜品的名称、食物的烹饪方法等都颇具宋朝特色，并且大多都能在现有的史料记载中找到依据。比如一笔带过的"民宿"——"孙羊正店"斜对面的"久住王员外家"，在《清明上河图》上也有迹可循。这篇随笔想象合理，支撑材料丰富，读来妙趣横生。

（指导教师：胡月明）

当我老了
——《十五从军征》扩写

初 1916 班　邵歆童

那是一个秋高气爽的日子，阳光照在草房子上，房子像是用金子砌成的。田地中，能隐隐约约看见一个人影越走越近，手持一把镰刀，麻利地收着谷子，腰上系着母亲给的护身符——这就是我，家中的大儿子小霍。

日薄西山，我把谷子放在炉旁，坐在火边和兄弟们聊天，而母亲取来一些粟米，将它与兄弟们采来的葵菜放入锅里，准备熬粥……就在这时，兵吏闯进了屋，将我抓走，随身除了那护身符，别无他物。

征战的岁月那样漫长，"朔气传金柝，寒光照铁衣"。九死一生，终于到了回家的年龄。只是我不再是原来的那个小霍，成为了老霍。原来年少气盛的青年，已经鬓发如霜，年近花甲。

路上，我既期待，又忐忑。向村子走的道路上，遇到了同乡，我自报家门后迫不及待地问："我的家中还有谁呀？"同乡犹豫了一下，指向远处："那里就是你的家。"我眯着眼睛往他指的方向看，只见松柏郁郁葱葱，而松柏之下却是一个个坟墓。看到这一幕，凄凉在我的心头油然而生。"虽然有墓碑，但也不代表没人活着啊！"我心想，抱着这最后一丝希望费力地向那个方向走。

体力已经大不如前，路上我累得气喘吁吁，半途中走走停停，勉强撑了下来，汗流满面，白发亦被汗水沾湿。先映入眼帘的是家的荒凉：野兔已经不怕人了，在狗洞里随意进出；野鸡被我发出的动静惊到了，从它在梁子边安好的家上飞起；当年打理整洁的田地也已荒芜，杂草丛生。

推开小院的门，角落中堆的干草吹得到处都是，庭院里长了许多野谷，井边长起了旅生葵菜。我掏出了保存多年的护身符——经过长年的佩戴，它的木片已经被磨得光滑，纹路有些模糊不清。在漫长的征战岁月中，不知多少次，我曾拿出这个护身符，一遍又一遍地告诉自己，这一切都是为了家人。可是现在，父母全死了，连兄弟都没了，所有的牺牲都是徒劳的。

我这样一个风尘仆仆的老人，在曾经炊火融融、整齐有序的家面前，孤独无伴。这让人无法接受的现实使我又一次陷入了回忆。我清清楚楚地记得那天的情景，记得母亲的每个举动，记得兄弟们的每一个表情。学着母亲的模样舂米、采葵、打水、生火……当羹饭皆熟的时候，我才忽然意识到：这碗粥，已经无人可相赠。我推开长满了青苔的门向东望去，也许还带着对家人的一丝盼望，但什么也没有。希望破碎了，每一个碎片都深深地扎进了我的心上，滴血不止。

不知多少年的等待、期盼凝聚成泪，缓缓滑过我粗糙的面颊，扑落到手中光滑的护身符上，湿润了它的纹路，也湿了我的衣襟……

教师评语：这是对古诗《十五从军征》的扩写，扩写不能改变人称、情节和主题，但需要作者加入符合逻辑的情节和细节。邵歆童同学的文章不但如此，而且所加的一些情节彼此之间又构成了照应。比如第二段写母亲取粟米，与兄弟们采来的葵菜放入锅里，准备熬粥，似乎并无新奇，但当倒数第二段"学着母亲的模样舂米、采葵、打水、生火"出现，那种记忆和情感的延续、那种事依旧人已非的感伤就溢于言表了。

（指导教师：龚　卉）

鹿　与　狼

初 1601 班　王一芮

我误入了一片森林，走进鹿群中，忽然听到有"人"正在说话。我吓了一跳，才反应过来，说话的竟然是一头鹿。

"愣着干嘛，对，快跑啊！"

整个鹿群便开始奔跑。看来它并不是对我说的——等等，后面似乎有什么在追赶它们。是狼！我连忙和它们一起跑起来，但追赶不上那速度。狼群从我身边跑过，追上前面一头病弱的老鹿。我赶上了脱险的鹿群，却不敢再去看身后发生的事。幸存的鹿对我爱答不理，只自顾自地议论起来。似乎刚刚不幸死去的是一头在群里德高望重的鹿。

"狼真是邪恶！"我忍不住嘀咕道。几头鹿看了看我，没有回答。

鹿群渐渐远去。我又和开始时一样在森林里漫无目的地闲逛，走着走着便在小溪边遇见另一群狼，它们正准备出发打猎，我远远地跟随着，想看看会发生什么。这群狼很瘦弱，连领头的那一匹都有些无精打采。真希望它们能饱餐一顿啊。

忽然，那匹头狼出动了——远处林间红棕色的身影时隐时现。是鹿！林间的静谧瞬间被打破，惊叫声、奔跑声、树枝被踩在脚下发出的断裂声此起彼伏。在这场拼尽全力的奔跑中，有一头鹿不慎掉了队，狼群立刻锁定目标。它们贴近地面疾速奔跑，我在一旁看着，仿佛都能听到它耳边的风声、感受到它孤注一掷的情绪。之前跟在狼群附近时听到它们对这次狩猎成功的迫切需要像根针戳着我，这个旁观者。

马上就追上了……快！一定要成功！

那鹿奋力一跃，扑上去的两匹狼失手了。捡回一条命的它步伐轻快地消失在林间，只留下一群失败的猎手。猎食者总在不停地失败，可它们能否承受住这一次失败的代价？再看看那头消失的猎物……

"鹿真是狡猾，太坏了！"想到狼群的悲惨境地，我又忍不住发言。

有几匹狼瞥了我一眼，沉默着和同伴一起转身离去了。

可是——我忽然想到，曾经站在鹿群中痛骂捕食者恶的，不也是我？

"恶"，究竟是什么？

儿童动画片里，观众们站在主角的立场上把角色们分门别类，不是大好人即是大反派。吃小动物的狼是坏人，害主角吃不上饭的也是坏人。我正是这些观众里的一员。每天都在用道德标准评价别人，便习惯性地把它照搬到一切情境中来。因被捕食而死去的鹿、因难以捕食而死去的狼……

到头来，不论说谁善谁恶，换一个角度，似乎都错得离谱。

我沿着小溪行走，身边的树林逐渐稀疏，熟悉的城镇进入了视野。

狼和鹿再次浮现在脑海里。走在它们中间，角度不同，谁善谁恶便有了不同的结果。

它们之间不问道德，也不论善恶。

教师评语：这篇想象故事的语言很像经典纪录片《动物世界》，不需要视频图像，作者好像就能用文字在我们的脑海里勾画出林间一幕幕惊险的场景，这得益于作者语言的干净和准确。比语言更精彩摄人的，是作者出人意料的情节设计与主导观念。在阅读过程中，作者似乎一直在打破我们的思维定式，故事结束了，却让我们陷入沉思。

（指导教师：周若卉）

粉笔也疯狂

初 1915 班　　向可谦

我是一支粉笔，哼，就是最好的、最神气的粉笔，你要是哪天看到一支绝佳的粉笔，那一定就是我！

真是老天不长眼，把我派到了这种地方——和其他破旧的粉笔和脏兮兮的黑板为伍。但不管怎样，我就要给那些肤浅的人类看看我光辉的样子！

我在盒子里歇息下来，别的粉笔正叽叽喳喳讨论着什么，我扬起下巴，不愿与他们一起说话，我可是一支高贵的粉笔！

突然，我感到一下子亮堂起来了，我挪挪身子，让开那些肮脏的粉笔屑，扭一扭筋骨，站直：这肯定是为我而打开的聚光灯！别的粉笔也迟钝地意识到了这光亮，他们兴奋地窃窃私语："又上课啦！我们又可以帮人们画出赏心悦目的图案、写出漂亮的字了！"我皱着眉头，不屑地哼了一声。

一只大手伸了进来，他们都安静了。只见上面传来一句："诶？这里多了一支新粉笔。"我赶忙抬起头，挺起胸。那只大手"托"起我，放到黑板上，口中还念念有词："同学们，今天我们来学习……"我想，这一定是在展示我高贵的身躯，便急忙在黑板上扭动起来，在黑板上留下我"美丽的图案"。刹那间，底下的人哄堂大笑，展示我的那个人皱着眉，毛发竖着，一口并不白的牙齿紧紧咬住，面部扭曲了："今天运气为啥这么差，新粉笔还这么不好用。"用？我想，他不是在展示我高贵的仪态吗？我又挺起胸，抬起头。

可没想到的是，我竟然被恶狠狠地抛进了盒子里，碎成了好几段，与低贱的粉笔灰待在一起，不得动弹。而那个人呢？自顾自地拾起那些破旧的粉笔在脏兮兮的黑板上写出了漂亮的文字和严谨的公式，而我这高贵的粉笔却无人问津！这怎么可以！我愤怒地咬紧牙关。

又一片黑暗，别的粉笔向我挪了过来，我抬起头，不愿与他们说话，可没想到，他们亲切地说："大家都是粉笔，没有什么贵贱，重要的是为别人所用，给他们创造美好与便利，做好自己的那一份工作就行，这样才能创造最好的自己。"

我，低下了头，悔愧地。

人生，不也如此吗？

教师评语：这篇想象之作在结尾解释了想象的意义——人生，不也如此吗？想象看似天马行空，但想象从来不可能离开现实。作者从我们都非常熟悉的粉笔生发出灵感,借助"非现实"的故事来表达对现实世界的思考。这支"高贵"的粉笔华而不实,被人弃置,它的命运告诉我们,生命的高贵在于有价值,能为世所用。对于初一的学生来说,这份思考无疑是非常深刻的。

(指导教师:邱晓云)

他的爱永远在线

初 1605 班　王筱申

我在很久之前就发现,我的"父亲"是一个机器人。而我真正的父亲,早在我八岁那年与世长辞。

刚开始的时候,我恐惧,恐惧没有了父爱的生活,恐惧那一个冰冷的,没有温暖的机体。而他,却每天用父亲的声音向我问好,向我打探学校的事,就好像我的父亲真的在我身边一样。

就这样,日复一日,他陪着我,我开始习惯他的存在。

每一场比赛都是一次考验,对我来说,这次比赛关乎我的未来。我疯狂地练习着降 B 大调奏鸣曲,而他经常在我又困又饿的时候,发来一条语音:"孩子,快去睡吧,想吃饺子冰箱里有。"我感到一种说不出的温暖。"他懂得如何爱一个人吗?"我常常问自己,可总是没有答案。

比赛的前一晚,我失眠了,在凌晨拨打了他的电话。他立马接了,我大声地吼叫着,他静静地倾听,末了总会说一句:"别怕,我永远在线。"这句话让我无比心安。

那次的比赛,不知为什么,我发挥得很出彩。

我生病了,是极易传染的手足口病。我躺在冰冷的病房里,看着过往的人都尽力躲着我,看进来的医生和护士从厚厚的防护服里朝我皱眉,寒冷占据了我的身体。忽然,他来了,他毫无顾忌地走了进来,用他那没有温度的皮肤擦去我的泪水,用他仅有的几根机械骨向我微笑。我鼻头一酸,第一次向他喊出了"爸爸",他轻轻地对我说:"别怕,我会一直都在。"

我知道了，他是懂得爱的。因为爱，不过是漫长的陪伴和保护罢了。

就这样，我长大了，他却变得迟缓了。他身上的零件老化了，他的计算系统出了问题。

我带他走遍了所有的电器街，却没有人可以把他修好，他好像早有预料一样，无比平静。

"孩子，我是你爸爸亲手做出来的，他把他对你的爱，放在我身上，我则要帮他把这份爱传给你，别人都说机器人没有感情，或许这是真的，但我很爱你，我懂得爱是因为我也被爱过，是你一直都爱着我。"

时间不等人，他马上要用尽他最后一丝电了。

最后，他说了一句："别担心，我永远在线。"

我从他的身上找到一个 U 盘，而里面正是我这些年的一点一滴，还有那句"我永远在线"。

我知道，他的爱，永远在线。

教师评语：如果父亲不在了，父爱将要如何延续？小作者巧妙构思，围绕亲情这一主题展开大胆想象：为了让父爱永远在线，父亲生前亲自设计了机器人。主人公从恐惧机器人父亲，到慢慢接受，再到逐渐心安，最后懂得了父爱的珍贵。情节构思巧妙，感情自然真挚，语言朴实温暖。

（指导教师：王丽君）

光阴的故事

——给儿子的一封信

初 1916 班　张淳昊

亲爱的儿子：

近来可好？

在还没有把所有的事情全都忘掉之前，我打算给远在深圳的你写一封信。从现在起，让我来跟你聊聊那些被尘封在岁月中的故事。

回想起来，那曾经的我，是多么意气风发，又曾有过多少雄心壮志啊！在四川出生的我二十岁来到东北，刚参加工作时，我就被一种大块头机器给迷住了。它真像一条长长的铁龙，开动起来的声音比万马奔腾还要震撼人心。它一鸣笛，仿佛是骄傲的国王向全世界宣告他的存在。那时的我，腿脚利索，脑子也灵光，初生牛犊不怕虎，很快就学会了驾驶火车的技术，从此，我立志做一名优秀的火车司机。

一开始，我们开的是蒸汽机车。那时我有很多机会看窗外慢悠悠晃过的田园和山丘，总是心旷神怡，仿佛连铁轮碰击铁轨的声音都是大自然中一个悦耳的音符。每每驶过城镇，人们都热情地向我们挥手致意。

开火车也是个辛苦活。蒸汽机车要不停地加煤，工作起来又脏又累，而且常常要耐得住高温，挺得过严寒。夏天的时候，机车里的温度好像能把人烤焦；冬天的时候，火车没发动时人又会冻得浑身发抖。那段时间，可是真苦、真累。过了些年，我改开内燃机车，这可比蒸汽机车进步了好多，工作环境改善了不少。不过机车工作时的噪声很大，常常扰得我们没法好好休息。常年的辛劳以后，高血压、脊椎病不断侵扰而来，但我也都挺过来了。再后来，看着年轻的一代人开着明亮舒适的"和谐号"，心里是既高兴又羡慕，可我已经学不动了。

成为一名火车司机，是我毕生的骄傲，但也留给了我毕生的遗憾。我很惭愧也很后悔没有多陪陪你和你妈，而现在，反过来要你来担心和照顾我了。

国家规定，火车司机可以工作到 55 岁，可在 52 岁那年，我竟然开始总是忘东西。曾经熟悉的工作，变得越来越不顺畅，开机车时常常需要翻一翻工作手册才知道要怎么操作。腿脚也不利索了，爬几层楼梯就气喘吁吁。多亏了你妈关心我，带我去医院，诊断出了我有阿茨海默症。这也代表着我将永远离开火车头上那间小小的控制室和那一眼望不到头的铁轨。当时我的心里就好像打翻了调料瓶，真是五味杂陈。

现在的生活回归了普普通通的状态。日常闲着没事我就画些动物，或是聚起三五个老年俱乐部的同伴，叙叙家常，聊聊最近运行的高铁和磁悬浮火车。听说我们已经是世界上高铁最发达的国家了，作为老火车司机的我好欣慰。

日常其他的事，都是你妈在打点。我做不了饭，因为总是忘了加盐或者关火。你妈为我付出了那么多，她却从未有一句怨言，我真的是感激不尽，回想起以前没法好好陪你们，自己又觉得愧疚不已。

儿子，我对你的前途是抱有很大希望的，读书时你就非常出色，给爸爸争了不少光。你讲过好多次了，不过我还是想不起来你那家叫"比什么什么"的公司。我记得你做的是电力汽车，还参与了智能车的研究。未来的叫什么智能技术，听说连司机都不用了。你要努力工作，做出成绩，让我们国家的汽车工业也变成世界第一！要知道，爸爸永远是你的坚强后盾。不过，一定不要忘了多陪陪家里人，别像爸爸这样，留下一辈子的遗憾。等到有一天，爸爸忘了你的名字，你也一定要记住：我对你的爱，一定永远驻于心间。

回顾这一生，童年如喷薄而出的蒸汽般美丽却一闪即逝；青春是一道闪电，绚丽的光芒照亮梦的轨道；壮年扎实而沉重，似枕木一样撑起一个家；老年有些许恍惚，像机炉中的火光摇曳，迟暮是无可逃避的短暂现实，而死亡则是终会降临的必然。时光如流水般带走了光阴的故事，有时快到你只来得及问一句："你好吗？"

再接再厉，我的儿子。

永远爱你的爸爸李健国
2019 年 7 月 26 日

教师评语：这是一篇想象文，文中的李建国是一名患上阿茨海默症的老人，在自己记忆尚存时给儿子写了一封信。从文章的诸多细节可以看出作者为了想象的"真实"而做出的努力。比如"李建国"的名字，比如他年轻时开火车的场景，比如他患病后的表现，比如他对于家人的爱和眷恋，比如他作为老一辈的国家建设者对于国家的热爱以及对于儿子的嘱托和期许。想象文不一定都是天马行空，这样根植于现实的想象也真切动人。

（指导教师：龚　卉）